LOS NUEVOS MÁRTIRES DE ALÁ

FARHAD JOSROJAVAR

LOS NUEVOS MÁRTIRES DE ALÁ

mr · ediciones martínez roca

Traducción: Manuel Serrat Crespo

La editorial quiere expresar un agradecimiento especial a María Rosa de Madariaga, sin cuya desinteresada colaboración este libro no hubiera visto la luz.

Diseño de la cubierta: Pablo Olmos Adamowich
Fotografía: Magnum/Contacto
Primera edición: Octubre de 2003

Título original: Les nouveaux martyrs d'Allah

Paseo de Recoletos, 4. 28001 Madrid
ISBN: 84-270-2978-0
Depósito legal: M. 37.927-2003
Fotocomposición: J. A. Diseño Editorial, S. L.
Impresión: Brosmac, S. L.

Impreso en España-Printed in Spain

ÍNDICE

Introducción 9
Las dos formas de martirio 14

I EL ISLAM
La *yihad*, guerra santa 28
El éxodo *(hiyra)*, la llamada *(da'wa)*
y la guerra santa (*yihad*) 35

II LA IMPOSIBLE COMUNIDAD NACIONAL
El mártir iraní 117
El mártir palestino 173
El caso libanés: entre el martirio y la muerte absurda 219
El mártir libanés 226

III LA «NEO-UMMA» TRANSNACIONAL: EL MÁRTIR AL QAEDA
Las *umma* de las diásporas 233
Las formas de humillación 238

La metrópoli mundial 246
Las formas organizativas de las nuevas *umma* 250
Los distintos tipos de actores 269
Las mujeres excluidas de la muerte sagrada 313
El nuevo imaginario globalizado 316

Conclusión 325

ANEXOS
Semblanzas 335
Notas 341

INTRODUCCIÓN

A lo largo de todo el siglo XX, el mundo moderno quiso relegar la religión al ámbito de la vida privada de la gente. Ahora bien, desde hace algunas décadas, asistimos a un fuerte retorno de las formas ostentosas de religiosidad, que desafían el espacio público que ocupan, rompiendo con la sociedad o, incluso, luchando contra ella. Lejos de representar restos de arcaísmo en vías de desaparición, esas religiosidades violentas reclaman su continuidad en el mundo moderno. La dinámica que las produce es, precisamente, la que define nuestras condiciones de existencia, culturales y políticas. Marcadas a menudo por el lugar preponderante de la muerte en su visión del mundo, conciernen a casi todas las religiones, aunque aquí nos interesemos exclusivamente por el islam, por la sencilla razón de que el autor de estas líneas no se considera competente en las demás religiones.

En Occidente, el problema del islam y de sus métodos activistas se plantea por múltiples razones. Por una parte, porque las antiguas barreras están desapareciendo, dificultando la globalización, la existencia de civilizaciones impermeables y diferenciadas como en el pasado. Hace un siglo, Occidente estaba poblado abrumadoramente por cristianos. Hoy, la cosa resulta mucho menos cierta. Los cambios del mundo moderno y las mezclas de poblaciones de origen diverso han facilitado, desde hace menos de medio siglo, la constitución de importantes minorías musulmanas por doquier. Ya sea en Francia (unos cuatro millones), en Inglaterra (un millón y medio), en Alemania (más de tres millones) y en otras partes de Europa o los Estados Unidos (alrededor de cuatro millones), los musulmanes forman ahora parte del paisaje cultural y religioso. El mundo globalizado engendra también fenómenos simbólicos y culturales que están relacionados unos con otros, ya sea a través de los modernos medios de comunicación, de sus nuevas formas o, también, del desplazamiento de importantes masas de población de un rincón a otro del planeta, con la formación de diásporas cada vez más variadas. Acontecimientos como la guerra en Bosnia o las luchas en los territorios palestinos son contemplados, en tiempo real, por los telespectadores del mundo entero y engendran formas de compasión, de indignación y de solidaridad o rechazo casi simultáneas. Eso echa abajo las barreras entre las distintas partes del mundo.

Por lo que se refiere a los musulmanes que viven en Occidente, la aplastante mayoría de todos ellos se adapta al país de acogida y termina integrándose. Una ínfima minoría se radicaliza por razones específicas que son objeto de los siguientes análisis. Las causas son variadas. Existen, para empezar, los problemas vinculados a la independencia de las antiguas colonias tras la Segunda Guerra Mundial (así ocurre en Cachemira, territorio musulmán cuya parte india causa la lucha entre Paquistán y la India), y también los relacionados con la creación de Israel y con la guerra de los Seis Días; y luego los consecutivos al derrumbamiento del imperio soviético (casos bosnio, checheno e, incluso, afgano). Las formas islámicas de lucha que desembocan en la *yihad* o en el martirio están vinculadas a la constitución de nuevas naciones que encuentran obstáculos en su camino o, como en el ejemplo iraní, a la formación de naciones que se encuentran en situación de guerra contra otro país. A pesar de las diferencias que separan los casos iraní, palestino, checheno, argelino o afgano, tienen en común que están alentados por movimientos islámicos que identifican un objetivo claro y un adversario igualmente distinguible contra quien entablar la lucha. En Irán, la guerra contra Iraq tenía como objetivo preservar la independencia nacional y las conquistas de la revolución islámica, por una parte, y, por otra, luchar contra el adversario iraquí. Una retórica antioccidental convertía la lucha contra el imperialismo en uno de los motivos de la revolución islámica, pero ese objetivo fue rápidamente marginado.

Otro tipo de martirio, absolutamente distinto, apareció en relación directa con el desmoronamiento del mundo bipolar y del imperio soviético. Es el martirio de tipo Al Qaeda. Aunque comparte numerosos puntos comunes con el que se refiere a una situación nacional, la subjetividad que anima a sus actores así como la forma que reviste su animosidad contra el mundo son fundamentalmente distintas.

El análisis aquí propuesto se basa en el estudio de los textos, en la experiencia sobre el terreno que tuve como sociólogo y antropólogo en el mundo islámico y en Francia, pero también en entrevistas mantenidas, desde hace año y medio, en cárceles francesas con musulmanes, algunos de los cuales están condenados por asociarse con malhechores para cometer una acción terrorista, por ser islamistas radicales o por estar acusados por la justicia de formar parte de organizaciones islamistas. Estas consideraciones arrojan luz sobre la especificidad de su compromiso y el modo como viven su subjetividad.

Un hecho que entorpece la comprensión de estas conductas es que los mártires son presentados como «locos de Alá», movidos por motivos que proceden de la demencia o de una ruptura con respecto a la vida occidental. Tienen problemas de personalidad o, sencillamente, no consiguen integrarse en nuestras sociedades, es decir, no son modernos y son incapaces de comportarse como individuos responsables y autónomos. Por otra parte, serían marginales, personas excluidas de la sociedad que reaccionan ante esa situación de rechazo social y económico rebelándose contra la sociedad. Esto es parcialmente cierto en el caso de los jóvenes de los arrabales franceses y de los barrios pobres de Inglaterra. Una minoría de los mártires del tipo Al Qaeda se reconoce en este perfil. Pero gran parte de los miembros de esta organización no puede ser considerada como tal. Su condición no es la de individuos marginales o miserables, excluidos o rechazados por la sociedad. Han nacido a menudo en clases medias y no tienen ningún problema importante de integración. Están, en la mayoría de los casos, mucho más allá y no más acá de la media de nuestros conciudadanos. El activista islamista que puede convertirse en un terrorista transnacional del tipo Al Qaeda es mucho más complejo de lo que imagina la mayoría de la gente. La realidad contrasta con las descripciones corrientes, según las cuales los terroristas serían representantes de un arcaísmo o, sencillamente, seres ingenuos, debilitados por su incapacidad de asumirse en la complejidad de la sociedad contemporánea y manipulados por algunos cabecillas. Aunque estas observaciones sean parcialmente ciertas, carecen de lo esencial. Son por el contrario, en cierto modo, los productos de nuestro mundo y toman por ideal la formación de una *neo-umma* transnacional tan difusa como pueda serlo nuestra modernidad en sus mitos y sus fantasías. Construyen su individualidad estableciendo una relación inédita con el mundo actual. La lógica que opera en su seno se parece a la de las modernas sectas.

Más allá de la diversidad de las formas del martirio islámico contemporáneo, evitaremos dos escollos. El análisis, en efecto, podría resultar falseado si se considera cada caso como único o si, por el contrario, se identifica la radicalización con un simple fundamentalismo o con el islamismo. Intentaremos descubrir, en la medida de lo posible, la subjetividad de esos actores y describir fenomenológicamente su motivación, su intencionalidad, su construcción mental del mundo y su modo controvertido de insertarse en él. No se trata en absoluto de una concepción apologética de su acción o de su representación del mundo. Comprender no es legitimar. Una sociología o una antropología que se ahorraran la comprensión para condenar sumariamente o dar una visión tradicional o premoderna de esta subjetividad estaría equivocándose, porque haría imposible una reflexión profunda sobre el malestar de nuestro mundo moderno. El segundo escollo consiste en clasificar en la categoría del islamismo todos los modos de acción radical que reivindican el islam.

Este trabajo, que se inspira especialmente en mi experiencia iraní desde 1977 hasta 1991 y en mis trabajos de campo en Francia, a partir de 1992, pretende ser un referente para penetrar en la comprensión de las formas extremas de subjetivismo. El islam es la trama de fondo. Las referencias a la teología y a la antropología islámicas producen, en parte, las formas de legitimación de los radicalismos religiosos. Pero, más allá, se trata de ver la interacción entre la religión y las condiciones de vida modernas y el modo con que las nuevas formas de subjetividad cambian el rumbo del islam hacia derroteros a menudo insospechados.

LAS DOS FORMAS DE MARTIRIO

En las sociedades musulmanas, el mártir es una figura intermedia entre el héroe y el santo. En la práctica corriente, tanto en el seno del shiismo como del sunismo, la figura del santo existe, efectivamente. Sin embargo, la ortodoxia suní lo excluye: no debe haber intermediario entre Alá y sus criaturas e incluso el Profeta es sólo, hablando con propiedad, un ser humano. Son las prácticas locales, y también las cofradías, las *zauias* y el *marabutismo* los que introducen subrepticiamente la noción de santidad a partir de la *baraka*, esa capacidad para multiplicar los bienes, prevenir o curar enfermedades o, más globalmente, hacer propicia la vida satisfaciendo los deseos de los fieles.

En el islam shií,[1] advertimos la presencia de equivalentes a la santidad católica en las figuras de los doce imanes. Actúan como mediadores entre los hombres y Dios por su filiación con el Profeta, de quien son los descendientes indirectos a través de Alí, primo y yerno de Mahoma. El mártir no es un santo, pero una vez ha abrazado la muerte sagrada, puede medirse con las figuras santas y convertirse en su compañero en el paraíso. También procede del héroe, pero su heroísmo no es de naturaleza profana, puesto que se compromete por una causa noble y religiosa que pertenece a una lógica de méritos en el otro mundo. El mártir suní es el que muere en el camino de Dios, tomando parte en la *yihad*. En el shiismo, el mártir depende de esta «santidad perdedora»[2] que encontramos, por similares razones históricas, en la Europa del sudeste. En el caso shií, por lo menos en los períodos de fijación de los modelos de santidad que concluye con la ocultación del duodécimo imán desaparecido en 874, las comunidades que lo reivindican son a menudo perseguidas y, sobre todo, se perciben como tales por los suníes. Al igual que en los Balcanes, los mártires shiíes son tradicionalmente objeto de un culto «dolorista».[3] En cambio, la «fábrica de los mártires», en el sentido de la multiplicación de candidatos a la muerte sagrada, es una actividad que se desarrolla en la era moderna, contrariamente a las teorías de secularización clásica que anunciaban su fin con la modernización de las sociedades.

Esta aparición de nuevos mártires no se debe a la reproducción de las estructuras tradicionales en las sociedades musulmanas, y menos aún a la voluntad de algunas comunidades de oponerse a la modernización. Los nuevos mártires son, efectivamente, a veces de una manera excesiva, patológica incluso, las nuevas figuras de la liberación con respecto a la tradición. Lo hacen adoptando formas de legitimidad que reivindican oficialmente esta tradición, al tiempo que la marginan en los hechos. Estamos ante la paradoja, clásica ya para los sociólogos de la religión, de una nueva religiosidad que introduce una ruptura con las formas tradicionales de vida comunitaria, aun ocultando esta ruptura en nombre de una versión más «auténtica» de un islam de los orígenes. Gran parte de la novedad del fenómeno, llamado «islamista», reside en la utilización ambivalente del registro de la tradición religiosa con vistas a socavarla.

El martirio como sacrificio de uno mismo por una causa sagrada se encuentra en la mayoría de las religiones y, en especial, en las religiones abrahámicas. Se asocia, tanto en el cristianismo como en el islam, a la noción de testimonio, estando a su vez, esta idea, vinculada a la de lucha contra la injusticia y la opresión. Además de en el islam, la asociación es fuerte en la religión sij. El vínculo se hace recurriendo a la idea de que la injusticia tiene origen en la negación del reconocimiento de Dios, de que el opresor es herético. La lucha contra la herejía y la impiedad puede, entonces, ser origen del martirio, pues combatir hasta la muerte a quienes adulteran la religión va a la par con la denuncia de los tiranos y los opresores.

En las modalidades de la acción, pueden observarse dos tipos de martirio. El primero es un martirio defensivo. No se trata de luchar con violencia contra el hereje o el opresor, sino de dar testimonio, hasta la muerte, de la justicia de la propia causa oponiéndole una actitud de desafío no violento. Así ocurre con el mártir cristiano. Rechaza la acción violenta, pero se niega también a obedecer la orden del gobernador o el emperador romano que quisiera obligarle a seguir la religión oficial. El cristianismo no es la única religión que promueve el martirio defensivo. También el budismo recurrió a él, como atestigua la autoinmolación por el fuego de los monjes budistas en el Vietnam, en los años sesenta, como protesta contra el gobierno militar.

El segundo tipo de martirio es de carácter ofensivo. Implica la lucha activa, violenta si es necesario, contra aquellos a quienes el adepto considera opresores y herejes. El sacrificio de uno mismo implica la voluntad de aniquilar al enemigo en una lucha en la que puede prevalecer el uno o el otro.

Aunque ambos tipos de martirio estén alentados por la idea del sacrificio de sí mismo, cada uno de ellos conserva su especificidad en las formas de acción, lo que los hace fundamentalmente distintos.

El martirio defensivo

Mártir procede de la palabra griega *martus* que se convierte en *marturo, martures* y significa esencialmente testigo. La expresión era utilizada ya en los tribunales griegos. Hasta el siglo II d.C., nunca designó la muerte por una causa. Con la aparición de este nuevo significado, la acepción de «testigo» en un tribunal desaparece progresivamente, dando paso a la nueva. Eso no quiere decir que, antes del siglo II, la voluntad de morir como mártir no existiera entre los cristianos. Numerosos ejemplos, como el de Ignacio de Antioquía a comienzos de dicho siglo, lo atestiguan. Enamorado de la muerte, consideraba con júbilo las torturas que le aguardaban.[4] La inclinación martirial existía, aunque no estuviera allí la expresión para designar, semánticamente, su especificidad.

El martirio cristiano ve la luz durante el Imperio romano[5] y se encuentra, desde su origen, fuertemente vinculado a esta situación histórica y cultural. Su aparición engendra, entre los romanos, estupefacción e incomprensión. ¿Cómo un ser razonable puede lanzarse a un «suicidio irracional»?, se pregunta Marco Aurelio, emperador estoico. Sobre todo cuando se trata de hacer que el golpe mortal lo den otros y no uno mismo.

En el martirio voluntario que buscaban los aspirantes cristianos, los paganos veían signos de demencia. Se extrañaban viendo cómo la gente se precipitaba a la muerte provocando, voluntariamente, la cólera del gobernador o del emperador. El deseo de no hacer un sacrificio a éste es comprensible. Pero actuar ostentosamente e imitar a quienes se habían negado para, deliberadamente, hacerse ejecutar era algo que superaba la sana razón.[6]

Según Eusebio de Cesarea,[7] en la época de Diocleciano, el protomártir Procopio se negó a hacer sacrificios a los dioses ante el gobernador. Dijo que sólo conocía un Dios, a quien quería sacrificarse personalmente. Por ello le cortaron la cabeza. Los mártires llevaban a veces su temeridad hasta convertirse físicamente en obstáculos para los actos de sacrificios de los gobernantes.

Así ocurrió con el joven Aciano. Se dirigió al gobernador Urbano, que ofrecía una libación, le tomó de la mano derecha y le impidió hacer el sacrificio. Luego, le exhortó a abandonar su error y dejar de hacer sacrificios a los ídolos. Fue despedazado como las bestias salvajes, dice Eusebio, por el séquito del gobernador. Para las autoridades romanas, la dimensión profanadora del martirio iba acompañada de otra, ostentativa, destinada a propagar el cristianismo por medio del proselitismo. Las condenas en grupo daban a su vez un mayor eco a esos actos de martirio. Es el caso de Pánfilo, que, en febrero del 310, sufrió el tormento con otros once compañeros, según Eusebio, consagrando así el número sagrado de doce, el de los apóstoles, según los cristianos. Habían pasado dos años en prisión y fueron ejecutados en compañía de los cristianos egipcios.

Otro rasgo del martirio cristiano es la posibilidad que las mujeres tienen de acceder a él. Son una minoría, pero no carecen de audacia para discutir la legitimidad de los dioses paganos. Así ocurre con Valentina,[8] a quien se exhorta, ante el tribunal romano, a hacer un sacrificio a los dioses para salvar su vida. Se niega, la arrastran por la fuerza hacia el altar pero, en vez de obedecer, derriba la hoguera. Es torturada y ejecutada.

El martirio cristiano es acompañado, a veces, por algunos milagros. En un caso, cuando a los cristianos se les niega la sepultura —se diseminan sus cadáveres que son devorados por las fieras—, llueve y las gotas caen sobre las piedras de las columnas del templo. Corre el rumor de que la tierra había llorado, incapaz de soportar el sacrilegio infligido a los creyentes.

En resumen, el martirio cristiano se caracteriza por la negativa a obedecer al César en materia religiosa, y la muerte asestada por la autoridad es su consecuencia. Sin embargo, como en toda actitud que implique la muerte, se plantea la cuestión de llegar al límite. La muerte no es ya entonces una consecuencia indirecta de la transgresión, se convierte en un fin en sí misma y se hace aspiración a desaparecer. Da testimonio no sólo del rechazo de una religión no auténtica, sino también del «ardiente deseo» (la expresión se encuentra tanto en los mártires cristianos de los primeros siglos como en los mártires shiíes iraníes del siglo XX) de abandonar este mundo, valle de lágrimas, donde debe practicarse «el desprecio del mundo»[9] y la huida ante sus apariencias engañosas; «sed de morir» *(tes maruriasr epithumia)* es también una expresión que se encuentra entre los mártires iraníes *(teshne ye shahadat)*.

El desplazamiento del sentido está pues, en cierto modo, inscrito en el martirio. De la muerte posible pero no deseada al servicio de un ideal religioso, éste puede transformarse insensiblemente en una muerte deseada para alcanzar una gloriosa estancia en el paraíso. La justificación que se da es casi siempre la vanidad de este mundo, su inconstancia, la desesperación de estar en él y la aspiración a abandonarlo para reunirse con los bienaventurados en otro lugar, paraíso de los elegidos de Dios. Lo que, al comienzo, era la negación de la legitimidad del politeísmo romano por el cristiano o de un orden político contrario a la religión auténtica (el mártir shií revolucionario en Irán) se transforma en búsqueda de suicidio gracias a un agente exterior (la autoridad romana en el cristiano, el ejército iraquí en el mártir iraní). Este último es *demonizado* pero, de hecho, cierta complicidad le vincula al mártir que se hace ejecutar por él.

El martirio es acompañado por una inversión de los afectos. La muerte provoca, normalmente, temor y tristeza. Ahora bien, los textos mencionan la radiante alegría del mártir, su sonrisa satisfecha, su risa incluso cuando va a ser ejecutado. En conjunto, la literatura martirial pone de relieve la serenidad de ánimo del mártir, su impulso hacia la muerte y una marcada apreciación por la satisfacción interior, su exaltación a veces. Ese tipo de actitud se observa también en el mártir iraní, libanés o palestino.

Un hecho esencial es que el martirio como voluntad deliberada de morir está vinculado a una situación de persecución por las fuerzas del mal. En el caso cristiano de los primeros siglos, se trata de la represión del cristianismo por Roma —al menos así lo vivieron los adeptos cristianos—. En el caso iraní, se trata de la persecución de las fuerzas del mal: es el Occidente encarnado por Sadam Husein, ex jefe de Estado iraquí. Otro hecho «patológico» puede caracterizar el martirio cuando «el ardiente deseo» se focaliza en el perseguidor. La muerte debe ser administrada por el agente inicuo que, por ello, firma su propia condena y la glorificación del mártir, al tiempo que realiza secretamente su deseo. Así ocurre con Ignacio de Antioquía, que, según G. W. Bowersock, manifestaba una excesiva aspiración a morir a manos de sus perseguidores. El ardiente deseo sólo puede ser realizado por otra persona para no identificarse con el suicidio. La muerte debe ser asestada por el magistrado o el gobernador romano. La relación instaurada por el mártir es, así, triangular, comprometiendo al yo que debe perecer con otro, que debe ser agente de la ejecución, y con Dios, que debe acoger el sacrificio.

En el Imperio romano, el martirio por deseo ardiente de morir adquirió, a lo largo de todo el siglo III y comienzos del IV, tal magnitud que los teólogos intentaron poner orden en ello. Tanto se considera legítimo el deseo de preservar la fe y de luchar contra quienes pretenden imponer una falsa religión, cuanto la voluntad consciente de morir por sed de muerte sagrada es contraria a la religión. San Agustín denuncia ese tipo de muerte y extiende el mandamiento «No matarás» a toda vida humana, incluso a la del mártir. Así pues, darse muerte es un crimen y «quien se mata no mata otra cosa que a un hombre».[10]

Por una lógica de llegar al límite, tomando la defensa legítima de la fe hasta el sacrificio de uno mismo, el mártir introduce la búsqueda de la muerte con independencia de las circunstancias que habrían podido legitimarla. Esta dialéctica sigue estando de actualidad. Dramáticas circunstancias pueden poner en marcha la realización del martirio. Llega un momento en que la fascinación de la muerte se desprende, a menudo, de la lógica religiosa que contenía la pasión de morir y su separación con respecto a la intención religiosa. Asistimos en ese caso a un amor pasional por la muerte, al deseo de aniquilación de uno mismo. Éstos prevalecen sobre la voluntad de asegurar la legitimidad de una causa sagrada exponiéndose a la muerte.

El martirio ofensivo

Al mártir ofensivo le anima el deseo de suprimir al enemigo recurriendo a la violencia legítima, avalada religiosamente. La lucha implica la supresión del adversario impío y opresor. Esta idea, que alienta al mártir musulmán pero también al de otras religiones, como la de los sijs, puede tanto inspirar el nacionalismo, como entre los Tigres tamules de Sri Lanka, como el patriotismo en la Primera Guerra Mundial o los fenómenos revolucionarios de 1789.

El martirio en la religión sij presenta, en efecto, parecidos innegables con el del islam.[11] El martirio del Gurú Arjan, el quinto Gurú, llevó a la militarización de la religión sij en 1606. El de su nieto, el noveno maestro sij, Gurú Tegh Bahadur, propició la creación de la élite militante de los Jalsa, formada en 1699 por el décimo y último Gurú, Gobind Singh. El martirio sij se designa con la misma expresión que la del árabe, retomado por el persa *shahid* (plural *shohada*). Se mezclan dos significados, como encontramos también en el islam.

Por una parte, la idea del sacrificio (en árabe *qurban*) que acerca a Dios por la sangre derramada —en la palabra *qurban* está la noción de *qurb,* proximidad—. Pero otra noción, independiente de la primera, es capital en el martirio sij —y también en el islam—, la de la lucha contra la opresión, la del testimonio por la muerte contra la injusticia. Las dos nociones se refuerzan mutuamente. El sacrificio de uno mismo por la religión se lleva a cabo en la lucha contra los opresores infieles. Para los sijs, el mártir es una figura reverenciada, símbolo de virtud, de veracidad y de rectitud moral, el *shahid* da su sangre para preservar la justicia *(dharam)* en circunstancias trágicas para dar testimonio de la verdad de su religión. El ideal de resistencia prevalece hasta en la muerte al servicio de una causa sagrada.

I

EL ISLAM

El destino de la expresión «martirio» (*shahadat*, de *shahid*, mártir) es ajeno al islam. En el Corán, la palabra designa el testimonio y no la muerte sagrada. Cada vez que se trata de morir por Alá, encontramos expresiones como ser «matados en la senda del Señor» (azora II, aleya 149),* ser «matados en la senda de Dios» (azora III, aleya 151; y azora IV, aleya 76), «quienes hayan emigrado en la senda de Dios, hayan sido matados o hayan muerto» (azora XXII, aleya 57). La «senda de Dios» *(sabil al-lah)* es la expresión principal que designa lo que se convertirá, a continuación, en el martirio *(shahadat)*.

Según todas las apariencias, después de la conquista musulmana de Palestina, en el siglo VII, fue cuando la noción de testigo *(shahid)* acabó significando explícitamente la muerte sagrada, como la noción griega de *marturos* y su doble significado como testigo y mártir. La expresión *shahid* apunta a la designación de los mártires musulmanes caídos en el campo de batalla en la

* Para las citas del Corán, seguimos aquí la versión española de Juan Vernet, editorial Óptima, Barcelona, 1999. (*N. del E.*)

lucha contra los infieles, con la promesa de grandes recompensas en el más allá. Como telón de fondo, la noción de testimonio convierte al mártir en el protagonista de la muerte sagrada y en el testigo de la veracidad de su fe.

En el cristianismo, la aceptación de la muerte sagrada atestiguaba la sinceridad de la fe ante Dios y la veracidad de la causa ante los hombres. El mismo tipo de doble testimonio se encuentra en el islam. Un rasgo fundamental distingue, sin embargo, el *shahid* musulmán del *marturos* cristiano. En este último caso, la muerte se desprende de la negativa del cristiano a aceptar la voluntad del detentador del poder que intenta imponerle su religión. El cristiano no intenta infligir la muerte al pagano romano que quiere hacerle abjurar de su fe. Le niega sencillamente el derecho a obligarle a actuar contra los preceptos de su religión. En el caso musulmán, el martirio es la muerte resultante de la lucha contra el enemigo de la religión de Alá. Es el combate en el camino de Dios lo que acarrea la muerte como mártir del creyente: «A quienes combaten en la senda de Dios, caigan muertos o sean vencedores, les daremos una enorme recompensa» (IV, 76).

Según la traducción oficial del Corán al francés acreditada por Arabia Saudí,[1] esta azora se enuncia del modo siguiente: «Ciertamente, Alá ha comprado a los creyentes sus personas y sus bienes a cambio del paraíso. Combaten en el sendero de Alá: matan y se hacen matar. Es una promesa auténtica que Él hace por Sí mismo en la Torah, el Evangelio y el Corán. ¿Y quién es más fiel que Alá en sus compromisos? Alegraos pues del intercambio que habéis hecho: y éste es el grandísimo éxito» (9, 111).

Matar o hacerse matar en la vía de Alá: en esta frase clave de la azora Arrepentimiento se basa en principio la justificación del martirio en el islam. Tanto si se mata como si se recibe la muerte, lo prometido es el paraíso. Este texto fundacional no menciona, como se ha afirmado, la expresión mártir *(shahid)* o martirio *(shahadat)* que va a convertirse más tarde en una noción clave de la muerte sagrada. La idea de la muerte sagrada «en el camino de Dios» está sin embargo explícitamente formulada allí y será retomada en diversas tradiciones islámicas.

Mientras que en el cristianismo la violencia física procede de los detentadores de la autoridad y el cristiano no reacciona frente a ella con una violencia equivalente, en el islam la lucha contra los enemigos de Alá está marcada por una violencia legítima en la que tanto se puede matar como ser matado. Ningún privilegio se concede al enemigo para que aseste golpes impunemente. Si el combatiente de Dios mata, será recompensado por Dios; si sucumbe, su lugar está en el paraíso. En este plano, el martirio reviste un significado completamente distinto al del cristianismo. El ejercicio de la violencia es legítimo para el musulmán y su suerte se decidirá tras el combate «en el camino de Dios». La violencia no tiene ya una sola dirección, no procede sólo de la parte adversaria, es asumida por el creyente que recurre a ella con toda legitimidad según los preceptos de su fe.

El martirio puede así resumirse del modo siguiente:

— Si se lucha en el camino de Dios, se acumulan inmensos méritos.
— Si en esta lucha se muere durante el combate, se es mártir y se irá al paraíso.
— El martirio es la consecuencia no buscada de la muerte en el campo de batalla (o en cualquier otra situación que pueda asimilarse) a manos de un enemigo al que se afronta con el fin explícito de neutralizarlo o aniquilarlo sin intentar perecer en sus manos.

— El martirio presenta, ideal-típicamente, un compromiso activo, por parte del musulmán, de morir o dar muerte, de ejercer una violencia legítima contra herejes o impíos que pongan en peligro la religión de Alá.
— Por ello, contrariamente al cristianismo, en el martirio musulmán no existe rechazo de la violencia física contra el enemigo, muy al contrario: hay voluntad expresa de neutralizarlo, de suprimirlo incluso en un combate cuyo fin puede ser tanto la muerte del «impío» como la del creyente.

LA «YIHAD», GUERRA SANTA

El martirio musulmán se distingue de su equivalente cristiano por la reciprocidad en la violencia. Está muy vinculado a otra noción seminal: la *yihad,* o guerra santa. La diferencia fundamental de esta noción con la de cruzada en el cristianismo reside en su fundamento teológico en el islam, ausente del cristianismo. Y ello, pese a todas las exacciones que en nombre de la cruzada, con el pretexto de convertir al cristianismo a los indios del continente sudamericano o de cualquier otra parte, se ejercieron en la religión cristiana.

La noción de *yihad* vio la luz primero en Arabia, a consecuencia de la ideologización por el islam de la guerra tribal.[2] La guerra incesante entre diversas tribus era frecuente en Arabia, donde lo heterogéneo de distintas comunidades religiosas (judía, cristiana, pagana) y la divergencia de intereses entre ellas engendraban constantes luchas. El islam dio un sentido unificador a ese tipo de lucha confiriéndole un contenido religioso. Durante los primeros tiempos, el significado de la *yihad* fue más o menos fluctuante.[3] Progresivamente, pudo asumir una acepción codificada, «en el camino de Dios», trascendiendo las rivalidades y las luchas económicas entre las tribus por medio de un universalismo que el islam puso en marcha gradualmente.

Hay una estrecha asociación entre guerra santa y martirio en el islam, aunque la expresión no sea utilizada como tal en el Corán, y sólo más tarde acabará apoyando la construcción doctrinal islámica. Las obras clásicas no contienen muchas informaciones a este respecto, siendo el tema de importancia menor o hallándose fuera del campo del derecho canónico, el *fiqh*. Se asociaba a la *yihad* la división del mundo en dos partes, el territorio del islam *(dar al-islam)* y el de la guerra *(dar al-harb)*. Los shafeíes[4] mencionan una tercera categoría, el territorio del tratado *(dar al-ahad)* donde se instaura un tratado de paz con los no musulmanes. Cuando los no musulmanes acuerdan el armisticio con los musulmanes sobre la base de un tributo pagado a estos últimos *(jaradj)*, su territorio es el de la paz *(dar al-sulh)*.

La *yihad* puede, por otra parte, declararse para defender el islam amenazada por la ofensiva de los no musulmanes. En ese caso, todo musulmán está obligado a comprometerse individualmente *(fardh ol ayn)*. Cuando esta *yihad* se promueve para asegurar la expansión del islam en el mundo, se convierte en un deber colectivo *(fardh al-kifayah)*, una obligación para toda la comunidad, pudiendo el musulmán renunciar a ella, a título individual, mientras acuda en ayuda de ésta proporcionando bienes y servicios.

En resumen, hay una distinción esencial entre la guerra ofensiva y la guerra defensiva, en nombre de la *yihad*. Por eso, durante la expansión del califato o del sultanato, la guerra santa no era un deber individual del creyente que podía sustraerse a él, y lo hacía a menudo, delegando la función guerrera en el ejército musulmán. Sólo en el siglo XIX, con el colonialismo y la dominación de las sociedades musulmanas por los ejércitos europeos, se asiste al regreso de la *yihad,* sobre todo en los primeros períodos de esta dominación en los que la lucha contra la colonización europea se manifestó en movimientos político-religiosos.[5] Ya sea en Asia central, a finales del siglo XIX, o en Irán, contra la hegemonía rusa sobre las provincias del noroeste, a comienzos del siglo XIX, la lucha contra el extranjero no musulmán se legitimó con referencia a la *yihad.*

Finalmente, se encuentra otra distinción con respecto a la *yihad,* desdeñada por el radicalismo pero privilegiada por las nuevas corrientes místicas islámicas que rechazan el islam radical. Es el caso de los nuevos reformadores religiosos en Irán como Mojtahed Shabestari y Abdolkarim Sorush. Se distingue en la tendencia renovadora la *yihad* menor *(yihad asgar)* y la *yihad* mayor *(yihad akbar),* siendo considerada la primera como la guerra contra los infieles y la segunda como la lucha contra la transgresión de las leyes divinas en el fuero interno del creyente. La referencia a esta forma de *yihad* se encuentra especialmente entre los místicos musulmanes que intentan purificarse interiormente acogiendo a Alá y no temen, por ello, morir por su amor, a menudo en manos de otros musulmanes que les consideran impíos.[6]

La forma mística de la *yihad* se dirige primero al yo que debe dominar ante todo sus propensiones transgresoras con respecto a Dios. Según esta perspectiva, el sujeto se inclina a rebelarse contra Dios, al igual que Satán. Tiene un ego reticente *(nafs e ammareh)* que sirve de barrera ante la acción de Dios. El novicio *(salek)* sabe combatir contra ese *nafs* insurrecto para abrazar a Dios fundiéndose en él. El combate se entabla con uno mismo y no con el enemigo exterior. En la tendencia radical, en cambio, el adversario exterior es designado con el dedo y la lucha contra uno mismo queda subordinada a ello. El yo, en esta visión militante, es movido por una apatía que le empuja a renunciar a la lucha y a la abnegación en el camino de Dios para buscar su propia quietud. Es preciso iniciar el combate contra el enemigo impío y, para ello, superar el propio egocentrismo preparándose para el supremo sacrificio.

Vemos así cómo los dos registros de la *yihad* (contra el ego y contra el enemigo) se articulan de un modo diferente. En el radicalismo islámico, es preciso luchar contra el adversario herético y, para ello, el musulmán debe aceptar el sacrificio de sí mismo. En el caso del quietismo místico, la lucha contra el enemigo es sólo una apariencia más, vinculada a la irrealidad del mundo exterior *(madyazi)*, debiendo el creyente consagrarse a su purificación interior para alcanzar los grados superiores de espiritualidad mística al escalar los distintos niveles *(maqamat)*. Estas dos versiones de la *yihad* han coexistido en el islam y su antagonismo ha dado lugar, a menudo, a luchas intestinas que desembocaron en la expulsión de los místicos sufíes, pero en su conjunto, los pensadores islamistas rechazan la versión quietista y mística. Algunas veces, la culminación de las dos versiones se observa en pensadores radicales como Jomeini, que transcribía la propensión mística en el amor abnegado por el martirio en el camino de Dios. El amor de Dios anima la voluntad de aniquilarse en él, *fana fi-l-lah*, a través del martirio.

El Corán y la «yihad»

El Corán es un libro de varias dimensiones. Encontramos en él azoras en las que se hace el elogio de la misericordia divina y de su bondad, azoras que dan una versión espiritual de la fe, otras, finalmente, que insisten en la ira divina y el castigo que reserva a los transgresores. Esta múltiple dimensión se encuentra en el Antiguo Testamento.

Si se aísla el Corán del contexto de las tradiciones *(sunna)* basadas en las palabras atribuidas al Profeta (hadiz) o en el consenso de los ulemas a lo largo de la historia sobre temas diversos, algunas azoras pueden escandalizar una conciencia moderna (al igual que el Antiguo Testamento). Por eso las versiones radicales de la religión de Alá que se basan en el Corán son sólo una de las tendencias atribuibles al islam y en ningún caso la única. Dan preferencia a ciertas azoras del Corán sobre otras. Los que hacen hincapié en la dimensión *yihadista* de la religión de Alá se refieren a menudo a la azora del Arrepentimiento, aleya 29: «¡Combatid a quienes no creen en Dios ni en el último Día ni prohíben lo que Dios y su Enviado prohíben, a quienes no practican la religión de la verdad entre aquellos a quienes fue dado el Libro! Combatidlos hasta que paguen la capacitación personalmente y ellos estén humillados».

Esta azora se refiere a la gente del Libro, es decir, a los judíos, los cristianos e incluso, según algunos, a los zoroástricos que tienen un libro sagrado reconocido por algunas tradiciones islámicas. Su objeto es la guerra hasta que acepten pagar el impuesto de la capitación. Tomado independientemente de los otros, este versículo puede servir para justificar la guerra a ultranza contra los no musulmanes.

Otras azoras del Corán aportan sin embargo un elemento explicativo que atenúa el efecto de dicho versículo. Así, la azora de La Vaca, aleya 186: «Combatid en el camino de Dios a quienes os combaten, pero no seáis los agresores. Dios no ama a los agresores», según la cual sólo quienes combaten deben ser combatidos.

La mención a la *yihad* se encuentra en la azora de La Peregrinación, aleya 40: «Se ha concedido permiso para hacer la guerra a quienes combaten, porque fueron vejados, ciertamente, Dios es todopoderoso para su auxilio». Aquí, la *yihad* es claramente defensiva y sólo concierne a quienes son agredidos.

Junto a azoras que preconizan la guerra santa para proteger el islam, o propagarlo, existen otras que toman el sentido de la clemencia o la tolerancia. Así, la aleya 257 de la azora de La Vaca: «¡No hay apremio en la religión! La rectitud se distingue de la aberración». O también la azora de La Abeja, aleya 126: «Llama a la senda de tu Señor con la sabiduría y la bella exhortación. Discútelos con aquello que es más hermoso. Tu Señor conoce perfectamente a quien se ha extraviado de su senda; Él conoce perfectamente a quienes están bien guiados».

El intercambio de puntos de vista y los debates son preconizados aquí y el rechazo de los infieles se atribuye a Dios y no a sus criaturas, que, en ese caso, no deben emitir juicio alguno sobre quienes se extravían, puesto que Él es quien tiene el mejor conocimiento a este respecto.

En la azora de La Caverna, aleya 28, se lee: «Di: "La Verdad procede de vuestro Señor; quien quiere, cree, y quien no quiere, no cree"». También aquí, se deja a la inteligencia y a la percepción de cada cual la adhesión a la religión o su rechazo. Según este versículo, no se debe ejercer coacción para convertir a los demás a la religión de Alá.

En la azora de Jonás, aleya 99, se dice: «Si tu Señor hubiese querido, hubiesen creído todos los que están en la Tierra. ¿Puedes tú forzar a los hombres hasta que sean creyentes?». Aquí, se hace una llamada a la omnipotencia del Señor para justificar la tolerancia en materia de religión. Si Él hubiese querido que todo el mundo abrazara el islam, Alá lo habría hecho por Sí mismo. Si no lo ha hecho así, es que tiene Sus propios designios y las criaturas no deben ponerse en Su lugar y el de Su sabiduría para hacerlo. La coacción se excluye, a partir de la omnipotencia de Dios.

Al igual que en el Corán se encuentran versículos sobre la *yihad,* los hay también sobre la paz. Así ocurre con la azora de El Botín, aleya 63: «Si se inclinan a la paz, inclínate a ella, Mahoma. ¡Apóyate en Dios! Él es oyente, omnisciente».

Existen pues en el Corán azoras contra la guerra y por la paz, como también existen por la *yihad* y en contra de una paz percibida como envilecedora para los creyentes. Por la Tradición *(sunna)* y los relatos atribuidos a los discípulos inmediatos del Profeta (hadiz) o transmitidos por testigos más o menos alejados y por el consenso de los ulemas *(iyma')* se palia la ausencia de reglas explícitas sobre ese tema. Las interpretaciones cambian según las situaciones socio-históricas y el llamamiento a la *yihad* se transforma según las circunstancias históricas y la emergencia de nuevos grupos más o menos combativos.

El problema esencial que preocupa a los exégetas del Corán es mostrar la compatibilidad de estas distintas azoras y su jerarquización cuando una contradicción parece oponer a unas con otras. Tomemos un reciente ejemplo. Interpretando los textos del Corán que inclinan, sucesivamente, hacia la paz y la guerra, hacia la clemencia o hacia el rigor, el clérigo shií Mutahari[7] distingue cuatro tipos de azoras:

- — Las que predican de modo absoluto la guerra santa.
- — Las que condicionan la guerra santa a factores como la iniciativa adoptada por los infieles de iniciar las hostilidades o de querer someter a los musulmanes.
- — Las que afirman con toda claridad que la adhesión al islam no es obligatoria.

— Finalmente, aquellas en las que el islam se afirma partidario de la paz.

Según Mutahari, cuando una azora afirma, de modo absoluto y sin condición restrictiva, la guerra santa, su significado debe verse subordinado a la que preconiza la *yihad* a partir de condiciones explícitamente definidas (como el ataque por los infieles o la opresión de los musulmanes). Esta jerarquización significa que un texto coránico no debe ser citado y aplicado sin precaución e independientemente de otras citas y referencias.

Existe un consenso entre numerosos ulemas sobre la naturaleza defensiva de la *yihad*. El problema reside en el hecho de que las condiciones restrictivas (como el ataque por los no musulmanes o su opresión) pueden interpretarse según perspectivas distintas. En las corrientes radicales que han jalonado, en todo tiempo, la historia del islam, se da un sentido amplio a la represión. Así, en el período contemporáneo, la presencia de los infieles en la Tierra Santa de Jerusalén o en Arabia Saudí se considera una agresión por parte de algunos grupos suníes. Asimismo, la agresión cultural *(tahayom farhangi)* por Occidente contra las sociedades musulmanas es enarbolada por los islamistas shiíes como un *casus belli*.

EL ÉXODO («HIYRA»), LA LLAMADA («DA'WA») Y LA GUERRA SANTA («YIHAD»)

Asociada con frecuencia a la *yihad*, encontramos otra noción, la de la migración o éxodo *(hiyra)*, la hégira, la partida de los territorios dominados por los infieles, del *dar al-harb* al *dar al-islam*. En septiembre de 622, acosado por los infieles de la Meca, el Profeta la abandonó por Medina (Yathrib) para trabajar allí por la supremacía de los musulmanes e ir a reconquistar la ciudad, cuando estuviese en posición de fuerza. Este éxodo, *hiyra*, se interpreta de múltiples modos a lo largo de toda la historia del islam, ya sea en sentido literal y estratégico en las guerras o en los distintos movimientos de lucha o en un registro más simbólico entre los sufíes. A menudo, cuando algunos grupos musulmanes se sienten en posición de debilidad, optan por una estrategia de retirada, dispuestos a volver a la carga más tarde. Así ocurrió con el grupo Takfir wa-l-Hiyra (literalmente: Excomunión y Hégira) que se enfrentó en 1977 con el poder egipcio de Sadat bajo la dirección de un joven ingeniero agrícola, Chukri Mustafá. El grupo se instala en grutas del Alto Egipto o en apartamentos comunitarios, llevando a cabo así su éxodo para encontrar refugio en un mundo distinto al de los infieles. El objetivo es doble: partir cuando se está en posición de debilidad para protegerse contra las fuerzas del mal, más poderosas; fortalecerse en el exilio, regresar, luchar contra los infieles, vencerles y restaurar la fe.

Estas nociones encuentran ecos renovados entre los musulmanes en las sociedades occidentales donde se han instalado nuevas comunidades musulmanas, desde los años sesenta. Una gran mayoría de ellos acaban adaptándose y adoptando el modo de vida de las sociedades de acogida. Una ínfima minoría se radicaliza. Entre una mayoría que opta por la aculturación pacífica y el mestizaje y una débil minoría que la rechaza, emerge un tercer grupo que elige formas neocomunitarias. Se intenta entonces constituir una comunidad islámica apacible, retirada de la sociedad, aun manteniendo con ella relaciones no antagónicas.[8] En este caso, es la lógica de *da'wa* (la búsqueda del regreso a la fe o el proselitismo) lo que se aplica mientras que en el de los más radicales prevalece, por el contrario, la lógica de la *yihad.* Si el grupo tiene la sensación de que no debe recurrir a la *da'wa* ni poner en marcha la *yihad,* siempre puede optar por la *hiyra,* esperando una ocasión en la que pueda ponerse en práctica una de las otras dos eventualidades.

Esas tres nociones dan lugar a diversas interpretaciones. Dos de ellas tienen una importancia muy especial. Según la primera, pueden significar un estado interior, el del creyente que intenta realizarse por la espiritualidad. La *yihad* se convierte así en lucha interior que pretende trascender las llamadas de nuestros instintos inferiores; asimismo, la *da'wa* pone de relieve el alma de élite de quienes se reconocen en ella, a diferencia de la gran mayoría. La llamada se dirige a los primeros, en el seno de estructuras más o menos cerradas y elitistas como las nuevas cofradías *(janeqah, zawiya).* Finalmente, la *hiyra* puede designar las distintas etapas que atraviesa un alma de élite en el seno de grupos sufíes herméticos, con vistas a una ascensión puramente espiritual.

Paralelamente a estos significados espirituales, esas nociones también pueden remitir a formas concretas de compromiso social. La *yihad* significa literalmente la guerra santa contra los impíos; la *hiyra,* la migración física para escapar a la represión o a la imposibilidad de propagar una fe militante. Finalmente, la *da'wa* remitirá a un proselitismo comprendido al pie de la letra, con el fin de acrecentar el número de los adeptos de Alá con el designio de imponerse ulteriormente a los no creyentes.

La polisemia irreductible de estas expresiones y el significado que se les concede dependen de las posiciones existenciales, pero también políticas, de los creyentes y de su situación en la sociedad. Nada hay de sorprendente, así, en que se puedan predicar en nombre del islam conductas diametralmente opuestas sobre los problemas sociales o los modos de acción concretos. Contrariamente al catolicismo, que dispone de una institución que da sentido a lo sagrado, la multitud de instancias de exégesis del sentido de la fe y su carácter policéfalo alientan la diversidad de las interpretaciones y las conductas. El único freno a esta multiplicación hasta el infinito procede de la Tradición y de cierta homogeneidad del pensamiento de los ulemas en el seno de instituciones varias veces centenarias como la universidad Al Azhar o la prestigiosa escuela coránica la Zaytuna que contribuyen a reducir el abanico de interpretaciones posibles sin, no obstante, devolverlas a la unidad.

El martirio en el islam

Si en el sunismo, el martirio se asocia, se subordina incluso, a la guerra santa, en el shiismo, rama minoritaria del islam —un musulmán de cada diez es shií—, encontramos una estructura afectiva centrada en el martirio, que da un sentido original a la religión de Alá. Bajo la dinastía de los Omeyas, el islam estaba en peligro de depravación y desnaturalización según numerosos oponentes que rechazaban el lujo y la licencia de la corte. Un sordo antagonismo oponía ciertas capas de la sociedad musulmana a los Omeyas, pero estaban desprovistas de un jefe que pudiera llevarlos a una revuelta contra el califa. El imán Hasán, segundo imán shií, murió sin oponerse al califa Moavieh. Según ciertas tradiciones shiíes, fue envenenado, es decir, martirizado.

Con el tercer imán shií, Husain, hermano de Hasán, Muawiya muere y su hijo Yazid le sucede. Es conocido por su afición al lujo y lleva una existencia opuesta a los principios del islam. Con Husain, la oposición parece encontrar entonces un verdadero jefe, dotado de la legitimidad de la familia del Profeta. Es su nieto por su hija Fatemeh, que se casó con Alí, primer imán shií y cuarto califa ortodoxo *(rashidun)*, a su vez yerno y primo del Profeta.

Por razones vinculadas a la mala organización de la lucha, Husain sucumbió a la muerte en octubre de 680, en el desierto de Kerbala, en el actual Iraq, en compañía de un puñado de fieles (setenta y dos según la tradición shií).[9] Su martirio en circunstancias dramáticas se convirtió en emblema del shiismo de doce imanes. Cada año, los creyentes celebran el aniversario de su muerte durante el mes de Moharram, con procesiones de flagelantes y puestas en escena teatrales (*ta'zieh*), señalando las etapas que desembocan en su muerte trágica, en la jornada de su muerte *(ashura)*.

Los shiíes sienten una especial devoción por la familia del Profeta, Alí su yerno y primo, Hasán y Husain, segundo y tercer imanes shiíes e hijos de Alí y de Fatemeh, hija del Profeta. Y así hasta el duodécimo imán, Mahdi, ocultado en 874 y cuya reaparición aguardan los shiíes para actuar en el fin de los tiempos. Husain ocupa un lugar aparte y su martirio es sentido como un acontecimiento importante. Sin él, tras su padre Muawiya, Yazid habría conseguido adulterar el mensaje del islam, al modo de ver de los shiíes. El sacrificio de Husain con un puñado de fieles tenía el objeto de despertar a los musulmanes contra aquel islam no auténtico. Al morir como mártir, Husain consiguió desacreditar a Yazid, acelerando la caída de los Omeyas y la instauración del califato de los abasíes cercanos a la familia del Profeta.

El martirio del tercer imán shií fue, pues, la ocasión de denunciar a los usurpadores para restaurar la verdadera religión del Profeta. Aquí, el martirio establece ambiguas relaciones con la *yihad* puesto que el sacrificio de uno mismo no se lleva a cabo con la perspectiva de una victoria. Muy al contrario, la consecuencia de ello es una derrota puntual, la muerte de Husain en un desigual combate donde el «Príncipe de los Mártires» (apodo dado al tercer imán por los shiíes) muere sin haber obtenido la victoria. Ésta se efectuará *post mortem,* a través del desvelamiento de la ilegitimidad de un poder inicuo. Pero este mensaje no es unívoco. Para los partidarios del quietismo y del dolorismo, la derrota de Husain significa que el mundo es un valle de lágrimas y que sólo las lágrimas vertidas durante el mes de Moharram, en el que se celebra su pasión, pueden aportar un bálsamo a los innumerables males que reserva al creyente la vida en este bajo mundo. Es la versión dominante que, pese a escasos intervalos, constituyó la religión popular en el mundo shií. En efecto, éstos eran reprimidos a menudo por los poderes suníes que les consideraban desviados, herejes incluso. En estas condiciones, la visión dolorista daba sentido a la permanencia de la represión al tiempo que consolaba al creyente con la promesa de un más allá de felicidad en el paraíso. La ocultación de su pertenencia al shiismo *(taqiya o kitman)* era una actitud frecuente en los medios shiíes en territorio suní.

Sin embargo, más raramente, el martirio de Husain alimentaba revueltas o insurrecciones contra los poderes represivos identificados con el de Yazid. Una versión activista del martirio de Husain aparece entonces durante las luchas contra el dominio suní o cuando la represión se hacía intolerable o, también, en tierra shií, contra la dominación colonial. A partir del siglo XIX vemos aparecer una versión decididamente combativa que transforma la muerte de Husain en lucha contra la injusticia, identificada a su vez con la negación de la religión de Alá. Husain se habría rebelado contra el poder ilegítimo de Yazid para subrayar la necesidad de una lucha contra la opresión política y social.

De hecho, la interpretación del martirio inaugural de Husain da lugar a múltiples lógicas de acción, divergentes a menudo, incluso en la era moderna. Por un lado, el martirio de Husain puede inducir a la inacción, como en el pasado. El creyente está afligido ante el desolador espectáculo de un mundo en el que los hombres de verdad sólo pueden morir bajo la espada de gobernantes injustos y sólo encuentran esperanza en la espera del fin de los tiempos. Pero el martirio de Husain puede también alentar una actitud de combate hasta la muerte a partir de la secularización del shiismo. Así, Mahdi sólo llegará si los propios creyentes, con sus actos, preparan su advenimiento. Es preciso combatir uno mismo el mal para que el duodécimo imán pueda venir y tomar la antorcha de la lucha contra la injusticia.[10]

Aunque los suníes sientan, por lo general, un gran respeto por la familia del Profeta y sus descendientes hasta el duodécimo imán, la actitud de los shiíes es considerada, por ellos, excesiva, a veces impía e incluso herética *(shirk)*. A su entender, éstos colocan a los imanes en igualdad con el Profeta y le dan, al igual que a su familia, un significado que los convierte en seres de naturaleza distinta a la del común de los mortales. Como prueba mencionan la actitud de los shiíes en su peregrinación a la tumba de los imanes: efectúan allá la *tawaf*, la circunambulación que los suníes reservan a Dios, durante la peregrinación a la Meca. Por eso, la toma de la Meca por los *wahabíes* (Ibn Seud) en los años veinte dio lugar a la destrucción de los *zari'* (verja dorada o plateada y calada) alrededor de las tumbas de los miembros de la familia del Profeta que permitían a los shiíes practicar sus rituales y hacer allí sus votos.

El martirio de Husain carece en el sunismo de esta dimensión fundadora, aunque esté presente en él y permita numerosas interpretaciones.[11] Entre los shiíes, como entre los suníes, aunque en menor medida, el martirio de Husain alimenta eruditos debates. ¿Por qué aceptó morir? ¿Cuáles eran sus motivos? ¿Tenía la «ciencia infusa» *(elm e ladonni)* que permite a los inmaculados predecir su destino? ¿Quería apropiarse del poder y fundar un nuevo orden político o intentaba, simplemente, denunciar el régimen injusto y depravado de Yazid? ¿En qué medida, en fin, tenía su martirio una dimensión mística? ¿No expresaba así su deseo de alcanzar a Alá aniquilándose literalmente en Él por el martirio *(fana fi-l-lah)*? Estas cuestiones agitan Irán, Iraq y el Líbano, sociedades de mayoría shií. Aunque de interés histórico y religioso, estos debates se filtran luego a la sociedad y, según las condiciones socioeconómicas y políticas y según la coyuntura internacional, será posible privilegiar la versión activista del martirio. Estos distintos puntos de vista conservan una innegable actualidad.

El martirio de Husain resulta esencial para justificar el compromiso de los jóvenes en esta vía, lo que da al acontecimiento un gran alcance simbólico. Por ejemplo, en la revolución islámica de Irán, la interpretación del Achura (el día de la muerte del tercer imán) por Shariati, pero también, en menor medida, por otros (como el clérigo Mutahari y el ayatolá Jomeini) desempeñó un papel importante en la movilización de los jóvenes de los grandes centros urbanos.[12] Las sociedades suníes se refieren episódicamente al martirio pero no reviste en ellas el mismo significado fundador que entre los shiíes. Esto en nada ha impedido a los adeptos del martirio en estas sociedades (territorios palestinos, Argelia, Egipto, Afganistán...) exponerse al martirio de los grupos sociales islámicos.

El martirio se ha convertido en el reto principal de la lucha de los jóvenes cachemires contra el ejército indio o de la Casbah de Argel contra el poder militar en aquel país. En las sociedades musulmanas suníes, como entre los palestinos, se discute sobre el hecho de saber si las «bombas vivientes» tienen una actitud adecuada al islam o no. Para unos, se trata de un suicidio disfrazado, prohibido por el islam, que atribuye sólo a Dios el privilegio de dar o de tomar la vida (salvo en el caso de los castigos islámicos codificados por el *fiqh,* derecho islámico). Para los otros, son mártires en la medida en que defienden el islam contra un enemigo infinitamente más poderoso que no les deja ya otra elección.

Interpretaciones del martirio de Husain

Según Murtada Alam al Hoda (muerto en 436 de la hégira, en el siglo XIII), el imán Husain creía en una victoria sobre Yazid y la mayoría de los habitantes de Kufa habían pactado *(bey'a)* con su representante, Moslem ibn Aqil. Para combatir la infidelidad de los habitantes, el imán Husain, al igual que su hermano Hasán que había reconocido al califa omeya Muawiya, decidió adoptar una actitud idéntica con respecto a su hijo Yazid. Éste se negó. Quiso ejecutarle. Husain se vio obligado a defenderse. La desigual lucha entre ambas partes desembocó en su martirio.

Ibn Jaldun (muerto en 1406), considerado en Occidente como un gran sociólogo antes de tiempo, basó su interpretación del fracaso del imán Husain en la existencia de la *asabiya* en el bando de Yazid. Este vínculo que mantiene la cohesión del grupo, aunque debilitado entre los partidarios de aquel califa, no dejaba de estar presente, precisamente cuando se hallaba sólo en estado embrionario entre los partidarios de Husain. Resultó de ello el fracaso de Husain en su combate contra un Yazid que podía contar con el sentimiento de pertenencia y de apoyo de sus grupos de parentesco y de su clientela. Según Ibn Jaldun, la estrategia del imán Husain estaba desde el comienzo condenada al fracaso por no haber tenido en cuenta la solidaridad del grupo en el que se apoyaba su adversario. Tres factores son esenciales a su modo de ver para asegurar el éxito de un jefe en un movimiento de oposición. Husain tenía el valor personal del jefe. Se beneficiaba del poderío de una ilustre familia, siendo hijo de Alí y de Fatemeh, hija del Profeta. Pero estaba desprovisto de un factor esencial del éxito: a saber, la *shauka*, que designa a la vez el prestigio y el carisma. A falta de poder inspirar confianza a sus tropas, fracasó.

Según Towfiq Abu Alam,[13] Husain se sacrificó a sabiendas, al igual que a su familia, para sacudir los cimientos del califato de los Omeyas que, sin su asesinato, no habrían podido ser puestos en peligro. El martirio de Husain hizo posible, a continuación, derribar a los Omeyas y la toma del poder por los abasíes, de la familia del Profeta.

En la interpretación de Yolal Ed-din Homai,[14] el martirio de Husain propaló por el mundo islámico el mensaje de la injusticia y de la depravación de Yazid. Al aceptar el martirio, el tercer imán habría salvado al islam de la desviación que el califa omeya Muawiya y su hijo Yazid le habían hecho sufrir. Contrariamente a Nadjaf Abadi, para quien Husain quería instaurar un nuevo poder, Homai piensa que su movimiento estaba destinado a denunciar la corrupción y la depravación de los Omeyas y no a tomar personalmente el poder. Homai apela al mismo tiempo a la dimensión mística de Husain: como gran místico *(salek e azim)*, éste había seguido todas las etapas del camino que lleva a Dios y había alcanzado el grado supremo de la perfección espiritual que es la desaparición y la pérdida de uno mismo en Alá *(fana fi-llah)*, es decir, el martirio.

Según Jaled Muhammad Jaled,[15] un religioso suní, el imán Husain no habría actuado por sensiblería, ni para sacrificarse. Su objetivo esencial era la salvaguarda de la religión de Alá. Eligió el martirio de acuerdo con la razón y optó por el sacrificio supremo para demostrar a los demás la necesidad de salvar el islam. La dimensión paradigmática de la muerte de Husain debía servir de modelo a los musulmanes. Por ello, el aniversario de su muerte debe ser la ocasión de manifestar su alegría y no su luto, como la gran fiesta religiosa del sacrificio.

El clérigo shií Mutahari[16] se manifiesta contra esta línea de pensamiento. El islam, a su entender, no debe sentir compasión ante un cadáver. El caso del mártir es muy distinto. Éste engendra, en efecto, una epopeya y las lágrimas expresan la participación en su empresa. Ahora bien, la risa y la alegría revelan más lo que depende de uno mismo («entrada en uno mismo»). Las lágrimas manifiestan, en cambio, la salida de uno mismo, el olvido de uno mismo y la identificación con el amado *(mahbub*, Alá, en la mística musulmana). Llorar supone acoger a Dios mientras que la alegría y la risa son como una forma lasciva *(shahwa)* e introvertida de existencia en la que prima la preocupación por uno mismo. Por esta razón, el musulmán debe reservar sus lágrimas para el mártir. Las lágrimas derramadas por el martirio del tercer imán son recomendadas por los ulemas; alientan permanentemente el movimiento cuyo protagonista fue Husain en el corazón de los musulmanes.

Para Seyd Alí Farahi,[17] el movimiento de Husain, que culmina el día de Achura, tiene un carácter reformador *(nehzat e eslahi)* que pretende producir cambios y reformas en el gobierno y el pensamiento religioso de su tiempo. Sin el martirio de Husain, su movimiento no habría tenido el impacto del que gozó después de su muerte. El martirio fue, pues, el mejor medio para asegurar a su movimiento su permanencia en el tiempo; más allá de la búsqueda de poder, buscaba el despertar de los musulmanes.

Seyd Mohsen Amin[18] piensa, por su parte, que la actitud de Husain era profundamente racional. Tanto si tenía éxito en su movimiento como si fracasaba, saliera victorioso o perdiera su vida, la consecuencia habría sido la misma: el descrédito de Yazid. Al igual que sus compañeros, el imán sabía de antemano lo que le aguardaba. Para Seyd Husain Muhammad Ya'fari Hendi,[19] el imán Husain sabía pertinentemente que los musulmanes de su tiempo, aunque bastante cercanos a la época del Profeta, se habían alejado en gran parte de su cultura islámica. Era preciso que un importante acontecimiento se produjera para reanimar el islam y rechazar los viejos reflejos de la *yahiliya* (la época de la idolatría anterior al islam). Husain se sacrificó con este objetivo.

El egipcio Taha Husain (muerto en 1973) rechaza la idea de la efectiva toma del poder como motivo esencial del movimiento del tercer imán shií. Husain se habría levantado para rechazar la *bey'a* (reconocimiento de la legitimidad) de Yazid. Esta disensión alcanza su apogeo con la muerte de Husain. Por consiguiente, no sólo los problemas espirituales eran el origen del rechazo de *bey'a* por Husain hacia Yazid, sino también de los problemas familiares y tribales vinculados a una más larga historia que se remonta a los propios inicios del islam.

El suní cheij Abdalá Alayeli (muerto en 1996)[20] ve en la revuelta de Husain la protesta contra el poder de Yazid que había puesto cabeza abajo la religión y el Estado islámico. Para Husain, las posibilidades efectivas de derribar a Yazid eran escasas. Su revuelta alentó la protesta contra un poder ilegítimo. El eco de este movimiento fue inmenso y acabó por fin derribando la dinastía de los Omeyas. Desde el punto de vista del imán Jomeini,[21] finalmente, el movimiento del Príncipe de los Mártires encuentra sus razones en la progresiva pérdida de la justicia y en la aparición de un régimen desprovisto de equidad social, el regreso a una moral de la *yahiliya,* la transformación del gobierno y del califato en un poder dinástico y, finalmente, la tolerancia, la incitación incluso, de todo lo que estaba prohibido por el islam en materia de costumbres *(monkerat).*

En conjunto, las interpretaciones del martirio de Husain varían alrededor de ciertas temáticas bien definidas: ¿sabía Husain que iba a perder la guerra al comienzo de su movimiento o no? ¿Su insurrección tenía como objetivo tomar el poder y fundar un auténtico Estado religioso o intentaba atraer la atención de los fieles sobre las desviaciones del islam bajo los Omeyas y, en especial, el último de ellos, Yazid?

Estas cuestiones, debatidas desde el martirio de Husain entre los ulemas shiíes, y también entre los suníes, evolucionan según el contexto político y las preocupaciones dominantes de la sociedad. Así, a comienzos de la revolución islámica en Irán, el ejemplo de Husain era esgrimido para apelar a un régimen islámico acorde con *Belayat Faqih:* donde Husain había fracasado, Jomeini había tenido éxito. Hoy, con los nuevos intelectuales que cuestionan la teocracia islámica, el movimiento de Husain se interpreta en cambio como un testimonio de su negativa a someterse a las imposiciones de un califa despótico que buscaba la adhesión del imán a su proyecto de sociedad (su *bey'a,* su asentimiento y sumisión).

El ejemplo paradigmático de Husain se transforma entre los exégetas, a medida que las sociedades musulmanas, en particular shiíes, cambia. No existe una sola y única interpretación autorizada de su martirio y puede hacerse hincapié, sucesivamente, en su muerte salvadora —salvó a la comunidad shií con su sacrificio—, en la universalidad de su mensaje, no destinado a los shiíes sino a todos los musulmanes y, más allá, a la humanidad (así interpreta Shariati esta muerte y la sitúa en pleno corazón de la lucha de Abel contra Caín, del Bien contra el Mal). Puede también ser percibido como la negativa a perder su autonomía individual ante un poder despótico que pretende imponer un pacto de fidelidad, la *bey'a* (como muestran las actuales interpretaciones en Irán). Cada grupo social, ulemas o intelectuales musulmanes en el sentido amplio del término intenta legitimar sus reivindicaciones esgrimiendo el ejemplo de un Husain, cuyo martirio es «reinterpretado» y reconstruido cada vez según las exigencias de los tiempos.

Los Asesinos

Las modernas formas del sacrificio de sí mismo encuentran precedentes históricos, especialmente entre un grupo de ismaelíes que aceptaban morir por la causa sagrada, definida por su jefe religioso *(da'i)*. En efecto, una de las formas más consumadas de martirio (aunque la expresión «mártir» esté ausente de ella) se encuentra en la orden ismaelí conocida en Occidente con el nombre de Asesinos. Ésta se desarrolló en Irán (aunque también en Siria), entre los siglos XI y XIII. Se trata de un subgrupo del ismaelismo, ese shiismo de siete imanes que se distingue del shiismo de doce imanes. Está en el origen de esa temida orden, fundada por Hasán Sabbah a comienzos del siglo XI, en un Irán dominado por el imperio selyuquí. La orden se extendió por Irán adquiriendo castillos, sobre todo al oeste y al norte del país, y se singularizó por la adhesión de adeptos dispuestos a morir por la sagrada causa del islam ismaelí, encarnado por Hasán Sabbah. El asesinato de los dignatarios del Imperio selyuquí y de los dirigentes religiosos suníes, tenía como objetivo restaurar el reinado de un islam liberado de la ortodoxia religiosa suní, que abriera el camino al final de los tiempos y a la resurrección. Los adeptos aceptaban morir por la causa y al acabar con las personas designadas se sabían también condenados.[22] Dar muerte al enemigo del islam definido por el *da'i* es perecer uno mismo: se trata de una forma de martirio. Lo que impresionaba de un modo particular a los detentadores selyuquíes del poder en Irán, y también a los cruzados en Siria, era la indefectible fidelidad de los discípulos a la persona de Hasán Sabbah, el *da'i* ayudante del imán oculto, también de la familia del Profeta, y, luego, a sus sucesores. Morir al servicio de la Orden era una felicidad y los miembros de la secta se enrolaban como servidores de las personas designadas para morir. Durante todo el tiempo necesario, se entregaban abnegadamente a ellos hasta que recibieran la orden de ejecutarla con el puñal. El adepto se daba muerte a sí mismo o era ejecutado tras haber llevado a cabo su tarea. La secta estaba basada en un milenarismo que prometía el final de los tiempos por la instauración de un poder que abría el camino a la resurrección.

Las fortalezas ismaelíes fueron, durante más de dos siglos, inexpugnables y sus adeptos, que se encontraban en las zonas rurales pero también entre las clases letradas de las ciudades, resistieron los asaltos de los selyuquíes y sólo en el siglo XIII fueron aniquilados por los ejércitos mongoles. El grupo se caracterizaba por la total abnegación de los discípulos al servicio de la orden religiosa y la persona del jefe político-religioso, así como por una estricta disciplina y la capacidad de disimular su verdadera identidad recurriendo al *ketman*, o *taqqiye* shiíes, ocultación religiosamente justificada de la identidad, para llevar a ejecución su plan.

Esos rasgos vuelven a encontrarse en los grupos activistas modernos. El ejemplo de los Asesinos ismaelíes muestra cómo muchas características que se tiende a atribuir a la modernidad están, de hecho, presentes en las formas sectarias del islam. Sin embargo, una característica fundamental separa las formas radicales de acción en las sectas musulmanas premodernas[23] y las de los mártires musulmanes modernos.[24] En el primer caso, a menudo a partir de una convicción milenarista (la proximidad de la resurrección, para los ismaelíes de Hasán Sabbah) y una representación positiva del papel que se cumple, se acepta morir y hacer perecer al adversario. El discípulo ismaelí que ejecutaba a ciertos dignatarios selyuquíes creía estar participando en la realización del ideal de la nueva ciudad en un mundo renovado. En cambio, el mártir moderno, ya sea iraní, palestino o perteneciente a una organización transnacional, como Al Qaeda, actúa por despecho contra un mundo en el que le niegan el acceso a una vida «digna». El mártir sectario del islam en la edad premoderna está convencido de que actúa por el advenimiento de un mundo renovado, en ruptura con el antiguo tanto cuanto el mártir musulmán moderno actúa para destruir un mundo en el que no tiene su lugar como ciudadano de una nación o de una comunidad islámica, sin alimentar, en la mayoría de los casos, el menor ideal quiliástico.[25]

La difícil secularización de lo religioso

En las sociedades musulmanas tradicionales la insurrección contra el poder hallaba a menudo su legitimación en referencia a la religión. Se constituían entonces formas sectarias y no ortodoxas de religiosidad.[26] En diversidad de las sectas, una característica revestía particular importancia: la que insistía en una visión escatológica encarnada por un mesías llamado Mahdi. O éste existía en carne y hueso en la forma del jefe político-religioso o su advenimiento era relegado al final de los tiempos. Si los movimientos tenían éxito, daban nacimiento a poderes que imitaban, más o menos, a los que habían combatido (como los mamelucos en Egipto) procediendo a un cambio de élites dirigentes y, a veces, al establecimiento de unas nuevas formas de ortodoxia. Si fracasaban, daban origen a religiosidades marginadas y a los grupos que las practicaban disimulándolo (el disimulo, el *ketman* o la *taqqiye* shiíes). Quedaban a menudo huellas de ello en la memoria colectiva que podía ser reactivada o reactualizada en otros movimientos contra los príncipes percibidos como injustos.

Esos tipos de oposición y mutación sociopolíticos encontraron su formulación teórica en Ibn Jaldun, que percibía este fenómeno como una transformación de la *asabiya*, principio de cohesión del grupo que constituía el cimiento de su coherencia y de su identidad. Un grupo que conseguía forjar una fuerte *asabiya* tomaba el poder. Con el tiempo, ésta se desgastaba, entonces aparecía un nuevo grupo, con una *asabiya* vigorosa, discutiendo la de los detentadores del poder e intentando derribarlos para sustituirlos. Este ciclo caracteriza el poder. El cambio de *asabiya* era a menudo acompañado por formas sectarias de religiosidad que denunciaban a las clases dominantes. Así, el shiismo y sus variantes, como las múltiples formas de ismaelismo pudieron impugnar el sunismo ortodoxo, religión de los dominantes antes de convertirse a su vez en ello y adoptar las mismas formas de poder (los mamelucos en Egipto, los safawíes en Irán...).

La oposición podía llevarse también a cabo sin la constitución de los grupos sectarios, invadiendo a los no musulmanes. Así sucedió con los mongoles que invadieron Irán en el siglo XIII.

El regreso a un islam «no adulterado», «auténtico» y a menudo puritano se efectuaba por el rechazo del régimen establecido por depravado y alejado de la religión de Alá, un islam en el que los nuevos celadores predicaban la estricta conformidad con el Corán. Así el «wahabismo» pudo instaurarse en Arabia en el siglo XVIII. Éste o sus formas asociadas fueron uno de los últimos avatares de la transformación político-religiosa en el seno de las sociedades tradicionales musulmanas, no influidas aún por la modernidad.

Los movimientos modernos, incluso cuando se refieren a una versión rigorista del islam, no pueden verse reducidos a un cambio de *asabiya*. Llevan en su interior una transformación profunda, teniendo en cuenta tanto la representación de la comunidad (*umma*), como de la persona en vías de individualización y de autonomización con respecto a esa comunidad, incluso cuando se considera explícitamente al servicio de esta última y dispuesta a sacrificarse por ella. Una profunda transformación de la *umma* rompe el ciclo de los cambios de *asabiya* tal como perduraba hasta el alba de la modernidad. En adelante, una nueva dialéctica se instaura entre la persona y la comunidad. La secularización de lo religioso se convierte en uno de los componentes principales de estos movimientos que son atravesados por nuevas líneas de tensión y hacen aparecer reivindicaciones y exigencias distintas a las de los movimientos islámicos tradicionales.

En sus formas no modernizadas, marcadas por la *asabiya*, estos movimientos presuponían la no secularización de lo religioso. Ahora bien, los movimientos islamistas del siglo XX se caracterizan por una etapa importante en su secularización, en condiciones a menudo vividas por sus adeptos como dramáticas. La individuación se lleva a cabo por la transformación de los afectos, de la relación con el cuerpo y su sexualidad, con la vida, con la muerte, con el miedo, con el enemigo, con la guerra santa, con el mundo. Se realiza también a través de la contestación sociopolítica de los regímenes que han confiscado los recursos y han bloqueado el desarrollo social. Se lleva a cabo también en relación con el ideal de una comunidad mitificada y unificada, para curar las llagas de una modernización que rompe las coherencias culturales y sociales sin sustituirlas por nuevas sociabilidades creíbles para amplias capas de la sociedad. Estas transformaciones profundas de lo sagrado y de lo profano, de la persona y de la comunidad se manifiestan con especial agudeza a través de nociones como el martirio y la *yihad*. Aunque estas expresiones denoten una continuidad semántica con el pasado, no por ello dejan de llevar un contenido nuevo. En este martirio, el sacrificio se vive como un acto, dictado por Alá, es cierto, pero asumido por el individuo que intenta poner en él su huella. Se trata de un yo a menudo angustiado, que ha renunciado a vivir y experimenta por ello su existencia como desprovista de significado en este mundo. Hay una dimensión suicida en el martirio moderno. Pero, contrariamente al suicidio anómico, que es ruptura con la vida sin vínculo alguno con lo sacro, el despecho contra el mundo se expresa movilizando a éste y designando a un enemigo al que se intenta eliminar haciéndose matar.

El acto de ruptura con este mundo se considera profundamente vinculado a una vocación, a una aspiración que hace de lo religioso, de lo político y del mundo entidades en estrecha relación una con otra, resultado de la secularización de lo religioso.[27]

Por otra parte, el nuevo mártir rompe con una visión elitista y aristocrática de lo religioso. Si cada hombre puede acceder al martirio, joven o viejo, pobre o rico, educado o no, es que existe ante la muerte sagrada una igualdad que, a continuación, se reivindica en el campo social y político.

La secularización de lo religioso se manifiesta en la adopción de un rasgo moderno: el recurso a la cuantificación para edificar una argumentación y dar sentido a una lógica de acción religiosa. En las entrevistas con algunos detenidos islamistas, ante la pregunta sobre cómo justificaban más de tres mil muertes inocentes en las dos torres del World Trade Center, en los atentados del 11 de septiembre de 2001, la respuesta se dio invariablemente en términos de cifras. Replicaban: ¿cómo puede justificarse la muerte de centenares de miles de niños y ancianos iraquíes, de esa población civil que encontró la muerte a consecuencia de la prohibición americana de vender el petróleo de Iraq, lo que acarreó una penuria de productos alimenticios de primera necesidad? Al conjunto en cifras de muertos inocentes se oponían, cien veces multiplicado, otros muertos que nada tenían que ver con el conflicto. «Ellos no lloraron a nuestros muertos inocentes, ¡por qué vamos a llorar a los suyos!», respondieron. La lucha palestina y el número, mucho más elevado, de muertos del lado palestino que del israelí justifican, en la misma perspectiva, la legitimidad de una causa contra otra.

El imaginario moderno se nutre de cifras para darse seguridad y dotarse de un instrumento de ponderación y análisis. En los fenómenos humanitarios, se escucha a menudo a los actores invocando la posibilidad de salvar centenares de vidas de niños e inocentes en un día cuando, incluso en Francia o en Occidente, sólo se pueden salvar algunas. La lógica de la devoción a la causa se ve así transcrita en cifras y en números que ofrecen un principio de legitimación a la acción. El mismo fenómeno se encuentra entre los islamistas, esta vez en términos de número de muertos causados tanto por uno como por otro bando. La legitimidad del combate y de la perdición de los inocentes se mide por el número de muertos causados de una y otra parte. El acto de la *yihad* encuentra en este tipo de argumentación un significado directamente vinculado a un registro moderno que se inspira en una legitimidad estadística y en una apreciación objetiva para dar sentido a su acción.

Reinterpretación del martirio y de la «yihad»

En los movimientos islamistas, la *yihad* está estrechamente asociada al concepto de *yahiliya,* la Ignorancia, período anterior al islam marcado por la idolatría y que puede reaparecer cada vez que uno se aleja de la verdadera religión. La *yahiliya* caracteriza, pues, la época actual, en la que la adoración de los ídolos ha suplantado a la de Alá. Cuando la Ignorancia y la Idolatría extienden su poder a los musulmanes, es necesario apelar a la guerra santa, la *yihad,* para poner fin a ello. Los poderes que se ejercen en las sociedades de la *yahiliya* son los de la Impiedad *(kufr)* a los que es preciso oponer la verdadera fe islámica en una guerra santa en la que el creyente debe hacer donación de su vida como mártir de Alá.

Dos pensadores tuvieron gran influencia en la reinterpretación y la modernización de la *yahiliya* y de la *yihad,* en el mundo suní: el paquistaní Mawdudi y el egipcio Qutb. Para el primero, el nacionalismo es una impiedad *(kufr)* y el islam tradicional que predica el respeto a los cinco pilares de la fe —a saber, la profesión de fe islámica *shahada,* la plegaria *salat,* el ayuno del Ramadán, la peregrinación a la Meca para quienes posean medios y la limosna islámica *zakat*— los estipuló para incitar a la *yihad,* lucha contra los usurpadores del poder *(hakimiya)* de Alá. Esta lucha se convierte en una necesidad fundamental, al estar la guerra santa dotada de una posición jerárquica dominante con respecto a los principios fundamentales de Irán. Se trata de una relectura de la religiosidad de Alá y su politización a la luz de una nueva mentalidad político-religiosa.

Para legitimar esta representación activista de lo religioso, los pensadores islámicos se refieren a menudo al período medinense del Profeta, cuando éste ejercía al mismo tiempo el poder político y religioso. Donde la tradición islámica disociaba, *de facto,* el poder y lo religioso, *dawla* y *din,* Mawdudi[28] lo relaciona estrechamente y reivindica la edad de oro islámica, ese período que la tradición islámica declaraba ya terminado porque dependía del *aurea aetas* y era, por ello, inaccesible al común de los mortales. Con este fin introdujo el doble concepto de soberanía *(hakimiya)* y adoración *(ubudiya)* que no existía, bajo esta forma, en el derecho canónico islámico (*fiqh*) clásico.

Según esta visión sólo Alá goza de la soberanía, al no ser los hombres más sus criaturas. El auténtico gobernante dirige el país de acuerdo con lo que Alá ha revelado. Una soberanía detentada por el pueblo, la nación o un partido cualquiera depende de la idolatría, y es contraria al islam.[29] Ciertamente, esta tradición radical existía en el islam mucho antes de Mawdudi, pero era ampliamente minoritaria.

La encontramos en parte en Ibn Taymiya más de medio milenio antes de Mawdudi, o incluso en Ibn Kazir (alfaquí del siglo XIV), aunque esta visión no era por ello menos minoritaria frente a la otra tradición que preconizaba la separación entre la *shari'a* y el Estado, especialmente en Ibn Jaldun, a partir de la disociación entre la edad de oro del período medinense del Profeta y las épocas siguientes.[30]

Qutb, influido por Mawdudi, inspira fuertemente a los Hermanos Musulmanes de Egipto. Presenta una radicalización del pensamiento islámico que sienta las bases de un poder revolucionario en nombre de Alá. Opone la soberanía política exclusiva *(hakimiya)* de Dios al poder ilegítimo, basado en la Impiedad *(kufr)* y la Ignorancia *(yahiliya)*. Ese tipo de poder se inspira en una modernidad que se se expresa en clave de nacionalismo, socialismo o cualquier forma de modernismo. Sus rasgos fundamentales son la mezcla de hombres y mujeres, el individualismo exacerbado y la afición al dinero. Reconocer la soberanía exclusiva de Dios supone reconocerse como una criatura de Alá y someterse a él. De lo contrario, se rechaza la omnipotencia de Alá puesto que se asocia al poder de Dios el de una criatura autónoma. Legislar de otro modo que no sea sometiéndose a Dios supone arrogarse sus atributos, pues toda legislación islámica debe hacerse de acuerdo con los mandamientos divinos.

En todos los campos de la vida colectiva debe reinar el poder divino: reconocer la soberanía de Dios significa rechazar la separación entre la religión como práctica ritual y el poder político a nivel del Estado. Donde la tradición mayoritaria disociaba la religión del Estado, Qutb los asocia estrechamente. Cuestiona la visión mayoritaria de los ulemas suníes, para quienes la *yihad* debería tener, primero, un objetivo defensivo para convertirse en un deber personal. Para aquél, la *yihad* debe establecer la autoridad de Alá sobre la tierra, para dirigir los asuntos humanos de acuerdo con los mandamientos de Dios, destruir las potencias satánicas y poner fin a la dominación de los hombres para instaurar el reinado de Alá.[31] Por esta razón, la visión defensiva de la *yihad* no corresponde a la verdad del mensaje coránico. Son los orientalistas y los musulmanes no auténticos quienes cunscriben la *yihad* islámica a la defensa de la tierra del islam. No es únicamente defensiva, se identifica con el propio movimiento del islam que debe englobar la tierra entera, la humanidad.

Por su naturaleza, la *yihad* tiene vocación universal y su función sobrepasa con mucho la que le asigna el *fiqh* islámico tradicional que la limitaba, principalmente, a la defensa de la tierra del islam. El combate se dirige primero contra las clases dominantes en las sociedades musulmanas, comenzando por el Egipto naserista. Qutb será colgado por este último en 1966.

La denuncia del Occidente hegemónico y de sus testaferros intelectuales, los orientalistas, va a menudo a la par entre los pensadores radicales como Qutb, Mawdudi y Jomeini, con la crítica radical de los musulmanes tibios, incluso «hipócritas» (*munafiq*, los que introducen la disensión entre los musulmanes, según una expresión coránica). Se trata de musulmanes que siembran la cizaña en la comunidad y cuestionan su unidad con su actitud de debilidad o rechazo de compromiso en la vía de Alá. Estos hipócritas se niegan a combatir las fuerzas del mal y acaban pactando a menudo con ellas, por miedo a perder sus privilegios o, sencillamente, por abulia. Mawdudi critica a esos musulmanes que no quieren ser actores de pleno derecho de la historia y aceptan el dominio occidental.[32] El verdadero musulmán busca realizar su fe por medio de la guerra y el sacrificio, se niega a aceptar un mundo que cambia, haciendo con este fin suyos los veredictos del Corán, los cuales nunca cambian. A la moderna abulia que consiste en adaptarse al cambio del mundo y aceptarlo pasivamente como los colonizadores enseñaron a los musulmanes, Mawdudi opone el heroísmo del musulmán auténtico que intenta imprimir su huella en la historia antes que soportar su ley. El elogio del heroísmo, de la inflexibilidad, de la búsqueda valerosa para la instauración de la *shari'a* supone una capacidad combativa que puede resistir las tentaciones de la historia.

Esos tres pensadores intentan devolver a los musulmanes la confianza en sí mismos. Ésta se ha perdido bajo los embates del imperialismo y el falso prestigio de un Occidente que arrebata al musulmán el respeto de sí mismo y la devoción a su fe. Los equivalentes de Qutb y de Mawdudi en el mundo shií son Jomeini en Irán y Musa Sadr y Fadl Al-lah en el Líbano. Sus ideas están próximas al tema del poder, puesto que la noción de *Velayat e faqih* (soberanía del doctor en ley islámica) desarrollada por Jomeini remite a la subordinación de lo político a lo religioso en nombre de Alá. Los orígenes de esta noción, en el shiismo, se remontan al siglo XIX, con clérigos como Naraqi, muerto en 1828, y Nayafi,[33] muerto en 1850, es decir, el período en que el poder de la dinastía Qajar se veía cada vez más reducido a la impotencia ante los regímenes imperiales que eran Inglaterra y Rusia. En aquel momento, una fracción minoritaria del clero afirmó su ascendente sobre lo político, dominado hasta entonces por monarcas procedentes de tribus nómadas. Evidentemente, podemos hacer retroceder hasta mucho más al pasado el origen de este concepto en el islam y, sobre todo, en su versión shií. Algunos ven como premisas de *Velayat e faqih* la noción de sultán justo *(soltan e adel)*.[34]

La innovación de Jomeini no reside únicamente en sus cualidades de teólogo sino, ante todo, en las de estratega y político. Su construcción del activismo islámico está basada en la denuncia de los «hipócritas» *(munafigin)* que, tras derribar al sha, intentaban fomentar la discordia entre los musulmanes, en nombre de una versión adulterada del islam. Apuntaba esencialmente a los Muyahidín del Pueblo, que formaban la extrema izquierda islámica, pero también a quienes carecían de entusiasmo por la revolución islámica. Los «partidarios del compromiso» *(sazech)* son en realidad personas «comprometidas» por su fidelidad al imperialismo *(sazech-kar)* a los que Jomeini llama, utilizando una expresión coránica cuyo significado transforma, la Arrogancia mundial *(estekbar e yahani)*. La palabra significa «imperialismo», pero como ésta era reivindicada por la izquierda marxista y atea, era preciso encontrar una expresión islámica que pudiera denotar su sentido sin despertar la sospecha de que estaba sacada de una izquierda denunciada por Jomeini. «La arrogancia» significa el exceso de orgullo o las conductas a él asociadas, especialmente las que engendran el olvido de Dios por una afirmación excesiva de uno mismo. Para el fundador de la República Islámica, Occidente es arrogante porque somete a los musulmanes y predica un sistema marcado por un secularismo materialista y bestial. Para luchar contra la arrogancia occidental, hay que superar el miedo a Occidente, basado en mitos desprovistos de veracidad.

De hecho, una de las características fundamentales del discurso de Jomeini reside en su extremado subjetivismo, que se encuentra en numerosos pensadores radicales modernos. Hace hincapié sobre todo en estados afectivos como el miedo, la fuerza del alma, el sentimiento del honor, la voluntad de vencer, la identidad musulmana liberada de la duda y fortalecida por el recurso a Alá. Para Jomeini, somos débiles cuando nos sentimos así. Para superar el miedo a nuestra debilidad, hay que recurrir a una toma de decisión heroica. Entonces, podemos volvernos fuertes, a imagen de Dios. Por otro lado, sentirse débil supone dar al enemigo el sentimiento de la propia inferioridad. La fuerza se abreva de esa interioridad que decreta, apoyándose en Dios, el propio vigor, por una decisión que no tiene necesidad alguna de una exterioridad cualquiera.[35] Ese extremado subjetivismo apela al mundo exterior, por una parte, y a los musulmanes, por otra, para denunciar los manejos de América. El discurso radical oscila, de hecho, entre una bipolarización en la que el Bien se enfrenta con el Mal y un tipo de intersubjetividad de tres polos, en la que el mundo exterior es puesto como testigo de los manejos del enemigo.

Así pues, Jomeini apela constantemente al mundo cuya adhesión quiere obtener en su versión de la historia, al tiempo que denuncia al pérfido adversario americano que niega al pueblo musulmán sus derechos legítimos. Este mundo exterior tiene un estatuto ambivalente, en la medida en que el discurso islamista se mueve en un universo maniqueo que no debiera reconocer este espacio de neutralidad promovido, por momentos, como referencia para la legitimidad del discurso.

Otra dimensión del discurso radical aparece en su voluntad de interpelar a los musulmanes esgrimiendo, de acuerdo con la tradición guerrera del Profeta, el vigor y las cualidades de combate del musulmán auténtico. Así, en un discurso a los miembros del departamento de economía de la Universidad de Ispahan,[36] Jomeini exalta los recursos guerreros de la juventud musulmana: «Somos hombres de combate, somos hombres de lucha. Nuestra juventud ha combatido y luchado contra los tanques, los cañones y las ametralladoras [del ejército del sha]». Finalmente, el discurso se dirige a los enemigos del islam (el Occidente personificado por América) al que vilipendia con énfasis, lanzándole desafíos y humillándole simbólicamente al recurrir a las nociones de honor y virtudes guerreras de los musulmanes. Sobre un telón de fondo de maniqueísmo, donde el Bien y el Mal quedan separados en un sentido liberado de la duda, se edifica una forma de discurso en el que el yo, los musulmanes, el enemigo y el mundo forman el telón de fondo. Todo el arte oratorio consiste en reducir esta polaridad múltiple a una bipolaridad en la que el mundo y los musulmanes debieran colocarse al lado de los partidarios del Bien, contra un enemigo occidental en declive pero que no por ello deja de ser temible.

Lo que revitaliza a los musulmanes es la unidad religiosa de los corazones en el seno de una comunidad unificada que se levanta contra los «poderes satánicos» y consigue dominarlo. El ejemplo más patente fue el caso del Irán del sha, con su ejército ultramoderno equipado por América, al que el pueblo musulmán de Irán pudo vencer con las manos vacías, sólo con sus puños levantados y con la fe en Alá. Esta revolución es, ciertamente, el preludio de un levantamiento general que va a anunciar el fin de los tiempos y el advenimiento del Imán oculto (el duodécimo imán, el equivalente shií del Mesías). Pero, entretanto, es necesario mostrar la adhesión al bando del Bien con el sacrificio y la abnegación absolutos. Los oprimidos (*mustad'afin*, expresión coránica a la que Jomeini da, siguiendo a Shariati, una connotación de clase) conseguirán tomar su revancha sobre los opresores *(mustakbarin)*. Estas dos expresiones están muy influidas por las ideologías de la izquierda marxista y tercermundista, siendo los oprimidos los marginados, las masas proletarizadas y los opresores, los imperialistas o las clases dominantes. En la lucha entre los arrogantes y los oprimidos, los últimos saldrán vencedores, por recurrir al islam, que es la religión que los defiende. Para ello, es preciso que los musulmanes acepten el martirio. Una comunidad dispuesta al sacrificio, unificada en su voluntad de luchar contra el imperialismo mundial, conseguirá instaurar el reino del Bien a partir del ejemplo paradigmático de la revolución iraní, que inauguró una nueva era en el mundo.

El debate sobre estas nuevas versiones del islam plantea la cuestión del islamismo. En Francia, la expresión se remonta, por lo menos, al siglo XVIII y fue empleada por Voltaire en un sentido evidentemente distinto al de su significado actual. Si por islamismo se entienden las corrientes que intentan asociar estrechamente lo político y lo religioso, su historia se remonta, en cierto modo, a los primeros siglos del islam. Las tendencias minoritarias querían realizar la sociedad ideal del Profeta, dirigente religioso y político al mismo tiempo. Si entendemos por islamismo una corriente político-religiosa que pretende apropiarse del poder justificando un eventual recurso a la violencia para instaurar de modo autoritario un régimen de acuerdo con la *shari'a* (los preceptos religiosos más o menos codificados), modernizando de modo ambiguo el islam sin reconocerlo explícitamente e islamizando de modo igualmente tácito la modernidad, insistiendo especialmente en la oposición a Occidente, entonces el islamismo es un fenómeno relativamente moderno que data de los años treinta (Hermanos Musulmanes en Egipto) y cuyo apogeo se sitúa en el último tercio del siglo XX.

Una de las características importantes de la mayoría de las corrientes islamistas es la centralidad que conceden, en su producción doctrinal, a las nociones de *yihad* y de martirio.

Otra característica, esta vez sociológica, de esas corrientes es la emergencia de nuevas categorías de personas, salidas a menudo de las instituciones universitarias, que proliferan en las sociedades musulmanas a partir de la segunda mitad del siglo XX.[37] Entre los dirigentes de estos movimientos, un buen número procede de medios científicos que pretenden legislar sobre el islam y poner en cuestión la hegemonía de los grupos tradicionales, a su modo de ver demasiado quietistas o corruptos por su complicidad con los poderes ilegítimos.

Pero el cuestionamiento de la tradición y sus engranajes institucionales no se debe exclusivamente a esos nuevos grupos surgidos de la modernización de las sociedades musulmanas.[38] Dentro de las instituciones religiosas, suníes o shiíes, puede verse la aparición de nuevos clérigos que discuten las interpretaciones dominantes que prevalecían en su seno. El ejemplo del ayatolá Jomeini en Irán, que era un dignatario religioso muy importante (sin ser el más importante, antes de la revolución), o también, en Egipto, los cheijs Abd al-Gaffar Aziz y Omar Abd al-Rahman, salidos de la Universidad Al Azhar, es sintomático a este respecto; ponen en cuestión, cada cual a su modo, las interpretaciones quietistas de los ulemas de esta institución.[39]

De hecho, la radicalización de la interpretación del islam y la voluntad de fundir lo político en lo religioso pueden revestir dos formas distintas. En el primer caso, se aboga por el retorno a una sociedad islámica respetuosa de las normas dictadas por el derecho canónico islámico *(fiqh)* de modo pacífico, que intenta fomentar desde abajo una educación islámica, convenciendo a unos y otros de lo bien fundado del regreso a un islam integrista, es decir, que englobe todos los aspectos de la vida. En este caso, como los Hermanos Musulmanes en Egipto o el partido Refah (luego Fezilet) en Turquía, se aboga por una islamización desde abajo, que evite una apropiación violenta del poder político desde arriba, mientras la sociedad no esté profundamente islamizada. Un segundo caso se presenta cuando se pretende poner fin al reinado de la Impiedad y del *Taqut* (Idolatría) recurriendo a la violencia, conforme a lo que sería hasta cierto punto el modelo de los izquierdistas en Europa o de los revolucionarios en América Latina, en los años setenta.

Las nuevas generaciones, educadas en circuitos no tradicionales como las universidades tecnológicas o científicas, suelen desempeñar un papel fundamental dentro de estos grupos opositores. Pero los ulemas intervienen también activamente, por lo menos al margen de las instituciones religiosas.

En Egipto, el cheij Omar Abd al-Rahman,[40] *alim* (sabio religioso) ciego, que hizo sus estudios en Al Azhar, inspira, tras la muerte de Naser, el islamismo radical de los movimientos Yama'at Islamiyya y Yihad. Se va a los Estados Unidos en 1990 y, tras el primer ataque al World Trade Center, en 1993, es condenado en 1996 a cadena perpetua. Su teoría política se distingue por algunos rasgos que se encuentran en distintas corrientes islamistas radicales. Así ocurre con el maniqueísmo teológico que rechaza la tradicional distinción de los gobernantes entre el *dalim* (tirano), el *fasiq* (pecador) y *kafir* (impío). Para él, estas clasificaciones remiten a la del gobernante justo y musulmán por un lado e impío *(kafir)* por el otro. El reinado de éste es el de la Ignorancia y la Idolatría, y debe ser combatido por los musulmanes. Mientras que los ulemas tradicionales remitían a Dios el juicio sobre el gobernante injusto, evitando así condenarlo el cheij Abd al-Rahman —igual que Jomeini dos décadas antes—, en nombre de una concepción totalizadora de lo religioso que engloba lo político, defiende la idea de la necesaria condena religiosa del gobernante que contraviene el islam.

El *takfir* (condena por impiedad) depende, entonces, de la tarea del sabio religioso y está absolutamente relacionado con lo político. En la tradición islámica, el *takfir* se aplicaba sobre todo a los místicos o a los descarriados condenados por los religiosos ortodoxos. Su objeto eran los individuos o los grupos dentro de la comunidad. La dimensión política estaba ausente o era menor y, a menudo, oculta. La nueva concepción del *takfir* lo convierte en una categoría política. Esta visión, que puede encontrar su legitimidad con referencia a ciertas corrientes minoritarias del islam medieval, no deja por ello de representar un cuestionamiento de la tradición mayoritaria por el cambio de estatuto de los sabios religiosos, al declararlos aptos para gobernar. Éste es, especialmente, el caso de Jomeini, que aboga por el gobierno del Jurista islámico, el *Velayat e faqih*. La sociedad impía debe ser combatida con las armas de la fe con vistas a instaurar un poder islámico que aplique la *shari'a* y luche contra la occidentalización de las costumbres recurriendo al principio islámico de la Imposición del Bien y la Interdicción del Mal *(amr bi-l-ma'ruf wa nahy an al-munkir)*.

El papel que corresponde a la *yihad* resulta fundamental. Se asocia al *iytihad* (el hecho de emitir opiniones religiosas conformes con el islam) que ejerce el sabio musulmán *(alim)* y politiza su papel, circunscrito antaño al campo jurídico. Una reinterpretación de las leyes islámicas que combine hechos tradicionales minoritarios a menudo con innovaciones de la conducta del actor humano da una extensión política a una visión jurídica. La primera engloba a la segunda, haciendo valer una justificación en nombre del derecho canónico islámico *(fiqh)*. La frontera entre *din* (religión), *dunya* (mundo) y *dawla* (Estado, política) se desvanece, dando origen el conjunto a una visión holística y rígidamente unificada que la tradición, al menos en su tendencia dominante, ignoraba. En el islamismo, la relación entre la política y el derecho islámico se metamorfosea profundamente. En efecto, la ley islámica tradicional *(fiqh)*, en sus tendencias ortodoxas, revestía las características siguientes:[41]

— Un carácter fundamentalmente técnico: sus conceptos y procedimientos eran de un tecnicismo tal que sólo presentaban lejanas relaciones con consideraciones de orden ético o dogmático.

— Una importante capacidad de innovación: la realidad histórica de su práctica se vio marcada por una gran latitud en las opiniones sobre puntos específicos *(ijtilaf)*. Lo que causaba la mutabilidad de esta ley en los contextos de cambio social.

— La ley islámica no era un código. Era un repertorio de precedentes jurídicos y de principios, en relación con un corpus bien desarrollado de técnicas hermenéuticas y paralógicas.

— La ley islámica tenía un carácter objetivo, poco sensible a la intencionalidad.

— La ley islámica era, en su mayor parte, de naturaleza privada: versaba sobre la obligación, el contrato, el estatuto personal y otros aspectos de la vida ordinaria. Estos ámbitos pertenecían a lo que se denominaba los *huquq al-ibad,* los derechos de las personas (criaturas). Existía un conjunto de leyes referentes al derecho público que se situaba en el registro de *huquq al-lah* (derechos de Alá). Se trataba de las obligaciones referentes a los dominios del Estado islámico. Si el musulmán se hallaba en territorio de infieles (no musulmanes), ese conjunto de leyes no se aplicaba. Así pues, era *musta'min,* debía portarse de modo apropiado, siguiendo las leyes del país en donde se encontraba.

La modernización autoritaria de las sociedades musulmanas produjo una transformación profunda del derecho canónico *(fiqh)* que acabó significando una relación con lo político que antes no existía. Asistimos a una politización del *fiqh* que es un fenómeno reciente, teniendo en cuenta la función y el carácter del derecho tradicional islámico.

Si en el mundo suní se produjo una revalorización de la *yihad* desproporcionada con respecto a su peso en la tradición, en el mundo shií lo que está de actualidad es la sobrevaloración del martirio, en un sentido nuevo y activista.

Las interpretaciones shiíes de los años sesenta y setenta, que precedieron a la revolución islámica, intentaron luchar contra la imagen «dolorista» pero sobrehumana de Husain que se había sacrificado conscientemente por la salvación de la comunidad shií. Ésta conmemora cada año, durante el mes de Muharram, el espectáculo de su pasión. La concepción tradicional atribuye cualidades trascendentes y, por lo tanto, inimitables, a Husain. Es *ma'sum,* es decir, incapaz de cometer un pecado y, por consiguiente, no podría ser imitado por los hombres. Debe ser venerado y no tomado como modelo de conducta concreta e inmanente.

A diferencia de las concepciones tradicionales, las nuevas interpretaciones (y en particular la de Shariati) hacen hincapié en la humanidad de Husain. Pretenden realzar su imagen atribuyéndole una dimensión inmanente y convirtiéndole en actor de su propia muerte, en una situación de indeterminación: ¿podía vencer el ejército de Yazid movilizando la ciudad de Kufa, que había apelado a él? Se puede citar el ejemplo de Salehi Nayaf-Abadi por el que Husain habría tenido la sensación de una victoria posible en una coyuntura histórica donde creía movilizar parte de la sociedad y, especialmente, la ciudad de Kufa contra el califa Omeya, Yazid. Cuando se dio cuenta de la imposibilidad de su victoria, prefirió la muerte como mártir porque estaba seguro de que, en caso de rendición, Ibn Ziyad, el jefe del ejército de Yazid, iba a ejecutarle implacablemente. Por ello se negó a capitular y luchó heroicamente durante el ataque de éste, accediendo así al martirio.[42] La imagen de Husain que se desprende de este relato es sin duda alguna la de un ser sobrehumano en su esencia, pero cuya ciencia del devenir no era distinta a la del común de los mortales. No había adquirido la «ciencia infusa» *(elm e ladonni)* a este respecto, pero creía sinceramente poder salir victorioso de su guerra justa contra el califa Omeya. Las circunstancias hicieron imposible la victoria. A una muerte en la humillación, prefirió otra, gloriosa. Husain era, en este plano, un ser humano y su conducta fue tanto más digna de elogio cuanto no se dejó humillar. Para Nadjaf Abadi, Husain no aspiraba al martirio, contrariamente a la opinión habitual. Quería apropiarse del poder y su muerte fue la consecuencia lógica de su fracaso. Husain no tenía el conocimiento absoluto. El factor determinante en la revuelta del tercer imán fue su dimensión eminentemente humana. En su levantamiento, éste contaba exclusivamente con la razón y la experiencia y en ningún caso con un conocimiento sobrehumano.

Esta representación de Husain rompe con su trascendencia en el shiismo tradicional. La humanización de Husain le hace susceptible de ser puesto como modelo para el común de los mortales. En adelante, es imitable, inmanente: su santidad no le impide participar en la fragilidad humana. El Príncipe de los Mártires se hace cercano a los hombres y es posible seguirle los pasos imitándole hasta en el acto del supremo sacrificio. Salehi Nayaf Abadi no era especialmente conocido por la juventud iraní que participó en la revolución islámica. Lo era en cambio por los medios intelectuales religiosos. Shariati lo menciona en su interpretación del martirio[43] y participó así en el cambio cultural y en la transformación de las temáticas religiosas en una dirección que hizo posible, legítimo incluso, el compromiso de las nuevas generaciones con la revolución en nombre del islam.

Murtada Mutahari, clérigo también,[44] desempeñó un papel importante en la labor de realizar el martirio shií, rompiendo con la tradición quietista. Empieza describiendo los méritos esenciales de los mártires, que gozan de la gratitud de los demás, por haber aceptado el sacrificio supremo al servicio de Alá. El mártir crea un medio favorable a los demás para que puedan vivir de acuerdo con el Bien. Como una vela, arde y hace que gocen de su luz los demás que, sin ello, permanecerían en la oscuridad. Por ello, advierte, el cuerpo del mártir es puro y no necesita ablución antes del entierro, a diferencia de los demás muertos. Distingue varios tipos de muerte: la muerte natural, por enfermedad, a consecuencia de un crimen, el suicidio y, por último, el mártir, que es el que acepta exponerse a la muerte sólo para realizar los ideales sagrados «en el camino de Dios» *(fi sabil-al-lah)*, como pide el Corán. Para Mutahari, el mártir tiene un doble fundamento: por una parte, es preciso que quien se comprometa a ello lo haga «en el camino de Dios»; es preciso luego que sea puesto en práctica según un estado de espíritu «concienciado» *(agahaneh)*. El candidato a la muerte sagrada no debe comprometerse a ella por razones vinculadas con su interés personal o por causas en las que estuviese implicado su egoísmo.

Mutahari, como buen shií, define la *yihad* en relación con el martirio. A diferencia del cristianismo, el islam, advierte, no es una religión cuyo adepto presentaría la otra mejilla cuando un impío le abofeteara. Esta religión combina la fe *(iman)*, el éxodo *(hiyrat)* y la guerra santa *yihad*. El éxodo puede significar la salida de la vida con vistas a alcanzar un objetivo sagrado por el martirio. De ese modo, el creyente auténtico acepta sacrificar su vida para salvar su fe, al servicio de los demás. Citando un hadiz del Profeta, Mutahari afirma que «el Bien está bajo la espada y bajo la sombra de la espada». El islam engendra pues mártires para hacer que avancen sus nobles ideales.

Vemos en Mutahari, como en Shariati, cómo la temática del martirio puede aplicarse al común de los mortales invirtiendo el papel del ejemplo paradigmático de Husain. En la tradición shií, la muerte sagrada sólo tenía sentido vinculada a las figuras de los santos: Hamza, el tío del Profeta que pereció en la batalla de Ohod, Alí, el primer imán que fue asesinado en 661, así como otros muchos imanes shiíes que perecieron por la espada de musulmanes impíos, a sueldo de califas «corruptos». Pero estas figuras santas son en principio inimitables. Sólo es posible lamentar su suerte, no imitarles. El martirio sólo se hace imitable por las masas tardíamente, en particular con la revolución islámica que abre un vasto campo de aplicación, primero en el derrocamiento del régimen del sha, luego en la larga guerra contra Iraq, de 1981 a 1988. Los jóvenes de las capas populares se apropian entonces de la temática del martirio, afirmándose en ella al llegar hasta el extremo de la muerte sagrada, no sólo en los rituales sino poniendo en obra su propia muerte. Al hacerlo, realizan una versión del islam que era muy desconocida por la tradición dominante.

Otro fenómeno reciente es la individualización del drama del martirio. La tradición convertía a Husain en un ser sobrehumano cuya pasión remitía a su carácter trascendente. Se adoptaba el luto al celebrar su muerte, pero ésta estaba, también, como fijada de antemano y, por ello, participaba paradójicamente de su gloria. El cheij Abás Qomi[45] menciona las palabras del jeque Koleymi (siglos XVI-XVII) que, a su vez, había mencionado las palabras del sexto imán shií Ya'far Sadiq (muerto en 765). Según éste, Husain nunca mamó del seno de su madre ni de mujer alguna. El Profeta lo tomaba en sus brazos, le metía un dedo en la boca y éste lo chupaba y se sustentaba así de modo milagroso durante dos o tres días. Por consiguiente, la carne de Husain procede de la del Profeta. La dimensión sobrehumana de Husain, de la que da testimonio la grandeza de su martirio, le reserva un lugar aparte en el panteón shií. No sería sólo el nieto del Profeta sino también, en cierto modo, su descendiente directo, por una carne sobrehumana, receptora de los dolores de una humanidad en busca de salvación. Husain procede de una naturaleza distinta a la de los mortales.

Al contrario, en Shariati o en Mutahari se percibe la humanización de los estados afectivos de Husain y, de rebote, los que experimentan los mártires que van a imitarle. Para Mutahari, en el origen del islam habría habido una especie de gozo de acceder al martirio y, por ello, los compañeros del Profeta deseaban tomar parte en él. Asimismo, el primer imán, Alí, advierte, aspiraba ardientemente al martirio. Es sabida la influencia de este «ardiente deseo de morir como mártir» en la revolución iraní donde numerosos jóvenes describen ampliamente, en su testamento, su inextinguible deseo de morir.[46]

De un Husain inaccesible antaño, las nuevas exégesis sacan un héroe humanizado, que puede ser imitado por sus discípulos, seguido por jóvenes que intentan luchar contra el enemigo. Husain es un imán que llama literalmente a sus adeptos para que le sigan más que admirarle y llorarle en su inaccesible empíreo como a alguien trascendente que no pudiese ser tomado como modelo.

Shariati, por su parte, da un paso más convirtiendo a Husain en un revolucionario. Describe a un personaje que pretende, ante todo, perpetuar la lucha de los partidarios de Abel contra los de Caín, del Bien contra el Mal, y lo hace llamando a una abnegación sin par, una entrega que honra a cualquier revolucionario. Husain es el «heredero de Adán»,[47] el que procedió a un levantamiento y no aquel santo lejano y fuera del tiempo que celebra la tradición shií. Se inscribe en la historia y su epopeya es a imagen de la de los héroes que combatieron el Mal. Lo que le confiere una dimensión de santidad es la magnitud de su abnegación y no una filiación profética que le colocara fuera de la humanidad, en un panteón fuera del alcance de los más jóvenes. Los aspirantes al martirio son legión en las nuevas ciudades de Oriente Medio y del Magreb. Están buscando dignidad y se sienten impacientes por vivir una aventura heroica que los haga salir de la insignificancia en las que les confina una existencia apagada y desprovista de gloria. El martirio les da acceso a la dignidad y al respeto de los que carecen, terriblemente, en la vida, shiíes o suníes, no importa, en ciudades como Teherán, El Cairo o Argel que les ignoran por completo, les desprecian muy a menudo y les condenan a una hiriente inferioridad.

La tarea de humanización y de modernización del imán Husain ha tenido, en los medios shiíes, un gran alcance simbólico. El camino estaba ya abierto para transcribir la abnegación revolucionaria en un idioma religioso, enarbolar la bandera de la protesta realzada por el prestigio de un Husain contestatario e insumiso. Los medios suníes no necesitaban un Husain que mostrara el paradigma del martirio. El paso dado por los shiíes libaneses les descubrió el modelo a seguir. El martirio a gran escala procedía, esencialmente, de los shiíes tras la revolución islámica de Irán, pero su adaptación a los medios suníes se lleva a cabo insistiendo en la *yihad* como sustituto del paradigma de Husain. Esa *yihad* tenía, como telón de fondo, la humanización de Husain como modelo implícito para los jóvenes mártires iraníes del Basiye que, en masa, se habían presentado como voluntarios en el frente de guerra. La importación a través del Líbano de esta visión shií en el medio palestino ha facilitado que el martirio fuera asumido por los jóvenes de Hamas, quienes reivindican no al Príncipe de los Mártires sino a otros jóvenes que les han abierto el camino, al imitar más o menos a sus hermanos del Líbano, a su vez influidos por el Hezbolá, él mismo directamente marcado por el Basiye de Irán.

El martirio en Shariati

El papel esencial de Jomeini en la revolución islámica de 1979 es innegable, pero en el cambio ideológico de la sociedad iraní, sobre todo entre las capas urbanas de la juventud, Shariati ha desempeñado un carácter fundamental. A él le debemos expresiones como «el shiismo rojo» (*tashayyo e sorjh,* remitiendo el color rojo a la tradición shií de los cuerpos ensangrentados de Husain y sus discípulos tanto como al izquierdismo «rojo») o también, «shiismo, religión de la contestación» *(mazhab e e'teraz)*, o «shiismo de Alí», combatiente y revolucionario, opuesto al «shiismo safawí», que encarna la legitimidad de un poder opresor como el que atribuye a la dinastía del mismo nombre que reinó en Irán de los siglos XVI al XVIII.

Shariati mezcla constantemente dos registros que vincula estrechamente. Por una parte, en él prevalece la llamada directa al individuo, a la persona responsable. Los conceptos de «construcción del yo revolucionario» *(jod sazi e enqelabi)* o «concienciación» *(agahi)* son primordiales en su visión militante de la religión en la que el papel del individuo es esencial. En segundo lugar, vincula ese individuo a quien confía la tarea de llevar a cabo la revolución con un islam al que llama *maktab* y que se caracteriza por la exigencia del sacrificio de uno mismo por un ideal colocado por encima de la vida. Esta noción tiene afinidades electivas con la de *'aqida* en Qutb. Para éste, la *'aqida* es el vínculo espiritual que asocia a los jóvenes musulmanes y les confiere estabilidad y unidad en una sociedad cambiante y mancillada por la idolatría. Al vincular a lo sagrado, estos nuevos actores que emergen en la escena social, la *'aqida* les da capacidad para asumirse y luchar, con conocimiento de causa, a favor del islam auténtico. A diferencia de Shariati, Qutb hace hincapié en un islam sin arraigo en la lucha de clases. Pero ambos forjan nociones (o les dan nuevos significados) para que las jóvenes generaciones tomen conciencia de la necesidad de construir por entero una sociedad islámica. Para ello es necesario el sacrificio de uno mismo como mártir.

En Shariati, se asiste probablemente por primera vez en un plano conceptual a la disociación consciente entre guerra santa y martirio, *yihad* y *shahadat*. En la tradición suní y en el shiismo erudito de la mayoría de los *marya'e taqlid* —polos de imitación religiosa que los adeptos eligen para seguirlos en cuestiones religiosas—, hay subordinación del martirio a la *yihad*. Para llevar a cabo la guerra santa, el musulmán puede llegar hasta la muerte «en el camino de Dios», es decir, el martirio. Ahora bien, Shariati introduce dos tipos de mártires: por una parte, aquel que, al igual que Hamza, el tío del Profeta, combate al enemigo en la guerra de Ohod y muere en el campo de batalla; por otra, el imán Husain: «Hamza, que murió en la guerra de Ohod, recibió el apodo de Príncipe de los Mártires *(sayyid al-shuhada)*, y el shiismo, después de Ashura (el día de la muerte del imán Husain) llamó al imán Husain con este nombre... Ambos son *sayyid* (descendientes o miembros de la familia del Profeta) mártires: Hamza en el campo de los mártires de la *yihad,* Husain entre los mártires del martirio».[48]

Hamza es un héroe, es un muyahidín (el que hace la *yihad*). En eso es distinto de Husain: «Hamza es un héroe muyahidín (que hace la *yihad*) que se comprometió para vencer y hacer fracasar al enemigo; fracasó y encontró la muerte como mártir. Pero es un mártir individual... En cambio, Husain es de otra clase. No fue a desbaratar al enemigo con la fuerza de la espada para alcanzar la victoria... Mientras que hubiera podido permanecer tranquilamente en su casa y seguir vivo, se alzó y fue al encuentro de la muerte con toda lucidez. En aquel momento, eligió morir y ser aniquilado y asumió todo ese peligro para encontrarse en pleno escenario ante los ojos del mundo entero... Hamza y los demás muyahidín habrían ido a por la victoria, a riesgo de morir, al ser su objetivo vencer al enemigo. Pero el martirio del imán

Husain apuntaba a la negación de sí mismo en un camino sagrado que estaba también amenazado de perdición. Aquí, guerra santa (*yihad*) y martirio *(shahadat)* se separan por completo uno de otro».[49]

La diferencia entre Hamza y Husain es que el uno no quería morir sino vencer al enemigo, mientras que el otro sabía pertinentemente que iba a perder el combate y a perecer. Shariati confiere a esta muerte consciente un significado religioso incomparablemente superior a la primera que es la que la tradición identifica con la muerte por la *yihad.* En un caso, la muerte es lo peor que puede ocurrir, consecuencia fortuita de una victoria que no se ha logrado plenamente; en el segundo, es una muerte premeditada, tanto más significativa cuanto la perspectiva de victoria inmediata queda excluida y el mártir tiene aguda conciencia de ello. Shariati prosigue: «La filosofía del levantamiento del muyahidín (el que hace la *yihad*) no es idéntica a la del mártir».[50] «El martirio, en el sentido estricto del término —afirma Shariati—, es un mandamiento después de la *yihad* y el mártir entra en escena cuando el muyahidín (el que hace la *yihad*) ha fracasado».[51]

La disociación entre el combatiente de la *yihad,* que basa la legitimidad de su lucha en la visión optimista de una victoria posible en el combate contra el enemigo, y el mártir, consciente de su muerte cierta por una causa desesperada que excluye una victoria militar *hic et nunc,* está preñada de consecuencias. En la antropología del shiismo tradicional, el dolorismo y los rituales del largo mes de Muharram que celebran el martirio de Husain se basaban en la sensibilidad religiosa de una minoría perseguida por el sunismo mayoritario, en el que la causa de Husain se identificaba con la de los shiíes, maltratados y reprimidos en su fe. Husain encarnaba la causa desesperada de los perseguidos *madlu-*

min, a los que una injusticia y una represión incesantes causaban un dolor infinito. Éstos, al igual que Husain, vivían una suerte trágica cuya causa se confundía con la del Bien en el mundo: sólo puede ser restaurada con el fin de los tiempos, fuera del mundo, no aquí abajo. La distinción de Shariati se basa en esta conciencia dolorosa desarrollada por el shiismo, pero invierte el sentido: en vez de que la muerte de Husain sea imputable a un orden del mundo injusto pero inmutable, es consecuencia de su propia decisión de perecer para hacer oír, a lo largo de toda la historia, la voz de los oprimidos y la justicia de su causa. Por eso, dice, el mártir es «el corazón de la historia» *(shahid qalb e tarij ast).* Con esta mutación, el dolorismo quietista se transforma en activismo trágico. El descubrimiento de un mundo donde el musulmán sólo podría reaccionar con la exhibición ritualista de su dolor en ceremonias vinculadas a la lacerante muerte de Husain se convierte en el de un mártir soberano que ha elegido personalmente la muerte con pleno conocimiento de causa y que, por ello, da una lección de abnegación y de superación de sí mismo a los demás musulmanes. Éstos pueden alcanzar la dignidad en la muerte si se les niega en vida, por una lucha que rechaza la pasividad y el quietismo y promueve a un individuo ávido de afirmarse por medio de una causa noble que él mismo ha elegido y que sabe irrealizable en su vida.

Shariati integra esta visión del martirio en una concepción donde el individuo llega a lo social por una escatología revolucionaria. El hombre es un ser hecho de lodo y de alma divina, dice, es una mezcla de Diablo y de Dios, habitado por una doble propensión, tanto hacia el Bien como hacia el Mal. La religión tiene por objeto hacer de modo que la mitad divina del hombre prevalezca sobre la mitad diabólica pero «el martirio es un acto por el que un hombre, de pronto, en una forma revolucionaria, arroja su ser vil (su mitad diabólica) en el fuego del amor y de la fe y se vuelve así divino por entero. Por eso el mártir no debe ser lavado según el ritual islámico *(gusl)* y en el Juicio Final *(qiyamat)* no debe dar cuentas de sus actos pues el hombre pecador y lleno de faltas —su modo de ser antes del martirio— se sacrificó antes de su muerte y, ahora, "está en presencia"... El martirio es una invitación a todas las épocas y a todas las generaciones: "Si puedes, da muerte, y si no puedes, muere"».[52]

La quintaesencia del martirio se encuentra, para Shariati, en esta última frase. Si es posible, se hace morir al enemigo (es el caso del que hace la *yihad*); si no es posible, si el objetivo buscado es inalcanzable, es preciso aceptar la muerte en un acto en el que el combatiente no renuncia a la violencia contra el adversario pero, sabiéndolo más fuerte, prescinde de su debilidad y, sacrificándose, hace oír a los demás, a las generaciones futuras, la justicia de su causa.

Los mártires palestinos, suníes, son los que mejor han oído este mensaje, en parte, tal vez, a través del Hezbolá libanés donde Shariati es conocido por una reapropiación del martirio en una situación vivida como intolerable: un ejército israelí incomparablemente superior hace ilusoria cualquier perspectiva de «victoria». De ese modo, la afirmación de uno mismo sólo puede realizarse por la muerte del sujeto que mata con su propio sacrificio a los miembros del grupo adversario.

La concepción shariatista del martirio levanta acta del nuevo individuo en el mundo islámico. En ausencia de una perspectiva de realización de sí mismo en el mundo, le ofrece la posibilidad de realizarse en la muerte, permaneciendo fiel a esta representación islámica de la violencia recíproca: no en la aceptación de la violencia del otro y la negativa a responder a ella (la versión cristiana o el ejemplo budista del sacrificio de sí mismo por el fuego), sino en el heroísmo de un acto de autosupresión que acarrea también la muerte del otro al que, sin embargo, se sabe más fuerte y por lo tanto, de momento, invencible. El nuevo mártir expresa en el idioma de un islam radicalizado la desesperación de un individuo en gestación, que mantiene su vínculo con lo sagrado al tiempo que intenta afirmarse en un mundo cerrado a sus aspiraciones.

En sus versiones modernizadas y radicales, el martirio expresa esta situación límite: advenimiento difícil de un proceso de individuación, fracaso de las formas laicas de modernización que han acrecentado la aspiración a la autonomía sin proporcionarle una satisfacción efectiva, y elección de la muerte violenta ante esta evidencia de la imposible realización de uno mismo, acompañada por la muerte de aquellos a quienes el mártir identifica como causas de su desgracia. El acto martirial oscila entre el suicidio, la ejecución de otro, la dimisión y la afirmación del yo. Hay al mismo tiempo voluntad de afirmarse y, ante la imposibilidad vivida de esta afirmación del yo, la superación del malestar en la aniquilación de uno mismo y también de aquellos que son percibidos como los que se oponen a la realización del yo. Hay a la vez afirmación de uno mismo y dimisión de uno mismo, voluntad de combatir y voluntad de morir, aspiración a realizarse y a deshacerse de uno mismo. Se concede a este acto un estatuto sagrado, lo que da garantía de un final feliz precisamente cuando la existencia, aquí abajo, es profundamente desgraciada. Shariati se convierte en portavoz de esta nueva juventud que tan fácilmente pone su vida en la balanza, intentando desesperadamente «dar la muerte o, de lo contrario, morir». Da la sensación de existir como individuo, invertido en una muerte que se ha hecho urgente, tanto para sí mismo como para los demás, que se lleva consigo con una rabia sacralizada.

Desde este punto de vista, el martirio ofrece una solución por la muerte al dilema que tan bien expresa Shariati atribuyéndoselo al imán Husain: «Husain se encuentra ahora [antes de su declaración de rechazo de la *bay'a*, el juramento de fidelidad al califa Omeya, Yazid]: no puede permanecer silencioso porque tiene la responsabilidad de luchar contra la injusticia y la opresión *(dulm)*; pero, por otro lado, tampoco puede luchar [con vistas a vencer] porque no tiene la fuerza de hacer frente a un poder potente».[53]

Shariati plantea la cuestión de la responsabilidad como la aceptación por el hombre de su vocación, en una toma de decisión que le sitúa por encima de su posición de fuerza o debilidad. Se es responsable, no en el sentido comunitario de una responsabilidad vivida como un dato inmutable e intangible, sino como una llamada a sí mismo, al individuo que se vuelve héroe asumiéndose en esta nueva identidad, distinta de la del pasado comunitario: «[Husain] está solo, pero incluso un hombre solo es en esta doctrina [islámica] responsable. En esta doctrina incluso el hombre solo es responsable ante un poder absoluto que define los destinos pues la responsabilidad tiene su fuente en la conciencia de sí *(agahi)* y la fe y no en el poder y la capacidad. ¿Y quién es más consciente, más responsable que Husain?».[54]

Shariati apela al hombre consciente (concienciado) que determina él mismo su lógica de acción y se niega a doblegarse al chato realismo y al quietismo que atribuye los males de la existencia a un orden inmutable e injusto, sólo susceptible de cambio con el fin de los tiempos. La llamada al individuo se lleva a cabo incitándole a asumirse hasta en la muerte, allí donde la «doctrina» *(maktab)*, alias el islam, lo exige. Pero éste no es en absoluto aquel que legó la tradición contra la que se rebela Shariati. La afirmación de sí mismo de este individuo se encuentra en una muerte deseada, de acuerdo con modalidades que le convierten en un héroe por el rechazo de una injusticia política y social que ha aplastado siempre a los musulmanes.

Esta concepción —que apela a la responsabilidad y al islam para constituir un «individuo en la muerte»— se ha convertido, en las dos últimas décadas, en uno de los rasgos constantes de los mártires musulmanes en los cuatro puntos cardinales, tanto en Oriente Medio (Irán y, luego, el Líbano y los territorios palestinos), Afganistán, Paquistán (en la lucha de los cachemires), luego en Europa y en los Estados Unidos (los islamistas del GIA en Francia, los miembros de Al Qaeda un poco por todas partes en Europa y los Estados Unidos)... A este individuo le cuesta constituirse en la realidad, tiene enormes dificultades para realizarse en una situación político-social vivida como desesperada (el caso palestino). Apela, por lo tanto, a esta doble responsabilidad de la que habla Shariati. Impotente para vencer un poder incomparablemente más potente, coloca lo sacro por encima de esta impotencia y, con vistas a realizarse según las incitaciones de este punto de vista que él sacraliza, llega hasta el sacrificio de su vida, al tiempo que se lleva, en su muerte, a todos aquellos que puede aniquilar.

Lo sagrado, en este caso preciso, no es tanto un ideal islámico teológicamente definido como la voluntad de participar en el mundo, de ser reconocido en la propia dignidad, que se transcribe a menudo invirtiéndola, torpemente, en un idioma islámico mortífero. El propio Shariati era denunciado por los clérigos como poseedor de una concepción alejada del islam y nunca fue aprobado por los más comprometidos de todos ellos en Irán, como Jomeini. Muchos le denunciaron públicamente, incluso. Se había convertido en portavoz de esa nueva juventud, gran parte de la cual, desligada de los vínculos comunitarios que se habían desagregado bajo las acometidas de la modernización autoritaria del sha, aspiraba a recuperar su individualidad, a afirmarse y a construirse de acuerdo con nuevas modalidades. Ahora bien, la situación política, económica y cultural no le permitía hacerlo. La revolución islámica en Irán fue, desde este punto de vista, el escenario de esta liberación conjugada en futuro para esta juventud.[55]

Su fracaso en la respuesta a estas aspiraciones, así como la larga guerra provocada por Iraq, la fuga de cerebros, las dificultades económicas y la sensación que esta nueva juventud tenía de una revolución que amenazaba con desmoronarse por la conspiración de potencias maléficas y, en especial, los Estados Unidos, todos estos factores produjeron una actitud político-religiosa que podría calificarse de «religiosidad mortífera»: puesto que la vida es imposible de acuerdo con las aspiraciones que acariciábamos a comienzos de la revolución, mejor morir llevándonos, en la muerte, a los enemigos. A esta doble imposibilidad-realización de sí mismo y el combate contra un enemigo percibido como infinitamente más poderoso (en el caso iraní, el maléfico Occidente) responde el mártir con su acto radical. En el caso palestino, la doble imposibilidad se conjuga de un modo distinto: la negativa a constituir el yo en la nación a causa de la represión israelí y la presencia de los colonos, así como la corrupción y el nepotismo de la Autoridad Palestina. Se encuentra ante la imposible constitución de sí mismo como individuo en el seno de una nación soberana. La «bomba viviente» pretende menos destruir Israel (de cuya indiscutible superioridad en el plano militar y tecnológico está convencido el joven palestino) que hacer morir a israelíes y lograr que se oiga así su voz en un universo en el que su estatuto de individuo le es negado, a diferencia de los israelíes y de los americanos.

Shariati ha sido, muy a pesar suyo, el teórico de la imposibilidad de ser de las nuevas generaciones modernizadas, habitadas por el sueño de participación en el mundo y que, ante estructuras políticas despóticas y corruptas (el Irán del sha o la Autoridad Palestina) y una dominación global que sienten como profundamente impía por injusta (en el caso iraní los Estados Unidos, en el caso palestino Israel y, al fondo, los Estados Unidos) abrazan el martirio en una nueva forma, una especie de neomartirio, pero que intentan legitimar adornándolo con el prestigio de la religión. Ésta, en la mayoría de los casos, no es más que un nombre prestado, aunque al shiismo le sea más fácil, en el plano teológico, justificar el tránsito a la muerte como mártir que el sunismo. Esta ausencia de armazón teológico no ha impedido sin embargo a los jóvenes de Hamas o de laYihad en Palestina, a los del GIA en Argelia o, también, a los talibán en Afganistán recurrir a ello.

El mártir como individuo en la muerte

Aunque afectiva y teológicamente los fundamentos del martirio, que se inspiran en el modelo de Husain, no están tan desarrollados en el sunismo, tres fenómenos contribuyen a su expansión. Por un lado, con el desarrollo de las traducciones del persa al árabe y la creciente accesibilidad de la obra de los teólogos y escritores shiíes como Shariati, Mutahari y Jomeini, cuyos trabajos existen ya en árabe y en otras lenguas de países islámicos; en el mismo orden de ideas, son shiíes árabes (libaneses y demás) y paquistaníes quienes glosan este tema y sus producciones intelectuales son entonces directamente accesibles al mundo árabe y, más generalmente, musulmán: intelectuales como Mawdudi y Qutb que han puesto de relieve la *yihad* y la muerte en esta vía son ampliamente traducidos (Mawdudi, del urdu a otras lenguas, como el árabe, pero también el inglés) o leídos directamente (como Qutb, traducido al inglés, persa, urdu y otros idiomas de países islámicos). Las comunidades shiíes sirven también de antena en la transmisión de esta idea del martirio a los suníes. En el Líbano, los shiíes del sur dieron a conocer a los palestinos este concepto. La comunidad shií iraquí, de lengua árabe, desempeñó un papel tanto en la oposición al régimen de Sadam Husein como en la transmisión de la noción de martirio. Los shiíes paquistaníes desempeñaron un papel transmisor en la lucha contra el régimen soviético durante la ocupación de Afganistán. Otro hecho es, por lo menos, igualmente importante: el desarrollo de los modernos medios de comunicación y, en especial, la televisión. Los telespectadores pudieron ver, en la guerra entre Iraq e Irán, las intervenciones del Basiye mientras el espectáculo de las invasiones israelíes del Líbano, así como la situación de los palestinos durante la primera y la segunda Intifada ejercieron un efecto de incitación sobre los demás. La «limpieza étnica» de los yugoslavos en Bosnia, en la primera mitad de los años noventa, marcó a los musulmanes de Europa cuyos telespectadores constituyen, en ese caso, casi una comunidad televisiva. Algunos jóvenes de los arrabales franceses se comprometieron en la lucha contra los serbios a partir de lo que veían en televisión. Finalmente —lo veremos más adelante—, el martirio da a las personas modernas pero que no pueden realizarse según sus deseos la terrible capacidad de afirmarse en la muerte. El martirio tiene esa terrible aptitud para *hacer posible la individuación en la muerte,* en la ausencia de una individualidad efectiva acompañada por la autonomía política, económica y cultural. Todas estas aspiraciones y deseos de modernidad que habitan en las nuevas generaciones desestructuradas, no protegidas por las comunidades tradicionales y abandonadas a una modernidad puramente onírica, encuentran en el martirio la ocasión de constituirse como individuo, con la promesa de tener, *post mortem,* lo que se les niega en la vida, a saber, una existencia paradisiaca. Donde la tradición hacía del mártir un fenómeno excepcional y, sobre todo, dolorista destinado a que los creyentes se compadecieran y reanudaran así, simbólicamente, los vínculos comunitarios, una modernidad vivida sin esperanzas de realización de uno mismo engendra un tipo de martirio fácilmente accesible a cualquier joven que lo desee. La muerte sagrada hace posible el acceso a la dignidad por el sacrificio, mientras que en la vida corriente prevalece la insignificancia, la indignidad incluso. Da así sentido y dignidad *(izza)* a los desposeídos.

Pueden contemplarse, a través del paso hacia el martirio, dos tipos de individuación por la muerte. Primero un tipo que podríamos calificar de optimista: uno se expone al peligro de la muerte pero, sea cual sea el final, se adopta una visión positiva de sí mismo. La muerte es la peor de las posibilidades, no se pretende por ello morir y, si es posible, se intenta escapar de ella. Podemos encontrar el modelo de este tipo optimista de martirio en los comienzos de la revolución iraní o, también, en la primera Intifada. Los jóvenes no aspiraban a morir, sino a luchar contra un enemigo al que creían poder vencer (el régimen del sha) o, al menos, contrarrestarlo en su intento de hegemonía absoluta (el ejército israelí). Algunos de los jóvenes lanzadores de piedras de la primera Intifada estaban dispuestos a correr el riesgo de perecer en su enfrentamiento con el Tsahal, pero la aplastante mayoría de todos ellos no lo hacía con vistas a morir. Asumían el riesgo de una muerte eventual en su enfrentamiento con los soldados israelíes.

A esta versión optimista del martirio se contrapone otra, profundamente pesimista. Es un martirio que no se preocupa ya de la vida aquí abajo. Más exactamente, desea morir y, con él, hacer morir al máximo de aquellos a quienes considera pertenecientes al bando adversario. Aun estando directamente alineado con el primero, este tipo de martirio es antropológicamente distinto y profundamente diferente en sus estados afectivos. Es el caso, especialmente, de parte de la juventud iraní, algunos años después de la revolución, ante la mortífera guerra con Iraq, que advertía en la sociedad signos tangibles de cansancio frente a una revolución islámica que, a su entender, ellos encarnaban en cuerpo y alma. Esta parte de la juventud revolucionaria que se enrola bajo las banderas del Basiye iraní (a la que podemos llamar «martirópata» para distinguirla de los mártires del primer período de la revolución islámica)[56] no tiene ya la vida como principal preocupación. Aspira profundamente a ser aniquilada y a destruir una parte importante de las fuerzas del enemigo con su propia desaparición.

De una eventualidad cuyo riesgo se asumía, la muerte se convierte ahora en «un ardiente deseo», una «sed inextinguible» (palabras de los mártires iraníes en su testamento), en la necesidad de abrevar, con su muerte, el árbol del islam que necesita su sangre para seguir viviendo. Nos encontramos ante una configuración antropológica compleja en la que entran en juego elementos incompatibles. Esto convierte a los mártires en inestables: necesitan una institución (en Irán, el Basiye; en los territorios palestinos, Hamas o la Yihad), para llevar a cabo su tarea y pasar de vida a muerte. Por una parte, aparece en ellos el deseo de afirmarse como individuos, en su dignidad, en su capacidad para asumirse, en su voluntad de realizarse. Por la otra, una inversión de esta aspiración individual se manifiesta en una mezcla de despecho y desesperación. No creen ya en la perspectiva de una realización de sí mismos en el porvenir y se sienten profundamente heridos por un adversario en el que focalizan el odio. Entre un despecho que acaba englobando la existencia en su totalidad y una desesperación que no deja ya espacio alguno para la proyección de esperanzas en el futuro, el joven oscila y le cuesta estabilizarse. Ese estado afectivo puede inscribirse en un nuevo registro donde el deseo de vivir se transforma en aspiración a morir.

En el martirio tradicional cristiano, existe un telón de fondo que salva de una inversión radical. Pero en los casos iraní y palestino, para citar sólo estos dos, un irrefrenable deseo de modernidad conjugado con una imposibilidad vivida como absoluta invierte el vector de vida en vector de muerte. Hay que añadir a ello la construcción de una comunidad fantasmagórica en la muerte (en el propio deseo de morir) a partir de la multiplicación de casos de este tipo. Asistimos a una especie de contagio, mantenido por el propio aumento del número de adeptos a la muerte sagrada que actúa como un factor suplementario. En adelante, los candidatos al martirio saben que «al otro lado» sus hermanos muertos los aguardan pues han dado ya ese paso. El contagio actúa antropológicamente en dos direcciones: por una parte, del lado de los vivos que constituyen una especie de «comunidad de testigos» de su gloriosa muerte; por la otra, del lado de los muertos como mártires, que forman una «comunidad gloriosa», una «comunidad de los elegidos» que les aguarda para recibirles con los brazos abiertos y les alienta con más fuerza aún a dar el paso y a superar el miedo a morir.

El mártir da testimonio de un sentimiento religioso; pero la muerte que en él subyace expresa con mucha claridad modos sociales de acción que están codificados o intentan dotarse de un código, con vistas a una legitimidad sagrada. El código remite a la tradición, a la memoria colectiva, a lo que vincula entre sí a los miembros de una sociedad, pero también a formas de dominación (por el clero, el bazar, grupos o partidos políticos...). El martirio, tal como se expresa en el registro actual de las sociedades musulmanas, significa tanto hacerse cargo del código como su transformación, su subversión incluso, desde el interior, con el pretexto de adecuarse a la tradición, por unos nuevos procedimientos de codificación. Hay una especie de radical metamorfosis del significado del martirio que se deja ver en las nuevas formas de muerte sagrada.

El código tradicional negaba al individuo e imponía normas comunitarias por medio de una práctica centrada en la celebración de la muerte de los grandes mártires del islam. Había en ello una triple dimensión; en primer lugar, el culto rendido a los «santos» del islam que instila en los miembros de la *umma* la unidad social por medio de la muerte sagrada; en segundo lugar, la muerte por delegación con vistas a salvar la comunidad musulmana; finalmente, esta muerte sagrada tenía la función de servir de modelo ideal e inaccesible al común de los mortales, de los que sólo una ínfima minoría podría aspirar a ella, en condiciones excepcionales. Ahora, se inscribe en el cuerpo de una juventud ávida de afirmarse. La dimensión dolorista e inaccesible está disminuyendo y la asunción de esta muerte y la voluntad de seguir a los grandes mártires del islam caracterizan a las nuevas generaciones surgidas de la modernización, a menudo regresiva y autoritaria, de las sociedades musulmanas. Pero el cambio social individualiza doblemente a los nuevos actores. Por una parte, destruyendo las comunidades concretas, en las que se inscribían las antiguas generaciones y que infundían la conformidad a las normas y el rechazo de individuación. Por la otra, inculcando a estos grupos emigrados a la ciudad nuevas aspiraciones, por medio de la televisión o por los libros. Éstos propagan, a menudo mitificándolo, el modo de vida occidental. Se trata de construir una nación o un mundo o, finalmente, una totalidad nueva y en esta articulación se hace posible el martirio. Si sólo hubiera una aspiración frustrada a recobrar la individualidad, excluyendo cualquier otro reto social, no habría martirio, a lo sumo suicidio. Donde se manifiesta la pretensión de morir por una causa sagrada que supere los deseos personales dentro de una totalidad imaginaria, nacional o mundial, allí es posible entonces el martirio.[57] Pero para ello se precisa una tradición dentro de la cual pueda legitimarse, si es necesario trastornando los significados. Por otra parte, la especificidad del islam es hacer legítima la muerte sagrada al servicio de la comunidad, la *umma,* inserta en la trama de una guerra que goza de la legitimidad religiosa, la *yihad.* En la articulación entre esta individualidad a la que se aspira y la comunidad imaginaria o real en la que se inscribe, el martirio reviste nuevas acepciones.

La individualización paradójica del discurso religioso

Desde principios del siglo XX se produce, y prosigue intensificándose en el mundo islámico, un fenómeno paradójico que se manifiesta en una individualización del discurso religioso paralelamente a su creciente rigidez. Surgen nuevos intelectuales y *ulemas* que intentan construir un tipo de discurso dirigido, no a la comunidad, sino a los individuos a quienes intentan «reislamizar» o convencer de lo bien fundado del islam. El tono del discurso se hace entonces moderno, se dirige a seres de carne y hueso y no a grupos restringidos de adeptos religiosos moldeados por la tradición religiosa y a quienes no era necesario convencer de la legitimidad del islam. La modernización de las sociedades musulmanas se efectúa con la formación de nuevas clases medias, la penetración de los usos y costumbres occidentales difundidos por los grupos de la diáspora y, sobre todo, con el advenimiento de un nuevo imaginario en la juventud. Éste está hecho de sed de consumir y de realizarse conforme a la imagen de lo que los medios de comunicación describen como un «Occidente onírico» en el que opulencia, libertad sexual y política irían a la par. Estas mutaciones producen la crisis de las comunidades tradicionales, su desarticulación incluso.

Los discursos islamistas toman nota de ello. Proponen construir una *neo-umma* cuyas fronteras no podían ser las que el pasado asignaba a las antiguas comunidades. Esto puede revestir dos formas distintas. O por referencia a una *umma* que supere las fronteras nacionales y se dirija a un mundo moldeado por nuevas distribuciones de población, de poder y de creencias; así ocurre con Al Qaeda, que se constituye parcialmente en Occidente y se basa en una parte de los musulmanes que allí viven desde hace una o dos décadas. O por referencia a una sociedad determinadas, dentro de fronteras nacionales determinadas, para efectuar allí una transformación radical —y así sucede con la revolución islámica de Irán, con las dos Intifadas en los territorios palestinos o con el FIS en Argelia—. A menudo, el mensaje no distingue entre esos dos casos, pues la referencia al islam pretende ser universal y más allá de países y regiones. Pero, *de facto,* el movimiento iniciado a partir de estas ideologías adopta una de ambas formas, de modo preponderante, dirigiéndose a una nación específica o a una *neo-umma* que debe definirse. La vocación de las ideologías islamistas es preconizar una *neo-umma,* pero ésta se realiza en un marco nacional, por un movimiento específico —en cuyo caso debe plegarse a las morosidades y a las especificidades de una sociedad particular—, o en un marco transnacional donde vive una diáspora islámica. Se trata de unificar el mundo del islam a escala planetaria. Pero en cualquiera de los casos, lo que permanece constante es la referencia al individuo.

El ejemplo de Qutb es elocuente. Sus comentarios del Corán[58] rompen con la exégesis tradicional de *tafsir* (interpretación literal) y *ta'wil* (interpretación alegórica), haciendo referencia a menudo a autores modernos y evitando el tipo de construcción de las interpretaciones tradicionales, poco comprensibles para un lector moderno. Su interpretación del Corán es lo que pretende transmitir al lector y lo hace sin ocultar su dimensión individual. Los autores tradicionales, aunque tuvieran un punto de vista personal, intentaban diluirlo en una serie de referencias que pretendían legitimar la posible novedad de su concepción «tradicionalizándola», es decir, afirmando que aquel punto de vista no era tan nuevo o tan original sino que correspondía al de una auténtica tradición que sólo estaban explicitando. Incluso el tono era, a menudo, impersonal, dirigiéndose la obra a colegas versados, asimismo, en la exégesis coránica y veteranos de ese ejercicio de erudición. Ahora bien, ésta se percibe como estéril y, en cualquier caso, incomprensible para la gran mayoría de los lectores modernos, incluyendo a los jóvenes musulmanes. Qutb da *su* interpretación del texto sagrado sin disimularla. Cita a autores modernos, como Mawdudi, Nadawi, Aqqad y Awda, en una forma que rompe con el estilo tradicional al modo de ver de las nuevas generaciones que han seguido una educación moderna, no la de las *madrazas* o escuelas teológicas tradicionales, sino la de las universidades. Su modo de aproximarse a la fe se personaliza, apela a la intuición mucho más que a la erudición en el sentido tradicional del término.

Esta antítesis domina del mismo modo a alguien como Shariati. Qutb es suní, Shariati es shií; tanto el uno como el otro quieren restaurar una sociedad islámica que, a pesar de sus diferencias, sigue siendo idéntica en un plano preciso: no se trata de la comunidad tradicional de la que el individuo estaría ausente, sencillamente porque sólo existiría en la forma mística, al margen del mundo, «fuera del mundo», como diría Louis Dumont.[59] Se trata, en ese caso, de dar paso a un individuo en vías de constitución en el mundo islámico, a consecuencia de la desestructuración de las comunidades tradicionales fruto de una urbanización salvaje, de las nuevas formas de socialización, de la introducción de la economía de mercado y de los Estados autoritarios y modernizadores. Este individuo plantea un problema. En cierto sentido, constituye el desafío de las nuevas sociedades que se están gestando cuyos Estados sólo responden a sus aspiraciones por medio de un exacerbado autoritarismo. Las nuevas ideologías islámicas se encuentran en una posición ambivalente: por una parte, dejan lugar a este individuo pero, por otro lado, lo subordinan a la constitución de una *neo-umma* que expresa, *in fine,* su rechazo colocándolo en una posición menor.

La relación entre la *umma* musulmana y el individuo está en el centro de los escritos políticos de Qutb. Trata el tema relacionándolo con la naturaleza del poder y del Estado islámico y pretende reconciliar los derechos y las exigencias del individuo con esta *neo-umma* que tanto anhela. Unas veces, hace hincapié en el individuo, otras, en la comunidad.[60] Piensa que este individuo que ha de nacer en una comunidad islámica será capaz de un «individualismo que dará sus frutos» porque la *umma* impedirá que se encierre en el egoísmo que le aguarda en las sociedades liberales. Esta *neo-umma* es el reino de la armonía y de la unidad, frente a las sociedades occidentales. Dentro de ella, individuos islámicos verán cómo se respetan sus derechos por arte de magia. Recurriendo a la mística revolucionaria, Qutb resuelve el problema de la relación entre individuo y sociedad, desplazándolo hacia una comunidad utópica dentro de un Estado que obre por la instauración del islam. Un problema obsesiona a Qutb al igual que a Shariati: la presencia de un Occidente imperialista y arrogante que pervierte a las sociedades musulmanas desde el interior y las domina desde el exterior, desnaturalizando el islam, rompiendo las comunidades musulmanas y convirtiendo a sus miembros en seres disminuidos que han perdido el respeto por sí mismos al renunciar a su identidad islámica. Su análisis de Occidente es ilustrativo. La ausencia de cualquier ética que él coloca en el centro del sistema occidental lo lleva a buscar una comunidad dotada de sentido, que descubre en el islam. Frente a un Occidente vacío y roto, desprovisto de coherencia moral y de unidad espiritual, propone la comunidad islámica que debe construirse. Esa advertencia contrasta con otra concepción de la vacuidad, positiva ésta, que encontramos con respecto a la democracia occidental en un pensador como Claude Lefort.[61] El vacío que está en el centro de la escena política en la democracia occidental es, para él, la expresión del propio positivismo de este sistema que sacraliza un centro que nadie podría ocupar, y cuyo carácter no sustancial es la propia garantía del reinado del *demos*. Qutb querría una sociedad en la que lo político y lo social estuvieran sustancialmente determinados. El vacío occidental le da miedo, le incomoda, le parece un invento maléfico en el que el progreso material y técnico van a la par con una naturaleza diabólica susceptible de pervertir a los países musulmanes después de la destrucción moral de las sociedades occidentales. Su monstruosidad aumenta proporcionalmente a su inmoralidad.

La sociedad musulmana actual es, en la perspectiva de Qutb, la de la Ignorancia y la Idolatría. Es un tipo de sociedad de la que el islam ha sido marginado. Si hay oposición entre razón y fe, entre individuo y comunidad, entre Estado y sociedad, es porque nos hemos alejado de esa totalidad armoniosa prometida por el islam, en la que se superaban las dicotomías de la *yahiliya* recurriendo a las leyes divinas. Éstas deberían ser puestas en práctica por la *yihad,* guerra santa, tanto a nivel individual (y entonces es una guerra interior, que desemboca en la iluminación mística) como en el exterior (movimiento revolucionario que pretende instaurar un orden divino al que se oponen los poderes de la *yahiliya* nacionalista, comunista o capitalista). Interior y exterior se unen en la aplicación de la *shari'a,* en una hermosa unidad del mundo y de uno mismo, del poder y de la sociedad, en una forma no discursiva y práctica, por un islam bien comprendido y debidamente aplicado. Ese rodeo místico en el que revolución e iluminación interior van a la par se encuentra en pensadores tan distintos como Qutb, Shariati y Jomeini. Para Qutb, ese islam, por definición, concilia los antagonismos. Éstos sólo tendrían sentido en sociedades que hubieran repudiado el islam o en las sociedades occidentales sin alma y pervertidas por el materialismo.

En Jomeini puede observarse el mismo razonamiento. Como Qutb, tiene una dimensión mística y, como él, intenta construir un nuevo orden islámico en el que las nuevas oposiciones vinculadas a la emergencia de las nuevas fuerzas en la escena social sean integradas en una comunidad revitalizada. Ha estado menos en contacto con Occidente que Qutb, que efectuó estancias prolongadas en los Estados Unidos. Pero su misticismo interior, parecido al de Qutb, supera las oposiciones de modo no discursivo, puramente utópico. Tuvo éxito donde Qutb fracasó, en la constitución de un Estado islámico. El dilema del que Qutb tuvo conciencia al principio, el de la conciliación entre la libertad del individuo y las exigencias de la vida colectiva dominada por el islam, sólo encuentra en él, sin embargo, una solución que cojea: ciertamente, el pueblo elige, pero es el guía elegido por una restringida asamblea de personas competentes en materia de islam quien detenta el poder supremo en el *Velayat e faqih*. Donde las soluciones de Qutb postulaban la unidad entre el pueblo y el Estado vía una *shari'a* voluntarista, la preconizada por Jomeini se hace pedazos después de su muerte. En adelante, el pueblo vota, su voz puede incluso ser tomada en cuenta en la designación del presidente de la república y del parlamento, pero la verdadera autoridad está en otra parte, en el guía que, en cambio, no es designado directamente por el pueblo. El sistema sólo pudo escapar al dilema de la representatividad por el mágico recurso al islam. La hermosa unidad soñada por Qutb y postulada por Jomeini no superó la prueba de la realidad. En Irán, donde reina la legitimidad popular (Parlamento y presidente), no hay poder y donde está el verdadero poder (el guía y las estructuras que lo rodean) no hay ya legitimidad popular.

En Shariati, la preocupación por el individuo se conjuga, primero, en un discurso inflamado. Interpela a ese individuo, le dirige directamente la palabra (la gran mayoría de sus escritos son transcripciones de sus conferencias), le pone ante el hecho de asumir la pesada carga de una individualidad que debe ir hasta el sacrificio de uno mismo al servicio del islam.[62] Este individuo debe construirse de modo que pueda llevar a cabo una revolución islámica. Llama a eso la «construcción revolucionaria de uno mismo» *(jod sazi e enqelabi)*. Ésta culmina en la concienciación *(agahi)*. En adelante, el individuo toma su vida en sus manos y acepta, si llega el caso, sacrificarla soberanamente por una causa islámica que él mismo se ha dado, aunque el islam haya preexistido siempre.[63]

En adelante, sólo la decisión heroica de realizarse en la muerte por medio del sacrificio libremente consentido a una causa revolucionaria llamada islam está dotada de significado sagrado. El martirio realiza al individuo ensartándolo en la historia como su «corazón palpitante». Al construirse de modo revolucionario, se apresura el advenimiento de ese fin de los tiempos que verá el final de la injusticia y del expolio. El individuo se encuentra así puesto al servicio de una escatología revolucionaria que le niega, *in fine,* cualquier significado autónomo. Es reconocido y halagado al principio para ser sacrificado, al final, en el altar de una historia de salvación colectiva.

El individuo definido por los islamistas está fascinado por aquel a quien se opone: el hombre occidental. Se ve como devorado por esta oposición, herido por la aplastante superioridad del *homo occidentalis,* tanto en el plano económico y material como en el psíquico. El gusano está en la fruta: Occidente no está ya presente sólo como potencia dominante, en adelante se ha incrustado en el imaginario de las sociedades musulmanas por la constitución de una quinta columna, los occidentalizados, pero más profundamente aún por la emergencia de nuevas capas sociales que declinan su identidad con el patrón de una modernidad en la que el islam desempeña un papel cada vez más marginal. Los valores occidentales no son ya los de un adversario incomparablemente más poderoso en el plano militar, en las relaciones exteriores tales como las determinaba el imperialismo clásico. Estamos ahora ante un caso distinto. Se trata de un Occidente que pervierte desde el interior las sociedades musulmanas cuya juventud intenta realizarse de acuerdo con su modelo impío y su imaginario depravado. En Shariati, éste se identifica con el imperialismo, con la dominación técnica y militar que embrutece culturalmente a los musulmanes (*istihmar,* quedar reducido a la condición de asno, rima con *isti'mar,* imperialismo y colonialismo).

Tras la Segunda Guerra Mundial y, muy especialmente, en el último tercio del siglo XX, la voluntad de dotarse de una identidad islámica frente a una modernidad multiforme que devora al nuevo individuo con necesidades de consumo y la liberación de todos sus deseos (especialmente sexuales) se perfila claramente en los intelectuales musulmanes, clérigos y laicos por igual. Algunos, como Shariati, proponen la lucha contra la dominación occidental de acuerdo con un modelo que se asemeja al de las luchas comunistas clásicas, dentro de una visión de la historia definida en términos de lucha de clases. Otros, como Jomeini o Qutb, abogan por la aplicación de la *shari'a* con la toma del poder político y por la instauración del islam de Estado. Otros, finalmente, como Mawdudi, preconizan una educación de las sociedades musulmanas para que el futuro orden político no tenga que imponer sus *diktats* con referencia a una religión mal comprendida por la sociedad. Es preciso que la propia sociedad se islamice, mucho antes de que el Estado aplique el islam.

En todos estos casos, el islam se define por su oposición a las sociedades musulmanas actuales, por una parte, y, por la otra, al Occidente y a sus normas pervertidas que depravan a los musulmanes sometiéndolos a un materialismo y a un hedonismo inmorales. Será necesaria una nueva generación de intelectuales para que la definición del individuo no esté dominada por la oposición a Occidente y pueda reclamar su pertenencia a la modernidad dentro de un islam apaciguado y una relación más atemperada con el mundo exterior. Eso es lo que se observa hoy en intelectuales como Muytahed Shabestari y Abdulkarim Sorush, en Irán.

La martiropatía

El martirismo, en sus dos formas, ya sea el inducido por la imposible construcción de uno mismo en el seno de una nación islámica o la voluntad de constituir una comunidad islámica transnacional, adopta como adversario el Occidente o algunas figuras especiales de éste (Iraq era percibido como el lacayo de América por los revolucionarios iraníes, el poder militar argelino se identifica como sometido a Francia por los miembros del Frente Islámico de Salvación). Este odio se asemeja al resentimiento descrito por Nietzsche[64] y que hace suyo Max Scheler.[65] En el resentimiento existen dos elementos. Por una parte, el hecho de la distorsión: lo que se entiende por amor es, en realidad, odio; lo que se entiende por magnanimidad es, de hecho, abulia. Por otra parte, hay reflexión donde debiera haber espontaneidad. Es «normal» vivir su vida y, luego, posicionarse con respecto a los demás. Si, desde el comienzo, te dejas determinar por la mirada del otro, no vives ya en la espontaneidad. Esta dimensión fundamental no rechaza la influencia del mundo exterior, no significa que todo deba ser dictado por uno mismo y que los demás o la sociedad no ejerzan poder alguno. Designa el propio lugar de los estados afectivos: si el amor es pasado por el tamiz de la reflexión de estados afectivos distintos de los que dependen del sentimiento amoroso, está pervertido. Lo mismo ocurre con la intersubjetividad. Ésta no debe estar subordinada a otros objetivos.[66] En el islamismo radical, la relación con los demás, especialmente con el occidental, está dominada por un odio que destituye al otro y lo demoniza al negar los mecanismos de una intersubjetividad neutra y sin resentimientos. Este fenómeno no está evidentemente circunscrito al islamismo y se encuentra en distintas formas de radicalismo que desnaturalizan la intersubjetividad al subordinarla a un credo sagrado y al investirla de un maniqueísmo en el que quien se aparta de la norma asume el papel maléfico.[67]

En el resentimiento, existe una segunda dimensión que podríamos calificar de irracional. El odio de un grupo al que se designa a la vindicta (el odio al occidental en el islamista radical o al judío en el antisemita, o al musulmán en los grupos radicales judíos o hindúes, por ejemplo) es tal que obnubila literalmente a quienes son poseídos por él y les hace incapaces de tener una estrategia distinta a la mortífera: puede tratarse de matar al otro a toda costa o de hacerse matar, o de ambas cosas a la vez.

En el caso del islamismo radical, los adeptos están tan poseídos por el rechazo al mundo occidental que su lucha no hace más que confirmar la superioridad de este mundo, y su lógica se hace mortífera, convirtiéndose la muerte en el lugar de realización de uno mismo y del otro. No se trata, en este caso, de aceptar la muerte como una eventualidad para la realización de un ideal (algo que hacen muchos individuos poseídos por ideales «nobles» como el patriotismo o la lucha contra los detentadores del mal absoluto que fueron los regímenes nazis o el comunismo estalinista). Se trata, en el caso de obnubilación por la muerte, de un estado de ánimo que ve en ésta una especie de encarnación voluptuosa del ideal, un ideal que tendría un valor en sí mismo y cuya realización colmaría de júbilo a sus detentadores. Entre el hecho de sacrificarse para defender un ideal de la humanidad y el acto de inmolarse y matar a otros hombres por el placer de la muerte, hay una distancia tenue a veces.

Cuando se ha dado el paso, cuando la muerte no está ya subordinada a otro objetivo como medio para la propia realización, cuando el propio ideal se convierte en mortífero y está teñido por la fascinación de la muerte y la aniquilación, entonces podemos hablar de una perversión vinculada con el resentimiento. El objetivo final es entonces arrastrar, tanto a uno mismo como al otro («al enemigo»), hacia la muerte de acuerdo con una metamorfosis de la subjetividad que transforma la vida en muerte. Esta fase se alcanza a menudo en las formas radicales de religiosidad y no respeta prácticamente a religión alguna. Pero también puede encontrarse en las formas extremas del nacionalismo o de la ideología secular. En el islamismo radical, entre algunos discípulos, esta visión mortífera concibe la vida como un estado de inferioridad con respecto a la felicidad que se realiza en la aniquilación de uno mismo y de los demás, o martirio. Este tipo de martirio está marcado con el fuego del resentimiento y no tiene como contenido antropológico el mismo estado de ánimo que el del adepto que pretende luchar a muerte contra su enemigo, aceptando la eventualidad de la propia muerte en un combate de resultado incierto.

En la martiropatía, ya sea a nivel de los estados afectivos o de la lógica de acción, se trata de un tipo de conducta que instaura la muerte como finalidad y no la vida. Naturalmente, ese tipo de acción puede justificarse con referencia a un ideal «noble». El martirio, al igual que el heroísmo, significa que se sacrifica la vida a un ideal colocado por encima de ella. En esto, el martirio no es más irracional que otros tipos de abnegación y, desde el punto de vista de sus actores, hay una afirmación legítima de sus reivindicaciones que no puede ser calificada de patológica. La martiropatía se produce cuando se opera la inversión debida a un resentimiento amplificado. No se desea tanto, ya, realizar el ideal sino deshacerse de la vida, aniquilando al adversario en una visión apocalíptica que pretende acabar con la vida. Mientras se permanece en una lógica del martirio, la muerte de uno mismo y del enemigo queda subordinada a la realización de un objetivo que pondría fin a la injusticia, instauraría la equidad y reanudaría con una vida feliz para el mundo entero (o la sociedad). No hay fascinación por la muerte, no hay voluptuosidad mortífera, búsqueda de la felicidad en y por la muerte. La martiropatía comienza cuando se produce esta mutación de sentido: una lógica mortífera sustituye a la que preside la lucha por la vida al servicio de un ideal escarnecido.

Cuando la martiropatía remite a una individualidad negada que no consigue realizarse en el seno de una colectividad nacional, como en los casos palestino, argelino, iraní, pero también en el checheno, el sujeto martirópata ve la causa del fracaso de la empresa en el quebrantamiento por parte del entorno del ideal de abnegación. En el caso palestino, la Autoridad Palestina es identificada así, al igual que las disensiones en los distintos grupos, los del exterior («los tunecinos») y los del interior. Es posible, ciertamente, evocar una complicidad occidental o americana (que en parte puede ser cierta) en los fracasos que se viven. Lo cierto es que los enemigos son identificables. La martiropatía consiste en hacer absolutos los agravios, en otorgar al enemigo un lugar preponderante e incriminarse, a sí mismo y a los demás, de un modo indebidamente exagerado. La desesperación hace entonces caer la vida en la muerte y la inversión inclina la plenitud del lado de la muerte. El sentimiento religioso se hace mortífero y se impregna de esa sombría visión que convierte a la muerte en el ideal cuya voluptuosa fascinación disfruta de antemano el sujeto.

En el caso de la *neo-umma* mítica y transnacional, la inversión reside en la amplificación de la virtualidad inscrita en el propio corazón del proyecto. Hay entonces mayor propensión de los adeptos a alcanzar la martiropatía en la medida en que, desde el comienzo, el ideal que se asigna al movimiento es, por definición, inaccesible. Mientras que la martiropatía reviste un significado trágico entre los adeptos del grupo nacional —el yo no puede realizarse, el individuo se encuentra con un rechazo—, en el segundo caso, lo notorio es la ausencia de lo trágico. Asistimos a una impersonalidad en la muerte, dada o recibida. No sólo se cambia de escala en la muerte, sino también de vivencia. La metáfora informática no es inapropiada en este caso, tanto más cuanto muchos adeptos de esta *umma* transnacional practican las nuevas tecnologías de comunicación. Como en una pantalla de ordenador que se vacía de contenido por la acción de un virus informático, la muerte es vivida como una situación desprovista de estado afectivo específico. La muerte es la disolución del yo en esa *neo-umma* marcada por la vacuidad. Está en cierto modo inscrita al trasluz, como una potencialidad (como la pantalla vacía) en el proyecto inicial que no tiene contenido específico y, por lo tanto, de todos modos, no podría realizarse como tal. Carece, por otra parte, de contenido específico porque se inscribe en una lógica de organización en la que todo se agota en la interacción electrónica y formal (sin contenido cultural ni social) entre los miembros del grupo, desprovisto de orientación o de cultura encarnada.

En Al Qaeda, el sentimiento de pertenencia se asocia al islam de acuerdo con una versión globalizadora que difiere de la del martirio nacional. Es el movimiento de constitución de una internacional islámica lo que se intenta erigir a escala universal, sin que exista, para hacerlo, una sociedad islámica que pueda prestarse a ello. Se tienen *algunas* sociedades musulmanas en el mundo real, no *una* sociedad islámica. A esta *neo-umma* puramente mítica sirve de base un adversario igualmente mítico, un Occidente mitificado, construcción ampliamente inventada por los adeptos islamistas. Todo el problema consiste en saber si se trata, en este caso, de una guerra de civilizaciones[68] dentro de un mundo marcado por el fin de las ideologías[69] o de un fenómeno de otra naturaleza.

Aunque sean árabes en su mayoría, los miembros de Al Qaeda pertenecen a diversas comunidades. Viven en un universo multicultural, participan de una pluralidad de culturas sin pertenecer a ninguna de ellas, saben movilizarse contra el enemigo pero no sabrían asignarse una visión coherente y un proyecto que no se definiera exclusivamente en la oposición a un principio del Mal absoluto. Por ello, la inversión en una lógica mortífera se efectúa con mucha más facilidad. Es la consecuencia lógica del odio contra el enemigo sin que la identidad esté apoyada en una «afirmación de uno mismo» positiva. Por esta razón, no podría decirse que se trata de lucha entre dos civilizaciones, una islámica y la otra occidental. Aquí, es la lucha de los «occidentalizados» contra un Occidente mítico, al tomar prestada una tecnología punta a Occidente y al estar inmersos algunos adeptos en medios culturales occidentales, frente a los cuales han desarrollado una actitud ambivalente susceptible de convertirse en antagónica. El islam es, en ese caso, para la mayoría, un eslogan, un soporte para su odio a Occidente dictado por el trato con los medios de comunicación occidentales o con los que se inscriben en una lógica de producción de la actualidad inspirada en Occidente (como Al Yazira).

En este caso concreto, no hay lucha entre islam y Occidente, entre dos civilizaciones, sino un antagonismo promovido por grupos ampliamente occidentalizados. Existen en todas las sociedades multiculturales y se definen, como en ciertas sectas radicales, en oposición a un Occidente mitificado y demonizado. Ni el contenido cultural, ni la lógica de acción, ni, por último, la mentalidad de los protagonistas de la organización dependen de una civilización autónoma y de un modo de ser atávico que estuviera en irreductible oposición a Occidente. Se trata, mucho más, de una escisiparidad dentro del propio mundo moderno cuyo mascarón de proa, se quiera o no, es el Occidente. Las formas sectarias de antagonismo en el mundo contemporáneo son la prueba formal de ello. Toda una parte de nuestra modernidad, que no tiene ya centro de gravedad y en la que las formas de la individualidad se construyen de modo «identitario», está en el origen de estas oposiciones. Se aboga en ellas por ideales opuestos. Si a ello se suma una comunidad en torno a los medios de comunicación (televisión sobre todo) y una realidad que se convierte en virtual en un mundo cada vez más complejo y, por fin, algunas injusticias flagrantes (vividas y amplificadas por la televisión), y se obtienen estas formas agonísticas de construcción de *neo-umma* a escala planetaria. En el caso islámico, dos fenómenos amplifican su alcance: la ausencia de solución para el problema palestino, convertido en absceso de fijación dentro del mundo musulmán, con su porción de humillaciones y destrucciones que la televisión hace omnipresentes en las diásporas islámicas de todo el mundo, y casi en directo; de otro lado, el sentimiento ofendido de una arabo-islamidad en la que Occidente interviene por razones estratégicas, como la permanencia de un contingente militar americano en Arabia Saudí después de la guerra del Golfo en 1991.

La muerte y el miedo a morir

Sólo se puede ser mártir si se supera el miedo a morir. Para ello, algunas organizaciones se hacen cargo de los candidatos y los preparan para la muerte sagrada. Les proponen modos de sugestión, de adoctrinamiento y de encuadramiento. En sus formas tradicionales, como hemos visto, el martirio tiene una dimensión fundamentalmente ritual. Se está en luto por el martirio de los santos, se exaltan sus virtudes guerreras y su capacidad para soportar penas y sufrimientos infinitos para salvar a la comunidad de los creyentes de la desviación o la corrupción (celebración de la muerte de Husain o rememoración de la de Hamza, el tío del Profeta). La muerte es la de personajes santos (compañeros o miembros o descendientes de la familia del Profeta) y no la de personas ordinarias. El duelo por los mártires es cosa de la comunidad por entero y no concierne a individuos en particular. Su papel consiste en rememorar el martirio de esos seres excepcionales a quienes la devoción popular atribuye una dimensión sobrehumana. La jerarquía superior de los ulemas y de los clérigos es reticente, opuesta incluso, a ese estatuto sobrehumano conferido a los santos y a los mártires, pero la devoción popular la reivindica como tal. Por ello, en estas sociedades, sólo excepcionalmente se sucumbe al martirio.

El mártir colectivo, o puesto en acción de modo sistemático sin que se inscriba en una lógica sectaria y herética, es un fenómeno moderno. A partir del siglo XIX y de la modernización de las sociedades musulmanas es cuando el concepto del martirio personal vinculado a la *yihad* adquiere importancia. Pero fue, sobre todo, tras los frustrados intentos de modernización de los regímenes que accedían a la independencia nacional o tras la crisis de constitución de las sociedades en vías de independencia o de autonomía (los casos palestino, kurdo, checheno...) cuando esta noción, vinculada a la *yihad,* revistió un nuevo significado. De marginal y puramente ceremonial, el martirio se convierte en central y marca con su huella las sociedades musulmanas en crisis. La relación con la muerte sagrada se transforma de tres modos. Primero, se individualiza, se plantea en términos concretos y no en una forma abstracta, en un empíreo inaccesible para el común de los mortales. Luego, se seculariza, se politiza, reviste un significado *actual,* en relación con una nueva representación de lo religioso que se distingue de la que concernía a un pasado inmemorial. El martirio individualizado corresponde a una secularización de lo religioso que se expresa en relación con este mundo y sus preocupaciones, y no en función de un mundo trascendente e inaccesible que sólo restituiría la justicia en el fin de los tiempos. En esta concepción, la muerte no es ya la que se viviría por simple ritualización y rememoración, sino una puesta en acto concreta de la propia desaparición, por un individuo que la asume como tal. De ahí la angustia de morir, el miedo a sucumbir que debe superarse elevándose espiritualmente por encima de la vida, tomando en las manos el propio destino en un acto irreversible.

Los propios mártires, en su testamento, durante sus entrevistas, muestran una asimetría entre ellos y sus adversarios. No tienen miedo a morir mientras que, en cambio, el enemigo lo teme terriblemente. Hasta en la muerte prevalece ese sentimiento de enfrentamiento, de desafío lanzado al otro, de superioridad que se preserva al pasar al acto. Como los mártires operan dentro de estructuras establecidas (Hamas y la Yihad en los territorios palestinos, el Basiye en Irán, Al Qaeda en el caso de los atentados perpetrados contra los Estados Unidos), una de sus tareas esenciales consiste en hacer que los adeptos superen el miedo a morir recurriendo a las plegarias, a la lectura del Corán, a que un clérigo especialmente designado se haga cargo, a este efecto, del candidato o, también, al trato con otros adeptos que están esperando el martirio y con los que formarán una «*umma* restringida en la muerte», a la espera de la muerte, es cierto, pero como si hubieran ya abandonado la vida. La muerte implica también una purificación, un acto de arrepentimiento. Los mártires piden a sus familias que les perdonen las ofensas que hayan podido causarles, que se hagan cargo de sus deudas, que no cometan actos que pudieran empañar su imagen ante Dios.[70]

El miedo a morir es desactivado por el recurso a una visión religiosa que exige que el momento de la desaparición de cada cual sea fijado de antemano por Alá. Ya sea en Abd al Salam Faraj, el autor del *Devoir négligé,*[71] que afirma que cada cual vive una existencia efímera aquí abajo y perecerá cuando llegue el momento, o los mártires iraníes que repiten, *ad nauseam,* el poema que decreta la predestinación de cada cual por la determinación, por Dios, del instante de su muerte,[72] los mártires combaten el temor a morir con esta representación de una muerte cuyo momento estaría fijado de antemano. El martirio sólo se produce si la muerte tenía que producirse, forzosamente, en aquel momento preciso, se opte o no por la muerte sagrada. En ese caso, el mártir decreta que más vale abrazar la muerte sagrada que la estúpida y cobarde en el propio lecho.

El combate contra el miedo a morir recurre a otros muchos registros simbólicos del mundo islámico y mediterráneo, especialmente el sentido del honor. Para preservar el honor musulmán ofendido por las incursiones del imperialismo americano (el caso iraní), ruso (checheno) o israelí (palestino), hay que luchar a muerte contra sus defensores y, entonces, esto se convierte en un *leitmotiv* en la *yihad* contra el enemigo. En su testamento, los mártires no dejan de referirse a ello para justificar su compromiso con la muerte, tanto para legitimar ante sus padres, que se muestran a menudo reticentes, su opción, como para darse valor y corroborar, ante ellos mismos, lo adecuado de ésta. Al morir jóvenes los mártires quiebran uno de los pilares de la sociedad basada en la ayuda mutua entre generaciones, sobre todo ante la ausencia de un Estado-providencia que, como en Occidente, tomara a su cargo los problemas de los ancianos. Al hacer que prevalezca el sentimiento del honor, intentan desactivar simbólicamente ese quebrantamiento del deber de asistencia de los hijos para con sus padres.

El mártir no sólo desvaloriza su propia existencia, sino que lo hace también con la de sus parientes. El problema es saber si la ejecución de inocentes está autorizada por el islam. Ahora bien, para Mahfud Asuli (Abu'l Munthir), uno de los dirigentes argelinos del GIA, existen tres categorías de argelinos: los que luchan contra el islam, los que hacen la *yihad* por la religión de Alá y, por último, los que apoyan el islam con la democracia y las elecciones. Éstos, afirma, son impostores y deben perecer al igual que los primeros. En una visión que reivindica la lucha por Dios y la muerte por su causa como una recompensa en sí misma y pretende imponer su representación del enemigo a toda la humanidad, quienes se sustraen a la lucha son traidores y su muerte es religiosamente lícita, sean musulmanes o no.

Eso va en contra de la tradición islámica que pretendía respetar a los ancianos, a las mujeres y a los niños y prohibía, en su tendencia mayoritaria, la muerte de musulmanes que no participaban en el combate. Para algunos, ni siquiera los musulmanes que estuviesen en el frente de guerra debieran ser ejecutados.

Una relación mística se desarrolla también con respecto al deseo. El único deseo digno de este nombre es el de morir en el camino de Dios, por Su Causa, pero también por amor a Él. La única fascinación *sensu eminenti* es la que toma como punto de mira a Alá y no las cosas materiales de la vida. La cristalización del deseo en Dios libera de los vínculos de este mundo, incluso de las relaciones familiares más próximas. Ya sea en el caso de Al Qaeda o de los mártires palestinos, por razones de seguridad, los padres ignoran a menudo la decisión de morir de su hijo. A ello se añade el hecho de que el mártir deba alejarse de todo lo que le recuerda su vinculación a este mundo y la familia no es una excepción. La organización crea un cara a cara entre el futuro mártir y sus miembros, que no debe admitir interferencia alguna. Ese permanecer a puerta cerrada con la muerte es esencial y la sociabilidad debe arraigarse en ello. Incluso cuando es materialmente imposible, como en los Estados Unidos, durante los preparativos para el atentado del 11 de septiembre de 2001, es posible redactar una especie de testamento o de vademécum que cree, subjetivamente, ese aislamiento, ante una *umma* imaginaria que legitime como acto sagrado la muerte deseada. Así ocurre con el supuesto testamento de Muhammad Atta, en el que se recuerdan constantemente las azoras del Corán y el carácter sagrado de esta muerte y la necesidad de impregnarse de ello antes de pasar al acto.[73] La limpieza moral debe asociarse a la limpieza física por medio de abluciones *(gusl)* que purifican al adepto y lo preparan para su cara a cara con Dios en el otro mundo. La secularización de lo religioso es radical: el martirio consagra la estrecha relación con este mundo y la naturaleza profundamente política de lo sagrado. Los dos ámbitos, el mundo de aquí abajo y el más allá, ya no están disociados por la trascendencia absoluta de lo sacro. Éste se seculariza y marca con su huella lo político y lo social.

La muerte es una categoría capital del martirio moderno, no sólo porque significa la desaparición del sujeto que se entrega a ella sino también por la naturaleza de los retos que entraña. Ciertamente, en todo tiempo, en las sublevaciones islámicas de los grupúsculos contra el poder establecido, se recurría a la justicia y se acusaba al poder de ser injusto. Un hadiz, tradicionalmente citado, afirma: «El poder perdura a pesar de la impiedad pero no perdura a pesar de la injusticia» *(al-mulk yabqa ma'a al-kufr wa la yabqa ma al-dulm)*. Pero los conceptos de justicia e injusticia se definían de acuerdo con la visión tradicional que postulaba una relación entre el príncipe y el pueblo que era la del pastor con su rebaño, relación basada en el reconocimiento de la supremacía del primero a cambio de la protección concedida al segundo. Esta relación excluía lo político, rechazaba cualquier participación del pueblo en el poder y, como contrapartida, exigía que el detentador del poder protegiera a sus súbditos de los poderosos del reino.

El hecho nuevo ahora es que la muerte como mártir no tiene por objeto expulsar sólo al gobernante injusto para sustituirlo por otro, según el modelo del pastor que dirige su rebaño. Se trata de un nuevo tipo de tema que se está gestando, marcado por un principio de individuación que convierte la muerte en un reto político de un nuevo género: se plantea, al trasluz, una relación inédita con lo político, con la cultura y la sociedad. Esta relación puede ser de naturaleza no democrática, antidemocrática incluso, pues la muerte remite ahora a una voluntad de afirmación de sí mismo y no a la exigencia de un nuevo gobernante de acuerdo con el modelo tradicional. El martirio es la manifestación de un deseo de ser uno mismo, deseo constantemente frustrado, negado, rechazado por una situación que se vive como inexorablemente opresora. Asimismo, remite a la voluntad de constituir una nueva comunidad, de contenido distinto al de la que existe y que no es conforme al «islam auténtico».

Esta nueva *umma*, hasta en su desmesura, está igualmente en ruptura con la tradición, aunque oculte su novedad refiriéndose a un pasado mitificado. En efecto, incluso cuando se presenta como reproducción de este pasado inmemorial, se trata de un pasado profundamente remodelado que contrasta con la historia real de las sociedades musulmanas. El pasado idealizado justifica la legitimidad y la respetabilidad de una nueva aspiración, la de hallarse en un mundo de renovada fraternidad precisamente donde la realidad cotidiana remite al egoísmo individual y a la imposible unidad de los corazones. La comunidad que el adepto anhela es la sacralización del deseo de hallarse en una sociedad fraterna, contra un mundo donde la destrucción de las antiguas comunidades dio nacimiento al del egoísmo sin que el yo pueda realizarse efectiva, objetiva, realmente.

Pueden considerarse dos tipos de muerte. En el caso palestino, argelino e iraní, el martirio expresa la realización de uno mismo en la muerte, a falta de su consumación al servicio de la nación. Ésta no ha podido construirse de acuerdo con las aspiraciones del mártir. Esta nación era portadora de un proyecto destinado a dar sentido a los deseos de un nuevo individuo.

En el caso de Al Qaeda, la muerte es signo de un abandono de naturaleza distinta. Es el sentimiento de desposesión de sí mismo en quienes viven «virtualmente» la desesperación de los demás y se otorgan, por delegación, el papel de desfacedor de entuertos, menos para restaurar el mundo en sus perdidos equilibrios, para engendrar una humanidad nueva o crear una nueva nación, que para extender el sentido de su combate al mundo entero. Asistimos a una «mundialización» de la muerte sagrada, en ese caso, que tiene un contenido antropológico y sociológico distinto del de los mártires que intentan realizarse en el seno de una nación negada, según sus deseos. La muerte, en este caso preciso, rearticula de modo original la relación entre el yo y la totalidad. Son sobre todo seres carentes de identidad quienes se entregan a esta forma «mundializada» de martirio: jóvenes estigmatizados de países europeos (como Francia e Inglaterra), conversos carentes de reconocimiento, inmigrados que tienen la sensación de la profunda inmoralidad de Occidente tras haber vivido en él.

El martirio, sea cual sea su naturaleza, remite siempre a una voluntad de morir que se expresa de acuerdo con las mismas preguntas concretas: ¿cómo superar la angustia de la muerte, cómo programar ésta, cómo llevar a cabo una operación que conduce a la supresión de uno mismo? A ello se añaden otros tipos de preguntas: ¿cómo administrar la muerte al enemigo, cómo proceder, a sangre fría, a la eliminación de quienes no están directamente en guerra y no son ni siquiera capaces de defenderse? En otras palabras, ¿cómo ejecutar al otro sin sentir culpabilidad o sin verse afectado por la transgresión de un tabú fundamental, el de dar muerte?

Para combatir el miedo a morir que puede asaltar al adepto, al margen de las formas de autosugestión ya citadas, es frecuente invocar el paraíso. La existencia lleva entonces a otro camino, eterno éste, en un mundo que es infinitamente mejor que aquel en el que se encuentra el adepto. Su acto tiene tanto mérito ante Alá que Éste borra todos sus pecados y le eleva al rango de los elegidos. En y por su acto, el mártir consigue superar su insignificancia en este mundo y abrazar la felicidad en el otro, como precio y recompensa por su acto sagrado.

Lo que queda es ayudarle a superar el tabú de dar muerte a otros hombres en una situación en la que éstos son percibidos, tanto por unos como por otros, como indirectamente culpables o no por entero responsables de la situación del mártir. Se utilizan dos medios: por una parte, opiniones teológicas de las autoridades religiosas que declaran lícito dar muerte a personas que participan, de lejos o de cerca, en un orden político que reprime a los musulmanes. Estas opiniones religiosamente motivadas *(fatwa)* declaran, al mismo tiempo, lícito dar muerte a musulmanes que contribuyen a la sumisión de sus hermanos de religión.

Otro medio para combatir el tabú de dar muerte consiste en llevar mentalmente al adepto a asesinatos o matanzas que se describen como rituales religiosos, durante los cuales son asesinados «enemigos». Así ocurre con esas casetes de vídeo, disponibles en Inglaterra —lo estaban en Francia antes de 1995— en las que se ve a combatientes musulmanes librar sangrientos combates contra enemigos a los que ejecutan. Una de ellas, grabada por el grupo radical argelino Predicación y Combate, se titula «Argelia». Estaba disponible en Londres, a comienzos de 2002, al precio de 10 libras.[74] El vídeo comienza con la orden divina: «Combatidles hasta que la sentencia de Dios sea ejecutada en la tierra». El comentario sigue: «Nuestros enemigos luchan en nombre de Satán, vosotros lucháis en nombre de Dios». Los muyahidín tienden una emboscada al ejército argelino. Un convoy militar se acerca por una carretera y se ve una explosión que aniquila el camión y a los soldados que transportaba. Los militantes se acercan al lugar de la explosión y la cámara muestra la carnicería. Se muestran los cuerpos ensangrentados de los jóvenes reclutas argelinos, uno decapitado, otro reducido a un amasijo de carne despedazada. De pronto, de uno de los guerrilleros se escapa un clamor: uno de los soldados está vivo aún. El combatiente desenvaina un cuchillo y degüella de inmediato al que yacía en el suelo. La cámara muestra por cinco veces la sangre que brota de la carótida del hombre degollado. El acto se repite con los demás soldados muertos. Otra videocasete, llamada «El espejo de la *yihad*», muestra a los talibán de Afganistán decapitando a cuchillo a los soldados de la Alianza del Norte. Otra, filmada en Bosnia, combate el ateísmo con la *yihad*. Estas casetes pretenden, por una parte, deshumanizar al enemigo, por muy musulmán que sea (los soldados argelinos muertos son reclutas musulmanes que, a menudo, son enrolados por la fuerza), y en segundo lugar, servir de lección para el aprendizaje del ejercicio del asesinato. La ejecución es expuesta como el acto sagrado de degollar (un cordero) que se extiende al enemigo del islam. El enemigo es como una bestia cuyo sacrificio sería sagrado. El empleo del arma blanca está destinado, por una parte, a reforzar esta idea y, por la otra, a conectar con la memoria de los hechos de armas de los héroes del islam.

II

LA IMPOSIBLE COMUNIDAD NACIONAL

Pueden distinguirse dos tipos de martirio vinculados a una imposible comunidad nacional. En el caso palestino, la crisis de constitución de la nación (primera Intifada) y el sentimiento de su imposibilidad (segunda Intifada) están en el origen del martirio. En el caso iraní, la nación existe efectivamente pero está amenazada por la guerra con Iraq. Esta guerra es vivida como una marginación imperialista para abatir a la nueva nación musulmana. El martirio es el resultado de una evidencia: la imposibilidad de edificar una nación iraní conforme al modelo virtuoso y heroico del islamismo político. El mártir iraní inaugura, de forma masiva, la asunción de la muerte sagrada a una escala desconocida hasta entonces: centenares de miles de jóvenes se entregan a ella.

EL MÁRTIR IRANÍ

El fenómeno revolucionario iraní data de finales de los años setenta y de los años ochenta. Durante este período —que se escalona *grosso modo* del año 1978 a la muerte del ayatolá Jomeini, en junio de 1989— se desarrolla, con una intensidad nunca alcanzada en la historia iraní, en general, y en la del islam en particular, el fenómeno del martirio. Ya sea en la lucha contra el sha o en la guerra contra Iraq, que es una de las más largas de la segunda mitad del siglo XX (1980-1988) y que provoca más de medio millón de muertos y heridos por ambos bandos,[1] el martirio está omnipresente, primero como fenómeno cultural, pero también político y social entre los jóvenes iraníes, la mayoría de los cuales son «desheredados» *(mustad'afin)*, nacidos en las capas inferiores o medias-inferiores, urbanizadas desde hacía una generación o dos. Este islam político es percibido, primero, como una especificidad iraní y shií. Los fenómenos de radicalización shií en el sur del Líbano, donde ciertos grupos se lanzan a atentados suicidas contra el ejército de ocupación israelí, corroboran esta idea. Será preciso aguardar a los años noventa y al desarrollo de organizaciones como Hamas y la Yihad en Palestina y a las corrientes radicales nacidas de la desintegración del FIS en Argelia (GIA, etc.) para que se disipe esta visión del martirio vinculado indisolublemente al shiismo.

La revolución a la deriva

La revolución iraní comienza entre el regocijo popular, en nombre de ideales sociales y políticos, tanto como religiosos. Su principal consigna es «libertad, independencia, república islámica». Pero la euforia no dura mucho. No resiste al deterioro de la situación económica, la disensión dentro de las nuevas élites que se disputan el poder y la guerra con Iraq, que durará más de ocho años (1980-1988).

Ese estado de hecho está en flagrante contradicción con las esperanzas surgidas en los albores de la revolución, cuando a cada cual se le prometía un «derecho al petróleo» expoliado por el régimen del sha. El estado de la sociedad, apenas un año después de la revolución, se encuentra en total contradicción con los sueños acariciados al comienzo del movimiento revolucionario. La economía, relativamente indemne el primer año, se reduce progresivamente y luego, con la guerra iniciada por Iraq principalmente en las zonas petrolíferas de Irán (Juzistán) y las incertidumbres políticas vinculadas a la radicalización del movimiento revolucionario, experimenta visiblemente una regresión. Al mismo tiempo, en contradicción con el ideal de justicia que la revolución prometía, se sientan las bases de una economía hiperespeculativa en la que se enriquecen rápidamente grupos parasitarios, mientras que la inflación y el desempleo socavan el nivel de vida de las capas medias e inferiores.[2]

La nacionalización de grandes sectores de la industria y la expropiación de los industriales huidos, la incuria posrevolucionaria y la emigración de una parte importante de las clases medias entre las que se reclutaba el personal técnico y científico, arrojan la sociedad a una situación dramática. Una atmósfera sombría junto con la sensación de haber sido traicionados —unos por la contrarrevolución, otros por los capitostes del régimen revolucionario— reina en una sociedad traumatizada por los sucesivos fracasos del movimiento revolucionario.

Fracaso social con aumento de la pobreza y, sobre todo, ampliación del foso que separa a los pobres de los ricos, a las nuevas élites que se están constituyendo de los marginados; fracaso de una economía especulativa que transfiere los recursos a actividades no productivas. La guerra hace más difícil aún la situación, exponiendo a los jóvenes a la muerte y poniendo en peligro las zonas petrolíferas de las que el Estado obtiene la mayor parte de sus recursos.

Apenas dos años después de la revolución de 1979, en plena guerra, la sociedad se ve arrojada a una lucha mortífera mientras el nuevo poder islámico reprime a los opositores e intenta legitimarse invocando la urgencia de la guerra y la necesidad de unirse contra el agresor iraquí antiislámico.

Con el telón de fondo de una revolución a la deriva, de una guerra mortífera, de una situación social cada vez más tensa y una economía en regresión, el modelo basiyi[3] encuentra todo su sentido. Expresa el sentimiento de que se está muy cerca del fin de los tiempos y traduce el desamparo presente. Para cierta categoría de jóvenes, la vida no tiene ya atractivos ni sentido. El sentido se conquista en una muerte «digna», presagio de un futuro *post mortem* irenista y no en una vida «indigna» por definición. Entonces, la tarea «islámica» por excelencia consiste en hacer cualquier cosa para morir como mártir y preparar a los demás, de buen grado o por fuerza, para abrazar la muerte. Ciertamente, es una ínfima minoría la que piensa de este modo entre la juventud revolucionaria. Pero esta minoría no es una cualquiera, es la vanguardia de la revolución. Aspira a combatir contra sus enemigos y a expulsar al adversario iraquí del territorio nacional; pero también es manipulada por el Estado que encuentra en ella un principio de legitimación. Por esta razón, es resaltada por todos los medios de los que el poder dispone, a saber, la prensa escrita y la televisión, que consagra largas horas a los «relatos del frente de guerra». Propaganda y heroización convierten a esos jóvenes en busca de la muerte sagrada en las «estrellas» de una modernidad ausente. El Estado posrevolucionario obtiene de la glorificación de los mártires muertos en el frente de guerra o de los «mártires vivos» *(shahid é zéndéh)* —es decir, los heridos graves o los supervivientes de las matanzas perpetradas por el ejército iraquí, como en los bombardeos con armas químicas— una legitimidad represiva. La utiliza contra la oposición que critica su modo de actuar o, sencillamente, le recuerda las promesas de la revolución en materia de justicia social y libertad.

El shiismo y su asunción por la revolución

El shiismo, como ideología movilizadora de la revolución iraní, no es la simple reproducción del shiismo tradicional. En él se han producido múltiples transformaciones, que lo convierten en un arma de combate en manos de numerosas capas de la población. La secularización se inició a finales del siglo XIX, para radicalizarse a partir de los años setenta, especialmente en la persona de Shariati, que se convierte en el ideólogo jefe del movimiento revolucionario.[4] Sus expresiones —como «autoconstrucción revolucionaria» *(jodsazie enghelabi)*, el shiismo rojo *(tachayyo'e sorj)*, shiismo de Alí *(tachayyo'e alavi)*...— se han convertido en moneda corriente en la revolución iraní. La secularización del shiismo[5] transforma radicalmente el papel del creyente. Antaño, era más bien quietista y ritualista, consolándose de la injusticia del mundo con una actitud dolorista que pone sus esperanzas en el Mesías (el duodécimo imán oculto). El musulmán adoptaba una actitud a menudo pasiva proyectándose, mentalmente, hacia un fin de los tiempos que daba a los regímenes opresores e injustos la posibilidad de dominar en este bajo mundo al pueblo. Ahora, el auténtico creyente transforma la espera pasiva en espera activa, el shiismo no auténtico de las clases dominantes, el «shiismo safawí» *(tachayyo'e safavi)*, en un shiismo auténticamente revolucionario, «el shiismo de Alí», el del primer imán shií *(tachayyo'e alavi)*. Lo consigue iniciando la lucha revolucionaria contra los opresores. Para Shariati, esta actitud, conforme a la vocación original del shiismo, adelanta la llegada del imán oculto.[6] Por primera vez, la juventud iraní en vías de modernización se siente el sujeto de la historia más que como el receptáculo pasivo y afligido de un mundo injusto. Esta politización de lo sagrado seguirá siendo, hasta el final, una de las características esenciales de los mártires de la revolución, los «basiyi». Tras la revolución y el comienzo de la guerra con Iraq, los resortes de la ideología shií serán utilizados para dar una justificación al martirio de los jóvenes en el frente y, sobre todo, para revigorizar un poder que, a lo largo de toda la guerra, sólo pudo organizar el declive socioeconómico de la sociedad iraní.

Como hemos visto, en el shiismo, el martirio desempeña un papel mucho más importante que en el sunismo. La historia de la vida de los imanes shiíes está marcada por su martirio, real o supuesto, ya que la casi totalidad de esos santos personajes sucumbieron, realmente o en el imaginario de los creyentes, por las sevicias del poder suní. Algunos intérpretes modernos del shiismo hacen hincapié en su supuesto aspecto revolucionario, debido a su carácter escatológico.[7] Pero, en realidad, desde su instauración en Irán como religión de Estado bajo la dinastía de los safawíes, a partir del siglo XVI, el shiismo tuvo una dimensión quietista predominante. La espera del Mahdi (otro sobrenombre para el duodécimo imán oculto) desacreditaba cualquier poder temporal (era un poder usurpado puesto que no era el del duodécimo imán). Pero, puesto que cualquier poder temporal estaba desacreditado, se veía liberado de la preocupación de legitimidad. El creyente aguardaba el fin de los tiempos y aceptaba, a menudo, un régimen político autocrático, sin reaccionar frontalmente,[8] dando una gran magnitud a los distintos poderes que, hábilmente, supieron explotar el dolorismo shií, si era necesario organizándolo y contribuyendo materialmente a él.[9] Se estableció un *modus vivendi* entre las autoridades religiosas y los regímenes políticos que, salvo en períodos turbulentos o de inestabilidad (cambio de dinastía, competición por el poder de varios pretendientes...), daban una gran dimensión al Estado.[10] Con el creciente dominio de las potencias extranjeras en Irán (Gran Bretaña en el sur y la Rusia zarista en el norte del país) a partir del siglo XIX, tiene lugar una progresiva renovación dentro de la ideología religiosa. El clero, una parte del bazar y de las capas urbanas intentan dar un sentido concreto a la «ilegitimidad del poder», secularizando la religión. A lo largo de todo el siglo XX, el shiismo se convierte en uno de los tres polos principales en torno a los cuales se constituye la relación con lo político, siendo los otros dos el nacionalismo, cada vez más importante a partir de los años treinta, y el marxismo, cuya influencia sobre los intelectuales iraníes será muy fuerte hasta la revolución islámica.

La oleada islamista cae sobre la sociedad iraní tras un período de intensa modernización socioeconómica y de repliegue del campo político por el sha, que excluye a las nuevas capas sociales surgidas de la modernización. El movimiento de oposición al sha perdió, a partir de principios de los años setenta, su carácter democrático, al menos en sus componentes esenciales, a causa de la represión de la que fueron víctimas los defensores del pluralismo político, junto a los izquierdistas y los islamistas.[11] Por otra parte, la oposición islámica se radicalizó tras la represión de los años sesenta y, en especial, la del movimiento insurreccional de 1963, que tuvo como consecuencia el exilio de Jomeini en Iraq. El régimen del sha había conseguido suprimir cualquier oposición democrática, siendo ya, sólo, las formas extremas las únicas capaces de movilizarse en nombre de una ideología de sustitución al nacionalismo que el régimen imperial había desacreditado.

En vísperas de la revolución, Irán se encuentra en una situación paradójica. Por un lado, el país ha experimentado un período de elevado crecimiento,[12] una verdadera modernización que se extendió a las nuevas capas urbanas, sobre todo a las clases medias, abriéndolas a Occidente. Por el otro, el repliegue del sistema político, tras la reforma agraria de los años sesenta, bloquea el acceso de estos nuevos grupos a la escena política. De ahí nacerá un movimiento de oposición que se alimentará, también, con la crisis del régimen imperial. Éste se ve marcado por la enfermedad del sha, la elección de Jimmy Carter como presidente de los Estados Unidos, a la que acompañan el desarrollo de la ideología de los derechos humanos y el descrédito de un sistema político cada vez más apoyado en los aparatos de represión, encabezados por la Savak. El movimiento revolucionario es el resultado de la alianza momentánea de las capas tradicionales del bazar, de la fracción del clero radicalizada bajo la égida de Jomeini,[13] de los intelectuales de izquierda y de extrema izquierda y de las nuevas clases urbanas en vías de modernización, frustrados todos ellos por el régimen del sha.[14] De tan incoherente coalición nacerá el movimiento unánime de la revolución iraní, cuando las poblaciones urbanas se levantan contra el poder imperial. Este unanimismo es portador de una visión difusa en la que coexisten las consignas más contradictorias, a saber: justicia, libertad, igualdad e islam. Los grupos que se apoderan del poder cuando es derribado el régimen imperial son heterogéneos: personalidades como Bazargan,[15] primer ministro del gobierno provisional durante los nueve primeros meses que siguieron al derrocamiento del sha, se codean con miembros del clero, representantes del bazar, personas designadas por Jomeini, una parte de la intelectualidad en el exilio que regresa a Irán tras la caída del sha (como Banisadr), antiguos miembros del movimiento nacionalista de los tiempos de Mosadeq, líderes de movimientos fundamentalistas islámicos (Fedaiyane Eslam, homólogos iraníes de los Hermanos Musulmanes de Egipto), etc.

La historia real se manifiesta fuera del círculo del poder legal. Un primer polo se organiza en torno a Jomeini, otro en torno a Bazargan, el tercero en torno al ayatolá Behechti, se forman otros grupos en las regiones y se imponen en virtud de su arraigo local... Dejando aparte el grupo que apoya a Bazargan, los demás, por dispares que sean, comparten el mismo credo antidemocrático y la misma fidelidad a Jomeini, formando el núcleo duro del Hezbolá. La denominación es de origen coránico («Partido de Dios»), pero la expresión adopta rápidamente una connotación peyorativa entre quienes sufren los ataques de este grupo más o menos estructurado, financiado por el Estado como movimiento paramilitar destinado a intimidar, a liquidar incluso, a los opositores, instaurando un islam puritano que reivindica a Jomeini y su pretensión de islamizar radicalmente a Irán. Este movimiento se dota de una realidad institucional con el nombre de Partido de la República Islámica.[16] Reúne a jóvenes de origen social inferior, a los campesinos exiliados, a los miembros de las organizaciones locales que se han encargado, durante la revolución, de la seguridad de los barrios, de las fábricas, de la ciudad y a los que se denomina *Komité*. Éstos fueron progresivamente «depurados» *(pak sazi)* e integrados en el aparato represivo del nuevo Estado. El conjunto de esta población heterogénea es denominado los «desheredados» *(mustad'afin)*.

Como cualquier populismo, el de Jomeini intenta dotarse de una identidad, primero manipulando la esperanza de unos y otros, luego designando un enemigo común, el imperialismo americano, al que se denomina, de acuerdo con una terminología de origen coránico, la «arrogancia mundial» *(estekbare yahani)*. Contra ella se dirigirá el odio de unos y otros, en una situación en la que se necesita un chivo expiatorio para justificar los fracasos de la revolución. Las referencias a lo sagrado islámico alimentan el sentimiento de pertenencia nacional. Inversamente, Jomeini acumula en su persona la dimensión política y religiosa como gran ayatolá, promovido, desde la revolución, a primer representante religioso del país.

El Basiye

Poco tiempo después del derrocamiento del sha y la instauración del régimen revolucionario, el nuevo poder crea una organización popular para defender la revolución contra los ataques de sus enemigos. El Basiye nació de la voluntad de salvaguardar una revolución todavía frágil contra los defensores de la «contrarrevolución», sobre todo los *taqutis*, es decir, los partidarios del sha. El Basiye, literalmente «Movilización»,[17] se creó para poner a la juventud popular al servicio de la revolución. A comienzos de la guerra con Iraq, la organización se integró en el ejército de los Pasdaran, otra organización militar que vio la luz justo después de la revolución, constituyendo un ejército popular, independiente del ejército tradicional de cuya jerarquía superior se sospecha que siente simpatías por el sha.[18] El Basiye está formado por reclutas voluntarios. Con unos cuatrocientos mil afiliados, en el punto álgido de la guerra, el «basiyi»[19] se distingue por su abnegación y su falta de miedo ante la muerte. La guerra contra Iraq, que duró más de ocho años, pone en cuestión, en numerosos planos, el propio desarrollo de la revolución y, sobre todo, en su fase inicial, la evolución del movimiento revolucionario. Extremadamente débil ya, la tendencia democrática dirigida por el Movimiento para la Libertad *(Nehzate azadi)* de Bazargan no resiste la guerra. Ésta produce reflejos unitarios en la sociedad. En nombre de la defensa de la patria musulmana y del islam revolucionario, el grupo jomeinista, conocido con el nombre de Hezbolá, puede apoderarse mejor del poder, instrumentalizando la amenaza de invasión del país por Iraq para poner fin a las frágiles reivindicaciones de autodeterminación de una sociedad recién liberada de la dictadura imperial. Contra ese fondo de amenaza de invasión, en una revolución también en alerta, el *actor basiyi* aparece como la vanguardia del poder revolucionario, no sólo en la guerra contra Iraq sino también en la lucha contra la oposición iraní, y lo hace de dos modos: por una parte, con la intervención directa de los «basiyi» en la represión física de los opositores; por la otra, con la legitimación del régimen jomeinista, donde jóvenes dispuestos a sacrificar su vida para preservarla aportan la prueba patente de la «legitimidad» del poder Hezbolá a una sociedad sin capacidad para defenderse, agotada tras su movilización durante la revolución.[20]

El modelo «basiyi»

En el contexto de una revolución amenazada por todas partes, por la guerra y por la contrarrevolución, ya sea por la derecha monárquica o por la extrema izquierda, aparece un tipo de personaje, joven (de dieciocho a treinta años), muy joven incluso (a partir de catorce o, a veces, de doce años), capaz de sacrificarse por la revolución. Aquellos a quienes llaman los «locos de Dios» y que identifican con la persona de Jomeini al sabio, al santo y al dirigente político por excelencia, aceptan con gozo el martirio para salvaguardar una revolución a la deriva.

La guerra con Iraq y la invasión de una parte del suroeste

iraní engendra una sensación de amenaza: la integridad del territorio iraní al igual que el islam promovido por la revolución están en peligro. El sentimiento nacional se fusiona con el estado afectivo religioso: el peligro que amenaza la revolución islámica es, ahora, idéntico al que cuestiona la integridad territorial del país. El mismo fenómeno que el de la Revolución Francesa engendra la misma reacción de unanimidad: la revolución amenazada y Europa coaligada contra la Francia revolucionaria, al igual que el islam revolucionario en peligro de muerte e Irán invadido, fortalecen la unidad nacional contra el enemigo.

Organizaciones revolucionarias acogen a la juventud que intenta defender la patria islámica y la revolución amenazada. Junto al ejército tradicional que se encarga de los reclutas, hay una juventud voluntaria, dispuesta al sacrificio, que se une al Basiye. Forma el grueso de sus batallones.[21]

El estudio de la subjetividad de esta juventud revolucionaria muestra que no es homogénea y que pueden distinguirse en ella, por lo menos, tres tipos de actores. En primer lugar, quienes están dominados por un profundo desasosiego debido al estado crítico en el que se encuentra la revolución. Ésta encarna el islam. Se opera una transformación radical de su punto de vista: de optimista a comienzos de la revolución, se hace pesimista y radical. La radicalización es, en cierto modo, la consecuencia de la sensación de amenaza al futuro de la revolución a medida que se empantana y se acrecienta el marasmo económico. Un abismo se abre ante esa juventud. Su angustia da cuenta de su adhesión a una religiosidad que sólo ve salvación en el martirio. Este grupo radicalizado, los martirópatas,[22] está poseído por el despecho y la desesperación y oscila constantemente entre ambos estados afectivos. Se opone a aquellos a quienes considera como los enemigos de la revolución, ya sea el ejército iraquí, la oposición interior iraní o, también, los musulmanes que vacilan en defender una revolución cada vez más amenazada. Pero, al mismo tiempo, no cree poder salvar la revolución en vida —de ahí su emulación en el martirio.

Junto al martirópata, existen otros dos tipos de actores. Por una parte, los adolescentes que se alistan en el Basiye y el ejército de los Pasdaran para afirmar su autonomía respecto de sus padres y hacerse reconocer como adultos. Para ellos la guerra es como un rito de paso de la adolescencia a la edad adulta. La dimensión lúdica de la guerra desempeña un papel significativo en su adhesión al Basiye. La manipulación de su estado afectivo religioso por las organizaciones afiliadas al Basiye en los establecimientos escolares es un factor importante de su movilización.

Un tercer grupo se afilia al Basiye. Éste desempeña un papel importante como trampolín social para quienes toman parte en la guerra con el fin de beneficiarse de una rápida promoción socioeconómica, en una sociedad en vías de empobrecimiento, donde el ascenso social resulta cada vez más difícil.[23] El Basiye y el ejército de los Pasdaran ofrecen a los jóvenes puestos de mando en este ejército, pero también en otros organismos de Estado o en el sector público que se ha extendido mucho tras la nacionalización de los bienes de los «taqutis», la élite del sha. Este grupo de los «oportunistas» forma la gran mayoría de los jóvenes del Basiye. Se unen a Jomeini tanto por convicción como porque está a la cabeza del Estado y les proporcionará una promoción social.

Financieramente, el Basiye corre a cargo del ejército de los Pasdaran, pero se aprovecha de las «donaciones» impuestas a menudo a distintos organismos públicos o privados por el poder, y del maná financiero de organismos como la Fundación de los Mártires.[24] Otras instituciones de finanzas sustraídas al control del Tribunal de Cuentas iraní aportan su contribución al Basiye y al ejército de los Pasdaran.[25]

Parte de la juventud no sabe conciliar la utopía del comienzo de la revolución con la realidad cada vez más difícil de la posrevolución. Lo que supone decir que una sensación de despecho desesperado alimenta, en los primeros años de la guerra, a esa juventud enamorada del sueño revolucionario y trastornada por el devenir efectivo de la revolución. Un abismo la separa del porvenir soñado en los albores de la revolución.

En esta organización, sostenida y financiada por el Estado, la composición según grupos de edad es heterogénea. Quienes se afilian a ella están formados, en su gran mayoría, por jóvenes, y también adolescentes, y por una minoría de gente de la tercera edad. Las motivaciones no son las mismas. El origen social de los afiliados es, sobre todo, el de las clases inferiores (y, a veces, medias inferiores) urbanas, siendo la juventud escolarizada la que forma la mayor parte de sus reclutas. A veces, jóvenes de la misma familia se afilian a grupos distintos, antagónicos incluso.[26] La actitud individual ante la revolución y su devenir es fundamental. La juventud rural se afilia al Basiye, menos por convicción ideológica que por deseo de abrirse camino hacia el mundo urbano o por querer vivir intensamente su juventud en la abundancia, al abrigo de las necesidades y del tedio del mundo rural. Las capas urbanas forman la mayoría de quienes se afilian al Basiye por motivos ideológicos. En efecto, para ser un «revolucionario radicalizado y desesperado», es preciso haber sido previamente modernizado y desestructurado. El joven revolucionario sólo puede culpabilizarse si tiene la sensación de tener un yo constituido, lo que significa la desarticulación de la estructura comunitaria, lo que sucedió principalmente en las grandes zonas urbanas antes de la revolución.

En el Basiye, se asiste a una manipulación sistemática de los jóvenes por el Estado. Se hace todo para alentarlos a que se afilien. El poder no manda a las fuerzas humanas sólo para alimentar al Basiye con carne de cañón, sino también para encontrar un principio de legitimación. Arguye el hecho de que un régimen, para que los jóvenes estén dispuestos a morir por él, no puede ser ilegítimo. Ciertamente, los martirópatas eligen la muerte para defender el país islámico, pero su motivación predominante reside en la angustia provocada por el derrumbamiento de la utopía revolucionaria que no podría realizarse en este mundo y sólo puede, por lo tanto, encontrar su culminación en la muerte. Para ellos, se trata de un asunto existencial. Pero el poder revolucionario da un sentido político a este desamparo que manipula para salir fortalecido. Lo instrumentaliza para consolidarse frente a una sociedad traumatizada e intimidada por el compromiso extremista de los jóvenes. La desesperación de unos es así manipulada para reprimir a otros.

El Basiye es el crisol en el que se produce, durante algunos años, la confusión entre el registro de la sociedad y el del Estado. Esto habría sido inconcebible en la comunidad shií tradicional, donde lo que pertenecía al Estado se identificaba con una lógica de la violencia y del miedo.[27] En cambio, la afiliación al Basiye es voluntaria en la mayoría de los casos. Asimismo, en el grupo martirópata, la voluntad de morir es un hecho de evidencia que el Basiye explota, pero que no inventa. La puesta en práctica de la martiropatía se realiza con la complicidad del Estado y del grupo voluntario que encuentra en ello la expresión de su aspiración mortífera. Si la «confusión» entre abajo (la sociedad) y arriba (el Estado) es ya posible, lo es porque la estructura comunitaria se ha desarticulado ya ampliamente y, en su lugar, emerge progresivamente un individuo en vías de atomización.[28] Estamos en una sociedad en transición hacia una nueva forma de organización social, en la que el voluntariado de los jóvenes en el Basiye es signo de la emergencia de un «casi-individuo».[29] Al mismo tiempo, el Basiye expresa el desconcierto de una parte de la juventud revolucionaria que no sabe ya distinguir lo que pertenece al Estado de lo que depende de la sociedad. En esta confusión mental, esa juventud, por efecto de la efervescencia revolucionaria del principio que mantiene artificialmente el Basiye en su interior, mezcla los respectivos ámbitos del poder y de la sociedad. La confusión se debe, en particular, a la desestructuración de la antigua sociedad y a la emergencia caótica de la nueva, durante una revolución que ha dado preferencia a la utopía sobre lo real. La dinámica del Basiye se alimenta, al menos en los primeros años, de la fuente viva de esta sociedad revolucionaria en plena ebullición. Su modo de organización pertenece al Estado. Pero los martirópatas no perciben al Basiye como una organización estatal. Lo eligen como una nueva «familia», «se casan» con él; en él se sienten hermanos *(barada)* de los demás martirópatas en busca de la muerte. Ven al Basiye como la imagen de Jomeini, santificada por su bendición. Éste hace también posible la manipulación de los «basiyi» por el nuevo orden represivo.

Para los jóvenes lúdicos, el Basiye es una familia de elección. Rompen con su familia natural y se unen a ella para encontrar una nueva identidad, voluntariamente construida, en el enfrentamiento con la muerte. En este período de guerra, el ascenso social está bloqueado y el joven que llega al mercado de trabajo no tiene más lugar de promoción que el Basiye. Impaciente por subir los peldaños sociales, encuentra en él la atmósfera propicia para la afirmación de sí mismo con sus proezas guerreras y, sobre todo, innumerables ocasiones de vivir intensamente. Al enrolarse, satisface al mismo tiempo la aspiración colectiva de salvar al país, la nación islámica y la revolución religiosa, puestos en peligro por la invasión iraquí. Así, el sentimiento nacional, tal como lo experimentan los demás y que comparte con ellos, se combina con su voluntad de ascenso social y su condición juvenil.

Para ser eficaz, el Basiye se dota de una organización que pretende controlar la sociedad e incitar a los jóvenes a afiliarse. Uno de los poderosos instrumentos de esta organización son las asociaciones islámicas. Éstas nacen durante la revolución. Son grupos de barrio o de localidad que se asignan la tarea concreta de gestionar, diariamente, los asuntos en curso (prevención del robo, mantenimiento del orden, etc.). Tras la revolución, estas asociaciones serán progresivamente captadas por el Estado y sus distintos organismos represivos.[30] Desempeñan entonces un papel fundamental en la depuración de los elementos contrarrevolucionarios de la administración, incitando al reclutamiento de voluntarios para el Basiye.

Uno de los lugares preferidos de reclutamiento por esas «asociaciones» son las escuelas, en las que se establecen dentro de una jerarquía autónoma de la del centro escolar (dependen de una sección especial del Ministerio de Educación Nacional) y donde consiguen la adhesión de algunos alumnos que se convierten, *de facto,* en interlocutores del poder, obteniendo, por esta mera participación, éxitos escolares no siempre merecidos.

Por otra parte, la propaganda ideológica desempeña un papel motor en el Basiye. Un clero especial se encarga de esta tarea y juega con el sentimiento de invulnerabilidad de los adolescentes y su aspiración al heroísmo.

El Basiye crea un sentimiento de pertenencia de los jóvenes a la revolución *contra* el resto de la sociedad. Se desarrolla allí la propia visión de la «casta de los puros» contra una sociedad cada vez más impura: en la realidad cotidiana, la gente se aleja de las consignas revolucionarias cuya futilidad se manifiesta a medida que va agravándose la situación económica. En el Basiye, los adolescentes de 12 a 17 años ven cómo se les concede un estatuto de casi-adulto, de «superadulto» incluso: se los glorifica por haberse elevado, gracias a su compromiso voluntario, por encima de los adultos, de los padres que, en cambio, rehúsan enrolarse.[31] Los adolescentes no llevan uniforme distinto de los demás «basiyi». Se convierten en los iguales de los adultos y, a veces, los superan en prestigio.

El Basiye organiza también de otro modo, positivo éste, a los jóvenes no martirópatas que se unen a él. Remunera a estos desempleados, les proporciona la posibilidad de ejercer su creatividad con riesgo de su vida. Mil subterfugios, hallazgos sin número jalonan los combates en los que el ingenio de los jóvenes «basiyi» encuentra un inmenso campo de aplicación. Se «realizan» en el manejo de minas. No es el sentimiento mortífero lo que motiva la adhesión de este grupo de jóvenes, sino la necesidad de trabajar y valorizarse en el trabajo. A ello se suma la voluntad de salvar la patria islámica en peligro y, para los laicos y los miembros de extrema izquierda, la patria o el pueblo. Por lo que a los izquierdistas se refiere, se afilian al Basiye porque piensan que podrán restablecer los contactos con la juventud popular y adoctrinarla. Cada cual encuentra así, en los primeros años de la guerra, razones para luchar contra el enemigo iraquí que es la vanguardia del imperialismo occidental para los izquierdistas, y el representante del arabismo que intenta conquistar las provincias arabófonas iraníes para los nacionalistas (el Juzistán invadido por el ejército iraquí está parcialmente poblado por arabófonos.

A medida que se desgasta el ardor de los mártires durante toda la guerra, el Estado pone progresivamente en marcha mecanismos compensatorios, de incitación material o de coacción, para alentar a los jóvenes a ir al frente. Quienes permanecen allí cierto tiempo obtienen un acceso rápido a puestos de «información» en la administración. Desempeñan un papel similar al de la Savak con el sha. Los «basiyi» que desean hacer estudios universitarios, así como los jóvenes miembros de su familia, tienen un acceso privilegiado a la universidad. El acceso a las cooperativas de los mártires, donde los precios vigentes son muy ventajosos comparados con los del mercado, está reservado a los «basiyi» heridos, a sus familias y a las de los mártires «basiyi», que gozan también de otras ventajas materiales.[32]

El «basiyi» que va al frente y hace la guerra contra el ejército iraquí es siempre un hombre, joven o, mucho más raramente, viejo. Existen, por supuesto, grupos de jóvenes muchachas «basiyi» (las «hermanas» «basiyi»), pero su papel se limita a los cuidados médicos, a ayudar a jóvenes que intervienen directamente en los combates, a la represión de las mujeres «mal veladas» o también a la intimidación de los padres de los mártires que denuncian manipulaciones por parte del poder islamista. Durante las ceremonias de duelo, con el pretexto de celebrar el recuerdo de los mártires, estas «hermanas» ahogan en realidad las manifestaciones de protesta de los padres o conocidos.

La mujer «basiyi» no participa directamente en la guerra. Ello no se debe al rechazo de algunas muchachas a llevar un fusil, sino a las prohibiciones del poder islamista que niega la igualdad de hombres y mujeres. Las mujeres mártires son las que han sucumbido a la muerte bajo los bombardeos iraquíes o en el ejercicio de sus funciones sanitarias en el hospital o por cualquier otra razón vinculada a la guerra.

Los oportunistas y los lúdicos

El telón del fondo del martirio, a lo largo de toda la guerra, es el deseo de preservar la patria islámica en peligro y luchar contra el enemigo iraquí, sostenido y ayudado por el imperialismo occidental. De ese fondo se desprende la multiplicidad de las figuras de martirio. Está, como hemos visto, el martirópata, que es muy minoritario en el Basiye, pero desempeña un papel simbólico importante, tanto en la estrategia de legitimación del poder como con respecto a los demás «basiyi». Éstos lo consideran un ser superior, que renuncia a su vida y a sus placeres para alcanzar la perfección mística en la muerte sagrada. Los no martirópatas, recordémoslo, están formados por otros dos grupos distintos. Por una parte, los oportunistas, es decir, los que buscan en el Basiye un trampolín que asegure su ascenso social en una sociedad en la que los más pobres no tienen otro medio de conseguirlo; por otra parte, los lúdicos, formados sobre todo por jóvenes y adolescentes que quieren vivir intensamente y al abrigo de la necesidad dentro del Basiye, poniendo en juego su vida para asegurar su paso a la edad adulta con el heroísmo y la despreocupación de una fiesta guerrera. Esta dimensión lúdica falta, cruelmente, en la vida cotidiana cada vez más sombría. Los lúdicos se agarran a la guerra para divertirse y tener sensaciones fuertes. En las filas del Basiye, se hacen libres por inversión de la jerarquía de edad: los jóvenes mandan o destacan por su intrepidez, lo que les da un prestigio superior al de sus mayores; dan pruebas de heroísmo exponiéndose a la muerte y superan así la adolescencia. Están bien alimentados, bien provistos de víveres y bien protegidos por una sociedad a la que el Estado arrebata fondos con fines supuestamente benéficos, para ayudar a los jóvenes que lo apoyan activamente.

El martirópata muere por desesperación respecto de un mundo que es el cementerio de los ideales revolucionarios, mientras que el joven adolescente del Basiye acepta poner en peligro sus días por ímpetu lúdico, viviendo intensamente esa fiesta sangrienta que es la guerra. De ese modo resucita la fiesta del comienzo de la revolución y trasciende la vida sombría de la posrevolución. Su acto es la negación del clima sombrío en una sociedad privada de la alegría desde que la guerra y la penuria cuestionaron los sueños de abundancia. Por eso, el mártir lúdico mantiene con la muerte una relación totalmente distinta a la del martirópata. El joven lúdico, en pleno campo de batalla, rechaza la institucionalización de la utopía revolucionaria. Lo sagrado está para él en lo efervescente, lo ardiente, lo fusional, estado afectivo que opone a la fría lógica de los riquísimos comerciantes del bazar o a los cálculos mezquinos y prosaicos de sus padres, que no saben en absoluto cómo «llegar a fin de mes». Toda estabilización es sinónimo de cuestionamiento del islam utópico que lleva en sí mismo y acarrea, por su parte, la emulación en el combate. La muerte no procede de un oscuro despecho sino del deseo de éxtasis y de efervescencia, de la aspiración a poner en cuestión la monotonía y el tedio mortal de una vida en la que los desheredados son más menesterosos aún, más vulnerables y, por consiguiente, están incomparablemente más frustrados en su deseo de consumo que en el pasado. Esta muerte no tiene el sombrío carácter de la martiropatía. Significa rechazo de la institucionalización, aspiración a la efervescencia de comienzos de la revolución y no voluntad de morir a toda costa. La manipulación de los deseos de una juventud inmadura, ávida de gozo, da un considerable peso al orden islamista cuya legitimidad se construye, sin embargo, sobre una visión neopuritana de las relaciones sociales y culturales.

Por lo que se refiere a los oportunistas, éstos instrumentalizan el islam del Hezbolá para unirse a las clases acomodadas del nuevo régimen. Forman una nueva élite que, a través de las nuevas organizaciones revolucionarias tejidas por el Estado islamista, sustituye a las antiguas clases dominantes y, mediante su venal fidelidad al régimen, se asegura una vida al abrigo de las necesidades. Las nuevas instituciones que aparecieron durante o después de la revolución sirven de trampolín: la Cruzada por la construcción *(yahad sazandegi)* que monopoliza los proyectos de desarrollo rural (más tarde se transformará en ministerio), la Fundación de los Mártires, un coloso económico que tiene sus propios medios financieros e industriales, el Astane Ghods que administra los bienes del imán Reza al nordeste de Irán y que es una de las instituciones mejor dotadas de Irán,[33] los distintos comités revolucionarios (integrados posteriormente en el Ministerio del Interior), el ejército de los Pasdaran, etc. Estas organizaciones revolucionarias se convierten en el medio de ascenso social y económico para una juventud ávida de consumo y que encuentra, por su afiliación interesada al Basiye y a cambio de exponerse al peligro, la posibilidad de introducirse en el aparato del Estado para gozar del maná petrolero. Una parte de la población urbana obtiene así su promoción, especialmente a través de los Comités y del ejército de los Pasdaran, intimidando al barrio, pero cuyos miembros intervienen si es necesario para apoyar a sus amigos y conocidos ante las instancias represivas del régimen a las que tienen acceso. Un nuevo clientelismo se constituye con el Estado a través de esta juventud que pone precio a su colaboración con el régimen obteniendo, al propio nivel del barrio, una forma de honorabilidad a base del temor de los demás, pero también de su respeto, debido a la ayuda nada desdeñable que puede aportarles en caso de urgencia.

El arqueo-islam

El advenimiento concreto del individuo en las sociedades sometidas a una modernización autoritaria se efectúa, por una parte, por medio de la desestructuración del orden comunitario tradicional y, por la otra, mediante la autoafirmación de un ser en vías de atomización. Éste siente un sordo malestar en el que entran en conflicto su voluntad de liberación y su sentimiento de pertenencia a un grupo al que traiciona al autonomizarse. La revolución intenta unir ambas dimensiones introduciendo un tercer término, a saber, la utopía revolucionaria encarnada por Jomeini. Pero ésta no resiste por mucho tiempo la prueba de lo real. Poco a poco, se desintegra. Para evitarlo, algunos jóvenes revolucionarios se convierten en martirópatas. Con el fin de compensar la pérdida de dominio de la revolución sobre la realidad, intentan incrementar el carisma de Jomeini. Cuanto más pierde el movimiento revolucionario su arraigo en lo real, más tiende el martirópata a dotar al Guía de la revolución con atributos carismáticos expresados en superlativo. Para ello, no sólo lo convierte en el mascarón de su individualidad y de su íntimo sentimiento de existir, sino también en relación con la familia y el orden comunitario, a los que sustituye pura y simplemente por el Guía absolutizado.

Al mismo tiempo, el carisma de Jomeini aumenta debido a la naturaleza de su mensaje, a saber, un shiismo mortífero que sacraliza la muerte con el vocablo del martirio y niega legitimidad a la vida en este bajo mundo, en este período de guerra y crisis donde todo se enuncia, para esos jóvenes desamparados, en clave apocalíptica.

Los martirópatas se encierran en el Basiye y se separan de la sociedad. La ruptura de los vínculos sociales se convierte a su vez en fuente de angustia. El joven que gritaba «libertad, independencia, república islámica» a comienzos de la revolución no sabe ya qué hacer con su propia libertad ni con la independencia. En adelante, es incapaz de hacerse cargo de sí mismo, renuncia a su autonomía y vive en la angustia y con mala conciencia. Siente entonces su libertad como una transgresión de las normas «revolucionarias», explicando los fracasos de la revolución por el abandono de sus ideales. Se culpabiliza profundamente. Apenas liberado de los vínculos comunitarios, el nuevo individuo está en crisis, en ese movimiento revolucionario en el que ha empeñado su identidad y que lo lleva a la deriva. El puritanismo exacerbado de los «basiyi» es la expresión «moralizada» del sentimiento de culpabilidad: ha faltado al ideal revolucionario, no se ha empleado a fondo al servicio del islam y ha acarreado así la deriva de la revolución.

Asimismo, aunque al principio de la revolución los jóvenes intentaban modernizar el islam moralizando la modernidad, ésta se convierte ahora en sinónimo de pecado, de lujuria y de falta de abnegación revolucionaria, por su «egoísmo» y por la búsqueda del bienestar individual. De ahí la escalada la arcaización, con la feroz y rencorosa adhesión a una reformulación de la tradición, cosificada también, deformada y mitificada en un sentido despótico e, incluso, a veces, totalitaria. Surge una religiosidad que podríamos denominar «el arqueo-islam», invento contramoderno que se toma por la imagen auténtica de la tradición pero que sólo es, en definitiva, una modernidad invertida donde la vida se convierte en la muerte; el consumo, en la consunción de uno mismo; la comunidad, en la inversión de la modernidad para un individuo en crisis. Se consumen literalmente en el martirio que adopta, en ciertos casos exacerbados, el aspecto de una homofagia, la ingestión de la propia carne. El arqueo-islam es una modernidad invertida donde la libertad se transforma en una lógica de prohibición absoluta, convirtiéndose la apertura cultural en intento de cerrarse a los demás, y de modo exhibicionista, es decir, paradójicamente, haciendo ver este repliegue y descubriendo en él un sentimiento de participación invertida (rechazo) en la modernidad. Las prohibiciones dictadas por el Hezbolá y aplicadas de modo autoritario en el espacio público no son los tabúes comunitarios tradicionales, sino manifestaciones politizadas de las formas regresivas del shiismo, más rígidas y maximizadas, a su vez, de acuerdo con una línea inflexible de interpretación rigorista. En este contexto, la cólera y el rencor se dirigen contra el mundo y el cuerpo, tomando como pretexto la religión que someten a su exigencia de represión y de negación de derechos al individuo en gestación.

La categoría de lo político toma por su parte un sentido turbio. Para el martirópata, no es un vínculo entre seres autónomos en el espacio público (democracia), ni la gestión de la vida colectiva con referencia a los textos sagrados interpretados por los doctores de la ley (teocracia islámica institucionalizada), sino un modo de compensar el propio malestar. El martirópata es un individuo en crisis que no sabe ya cómo regir su individualidad y pretende, recurriendo a una categoría represiva de lo político, desprenderse de su ser individualizado y abrazar la muerte. Este casi-individuo, que creía encontrar en la revolución el apoyo necesario para acceder a la modernidad, ha perdido la comunidad que le enmarcaba antaño, así como la utopía revolucionaria que debía sustituirla. La martiropatía se convierte en la expresión última de lo político y, al mismo tiempo, en el medio legítimo por el que se constituye el individuo en la muerte. Vemos cómo se unen un puritanismo exacerbado (expresión moralizada de la prohibición de vivir), el arqueo-islam (lo sagrado invirtiéndose en una religión mortífera) y el carisma de un Jomeini absolutizado (es la voz «islámica» que proclama la inanidad del mundo y el acceso a lo sagrado por el martirio).

La aspiración a la modernidad del joven revolucionario puede adoptar principalmente dos formas: o el consumo, como modo de participación festiva en la modernidad, o el desarrollo productivo, como modo de participación prometeica en la modernidad. En este Irán en guerra en el que la producción industrial está en las últimas, ambos modos de participación resultan imposibles. En cierto sentido, son demasiado prosaicos para una parte de la juventud, ávida de absoluto. La revolución se transforma en una búsqueda de absoluto, en una neomística mortífera donde todo lo que tiene apego a la vida resulta insignificante, insensato incluso. El sentimiento prometeico de la realización de uno mismo, instilado por la modernización, se cumple en la creación mortífera de uno mismo. La conciencia revolucionaria se convierte en sede de la producción de la muerte, de la producción del yo en la muerte. El consumo, en retroceso por la economía de guerra y el caos social, se fija a su vez en el cuerpo. Se consumen, a falta de consumir, y transfieren el deseo de consumo a un sagrado mortífero. El neoascetismo necrófilo es su corolario.[34]

Algunos rasgos singularizan al joven martirópata que se afilia al Basiye. Para empezar, tiene un universo mental obsidional en el que tiene la obsesión de la omnipresencia de los enemigos, tanto en el exterior como en el interior, lo que deprecia a su modo de ver cualquier otra consideración, incluidas las preocupaciones familiares. Tiene una visión de sí mismo marcada por una gran culpabilidad.[35] Culpable de impureza, vive en una sociedad más «impura» aún que él, más corrupta que él, lo que justifica a su modo de ver la represión para «purificarla», suprimiendo a los o a las que se opongan a su versión intolerante del islam.

La martiropatía es un movimiento cuya dinámica supone, en sus primeros tiempos por lo menos, la unión de lo bajo (la juventud revolucionaria) y lo alto (el Estado posrevolucionario) en una coyuntura de crisis donde la amenaza de invasión de la patria islámica por el ejército enemigo coexiste con el sentimiento desesperante del derrumbamiento de la utopía revolucionaria. Ésta hunde sus raíces en la sociedad posrevolucionaria, en su absoluta inestabilidad, así como en el peligro que gravita sobre la nación islámica por la invasión iraquí.

El Basiye lleva en sí mismo una determinación esencial de la nueva individualidad en gestación: a saber, el igualitarismo en su simbolismo, en su modo de reclutamiento, en el modo de designación de sus jefes e, igualmente, en su capacidad de dar a sus miembros la indiferenciación social, en los primeros años de la guerra.

En el Basiye, todo lo que separa en la sociedad posrevolucionaria es simbólicamente negado y destinado a la indistinción, a la fusión incluso. Los jóvenes ocultan en él la compartimentación de la sociedad en ricos y pobres, «opresores» *(mustakbar)* y «desheredados» *(mustad'af)*, superiores e inferiores, practicantes y no practicantes. La jerarquía exterior queda abolida, se practica una «jerarquía del corazón», en la que las diferencias se ahogan en un sentimiento de pertenencia unitaria e igualitaria: los jefes son también «basiyi», no exigen la distancia que los oficiales del ejército tradicional mantienen con respecto a los soldados, y no vacilan en estar en primera línea de combate. La desaparición de la jerarquía y de la disciplina contribuye al sentimiento unitario aunque, por otra parte, la jerarquía exista efectivamente, pues las consideraciones de «fiabilidad» de los dirigentes (su identificación con la República Islámica) se tienen muy en cuenta a partir de los primeros grados en el escalafón.

La relación con la jerarquía no es la misma según se sea martirópata, lúdico u oportunista. El primero renuncia a su identidad en beneficio de la organización que le confiere la plenitud en la muerte, se entrega literalmente a la jerarquía porque quiere deshacerse de su deseo de vivir de modo autónomo. El Basiye satisface así la aspiración de los martirópatas a la heteronomía. En cambio, entre los lúdicos y los oportunistas, son la desaparición de la jerarquía, el igualitarismo y el sentimiento de fraternidad los atractivos. A una sociedad no igualitaria, el joven opone la igualdad fraternal de esa organización en la que prevalece una ideología igualitaria frente a la muerte. En el conjunto de los jóvenes, la posibilidad de morir como mártir da lugar a un Nosotros igualitario y puro («sin deshonor»), en ruptura con respecto a un Ellos (la sociedad posrevolucionaria) no igualitario y perverso (impuro).

El vínculo de unión entre los distintos grupos en su interior es la lucha contra el enemigo que ha invadido el Irán islámico. Desde luego, se moviliza a los jóvenes en nombre de la religión, pero se trata de una religión en la que está subyacente la amenaza de invasión y de ocupación que gravita sobre el país islámico, cuna de la revolución en nombre de Alá.

El Basiye consigue jugar en dos registros, incompatibles en la realidad. Da a los martirópatas la sensación de la jerarquía, del orden total y sagrado. En cambio, en los jóvenes lúdicos o en aquellos que buscan la ruptura con una vida cotidiana no igualitaria e injusta satisface la necesidad de ruptura con la pobreza y la situación degradante del desheredado, proporcionando una sociedad de abundancia accesible a todos, desprovista de jerarquía para acceder a los bienes y servicios. Lo hace en un contexto de amenaza contra la nación islámica que da una gran legitimidad a su empresa de defensa. Consigue conciliar esta pluralidad de registros recurriendo a la figura carismática de Jomeini. Éste avala su legitimidad con la santificación de la lucha contra el enemigo del pueblo y del país musulmanes. Para el joven martirópata, el Basiye no es una organización como otra, sino el lugar donde Jomeini asume el yo de cada uno de sus miembros, en una relación personalizada e intimista. El Guía de la revolución facilita su encuentro con el imán del Tiempo y hace de él un ser aparte, digno de entrar en contacto con el Mesías que le abrirá las puertas del paraíso.[36]

Con la manipulación simbólica de los jóvenes, el Basiye preserva artificialmente el ambiente unitario del inicio de la revolución por medio de una fusión que se desarrolla en la irrealidad de una fraternización a puerta cerrada. Pero si hay manipulación de los jóvenes por parte del Estado es porque la coyuntura posrevolucionaria lo permite. Ese Estado no es el que será años más tarde (una dominación sin legitimidad) ni el de los comienzos de la revolución (expresión de la unanimidad dentro de la sociedad), sino uno entre ambos, que disimula y oculta la ruptura de la unanimidad revolucionaria unificando las diversas categorías de la población en la lucha contra el enemigo de la nación islámica. En el Basiye, los jóvenes siguen soñando con la unanimidad de los corazones precisamente cuando, en la sociedad real, ésta ha desaparecido. La guerra da al Basiye el medio de rechazar la realidad recreando la efervescencia de los comienzos de la revolución al canalizarla en la lucha contra el enemigo del islam. Antes morir que tener que renunciar a una lógica de sueños que inflamaba la revolución y contra la cual la realidad que se yergue es percibida, ahora, como hostil. El martirio revolucionario contribuye a ocultar la desesperación ante una realidad cruel, pero alimenta en otro sentido la desesperación al darle un contenido sagrado. La religiosidad de los martirópatas del Basiye tiene una dimensión mórbida que procede de una religiosidad mortífera. Ésta difiere tanto del shiismo comunitario tradicional como del que dominaba al inicio de la revolución, inflado por la utópica esperanza de la nueva sociedad islámica que debía construirse. El shiismo mortífero es un fenómeno transitorio en una situación dramática, en la que se asiste al derrumbamiento de la utopía revolucionaria, a una guerra que amenaza la revolución islámica y el propio país, y a la crisis de una sociedad que creía reanudar con la justicia, la abundancia y la libertad, y que asiste a la inversión de estos ideales. Se esperaba una mejoría de las condiciones de vida, pero se instauran la penuria y el enriquecimiento; se idealizaba la vida en paz y justicia, pero la escena social está dominada por la guerra y la injusticia cotidiana, así como por la arbitrariedad de un poder. En esta religiosidad que encarna una fracción de la juventud revolucionaria, la muerte ejerce una fascinación irresistible, no para la edificación de una sociedad nueva sino como desesperación de vivir en un mundo abandonado por la esperanza.

En este mundo, el sujeto se siente progresivamente como un extranjero y expresa su desazón con un pasar al acto que sacraliza con el nombre de martirio. Esta muerte sagrada está marcada, sin embargo, por una diferencia esencial con respecto al martirio shií tradicional. Por una parte, se trata de poner en práctica *su* muerte, deseada de antemano, cuando, en el martirio tradicional, el combatiente por la fe intenta realizar el ideal religioso y sucumbe a la muerte, involuntariamente, sacrificándose por este ideal. En segundo lugar, este neomartirio es la realización de uno mismo en la muerte de un individuo en gestación, a diferencia del martirio tradicional, vivido como un acontecimiento arquetípico y, en último término, no reproducible por el común de los mortales.[37] Todo musulmán tiene ahora acceso a ello «al democratizarse» el martirio en el mismo movimiento en que la religión se seculariza.

La martiropatía, forma desesperada de expresión de sí mismo del *homo islamicus novus,* es la consecuencia de la introducción del sujeto en una modernidad traumatizante donde las estructuras mediadoras que impedían darse muerte a sí mismo se han disgregado. Esto nos remite a la tercera característica de este tipo de martirio, a saber, su dimensión suicida. Con desesperación y por despecho de vivir, en una situación vivida como intolerable (el momento del fracaso de la utopía en el caso iraní; el momento en que el joven palestino reconoce la ausencia de solución concreta para sus problemas de vida bajo la ocupación israelí...), el joven recurre a la martiropatía, para poner fin a sus días apoyándose en lo sagrado. Al hacerlo, lo realiza ocultando la dimensión suicida de su acto. Sacraliza su muerte intentando construir una verdadera comunidad en la muerte. Al no poder vivir una modernidad que, sin embargo, sabe que existe en otras partes del mundo, se la da negando la legitimidad a la vida, ennegreciendo el mundo moderno del que está excluido y erigiendo lo contrario de la modernidad en una necro-comunidad que no es en absoluto la comunidad islámica tradicional. En la martiropatía hay, por una parte, una verdadera fascinación por la muerte (constituye, paradójicamente, la única esperanza que le queda al sujeto) y, por la otra, la aspiración individualizada a morir como único medio de expresión de un yo que quiere, en adelante, realizarse plenamente en la muerte, a falta de poder hacerlo en la vida. Éste necesita desarrollarse en una colectividad que no puede ser la de los vivos «normales», sino la de las personas que alimentan un objetivo mortífero y quiere realizarse en la muerte: el Basiye. Esta «comunidad en la muerte» le da la sensación de su legitimidad en la tarea sagrada que se asigna como objetivo: darse muerte combatiendo a un enemigo que ha roto su utopía. El individuo desestructurado, impregnado de una escatología mortífera, es tanto la condición *sine qua non* para llevar a la práctica esta acción ambivalente que oscila entre la realización y la desrealización de sí mismo en la muerte, cuanto la existencia de un grupo o un grupúsculo que toma a su cargo la sociabilidad del joven es necesaria para que no se suma en un sopor desesperado y acepte pasar al acto. La religiosidad mortífera tiene la capacidad de combatir al enemigo y aniquilarlo dándose muerte y eso la diferencia de la desesperación anómica. En esta desesperación radicalizada, el sujeto no quiere morir silenciosamente, sino arrastrar al mundo con él. Tan «vital» le es vivir, cuanto necesita imprimir su marca en un mundo hostil a su deseo sagrado de hacer que perdure la utopía revolucionaria.

Otro rasgo distintivo de los martirópatas iraníes es su profunda inestabilidad. Oscilan entre varios principios contradictorios: por una parte, el del yo revolucionario que se afirma en la defensa de la utopía islámica combatiendo a quienes se oponen a ella (la conciencia revolucionaria clásica); por otra parte, el principio de renuncia a la vida y la huida en el suicidio al desesperar de poder realizarse en el mundo. De ahí la urgencia de romper con la vida, último vestigio de «la impureza». Esta dimensión es profundamente mortífera: el joven martirópata está atraído por su propia muerte, que quiere realizar arrastrando a sus colegas con él y provocando la muerte del enemigo. En esta dimensión letífera se manifiesta la «novedad» de la mentalidad revolucionaria iraní: se quiere tanto dar muerte al enemigo como a uno mismo, siendo el uno y el otro equivalentes en la perspectiva en la que se colocan los «basiyi» necrófilos para quienes la vida no tiene ya sentido en este mundo. En resumen, la muerte tiene como característica una virtud guerrera: uno se afirma en esta muerte como superior al enemigo, en un mundo hostil, frente a un adversario al que se intenta destruir en el mismo acto.

La ambivalencia del martirópata hace que perciba la vida en el mundo como una forma de impureza y que esté convencido de que es preciso morir como mártir para purificarse. Esta actitud está basada en la heteronomía del yo revolucionario, que se ha hecho inestable, oscilando entre la afirmación de uno mismo en la encarnizada lucha contra los «enemigos» y la huida en el suicidio. Aferrarse a la vida es un insulto a las convicciones mortíferas del martirópata, lo que acarrea su ruptura mental con la sociedad, en donde el deseo de vivir a toda costa se exacerba en un ambiente de guerra y de penuria. Así, de permiso algunos días junto a la familia, a menudo abrevia su estancia y abandona a padres y amigos, a mujer e hijos incluso, para acudir al frente. El espectáculo de la vida en la ciudad, entre gentes apegadas «cobardemente» a la vida —expresiones que abundan en los testamentos—, le repugna profundamente.

La relación del martirópata con el sacrificio es un elemento crucial. Cree sacrificarse por el islam, cuando sólo abdica ante su profunda inestabilidad. El sacrificio del mártir tenía su sentido natural al comienzo de la revolución, en la medida en que este sentimiento de abnegación era compartido también por los demás. En la sociedad iraní en plena revolución, los jóvenes mártires eran percibidos, por la inmensa mayoría de la población, como gente que se «sacrificaba» por el islam. En cambio, apenas dos años más tarde, los «basiyi» creen «sacrificarse» cuando los padres y los demás piensan que se trata de una actitud incoherente para sí mismos y represiva para los demás. El poder saca partido del martirio del joven «basiyi» para legitimarse en el plano político y prolongar una guerra que se hace cada vez más sangrienta y cada vez más onerosa, sin avance real sobre el terreno, tres años más tarde. Su sentimiento del sacrificio no es pues compartido por los demás y esa «ceguera» es la que le permite actuar como si representara a los demás mientras que la gran mayoría ha renunciado ya a la utopía revolucionaria y no sigue ya al poder Hezbolá que él defiende. El martirópata es este revolucionario tardío que actúa como si la unanimidad de los corazones se hubiera preservado precisamente cuando ha volado hecha pedazos desde el segundo año de la revolución. Actúa, supuestamente, para realizar la utopía revolucionaria, pero en realidad sólo está ahí para sellar el fracaso de la revolución suprimiéndose con despecho y desesperación.[38]

El «individuo-en-la-muerte» que encarna el martirópata es cosa de una minoría de jóvenes cuya religiosidad necrófila reviste, sin embargo, gran importancia a lo largo de toda la guerra: el poder Hezbolá lo convierte en vanguardia para legitimar su ascendiente represivo sobre la sociedad y para valerse de ello con el fin de promover un neopuritanismo preñado de una moral rigorista. No deja de ser cierto, sin embargo, que la gran mayoría, aun sin suscribir esta visión necrófila de la existencia, no lucha abiertamente contra un poder que se impone por el terror. El camino que elige es el de establecer una doble identidad: por una parte, la que se ofrece como pasto al régimen islamista, es decir, la aparente sumisión a su ideología en el espacio público; por la otra, la realización de sus aspiraciones en un lugar que no controla por entero el poder, es decir, el mercado negro. Por mucho que el régimen reivindique la lucha a muerte contra el imperialismo americano (el Gran Satán), en el mercado negro que cada vez se extiende más por la sociedad, el dólar reina como dueño absoluto. La ideología oficial está basada en la sombría abnegación del martirópata, el mercado negro es el lugar de un egoísmo desenfrenado que da un mentís cruel al poder y a sus promesas. La inflación galopante, la aparición de acaparadores que utilizan una economía de guerra y penuria para enriquecerse rápidamente con la complicidad de los agentes del poder, son sus consecuencias. Cada vez se vive más en un universo fragmentado, esquizoide incluso, donde, por un lado, los martirópatas predican el martirio y aspiran a él, y, por el otro, amplias capas de la sociedad trabajan en actividades más o menos turbias e ilegales dentro del mercado negro. El martirópata vive esta dualidad de un modo doloroso. No soporta que los ideales de la revolución sean burlados tan fácilmente, que lo real pueda desmentir, apenas dos años después de la revolución, ese islam utópico que habría debido instaurar la justicia y la fraternidad en la sociedad. La creciente distancia entre sus sueños y la realidad ocasiona un desasosiego que conduce a la muerte.

Un puritanismo exacerbado caracteriza a la revolución iraní tras la toma del poder por el Hezbolá. Ciertamente, todas las revoluciones son más o menos puritanas pero, en el caso iraní, el puritanismo es llevado a un grado extremo. Éste se ha conchabado con la hegemonía del Hezbolá, que utiliza su representación rigorista de la religión como un medio de represión e intimidación para con la sociedad. El poder Hezbolá impone normas puritanas a la sociedad y convierte la represión contra los opositores políticos en una prescripción del islam, creando un espacio donde todo opositor es forzosamente inmoral y todo ser inmoral, un opositor «político». En realidad, el Hezbolá iraní condena el hedonismo como voluntad de autonomía con respecto a su concepción totalitaria del poder.

El puritanismo posrevolucionario tiene otro componente, vinculado al consumismo introducido por el régimen imperial a comienzos de los años setenta. Si bajo el sha el consumo era vivido en la abundancia por las clases medias y superiores o en forma de sueño de abundancia por las clases inferiores, el neopuritanismo posrevolucionario está vinculado a un período de penuria (la guerra, el declive de la economía) donde ya sólo es posible consumir simbolismos, por falta de algo real. La misma desmesura, la misma voluntad de apropiación de las cosas y la misma sed inextinguible dominan al sujeto. Sin embargo, el neopuritanismo Hezbolá no es sólo la adhesión al simbolismo del consumo. Es el rechazo total de la modernidad consumista por una juventud revolucionaria desesperada que se encierra en el mito de una comunidad arcaica. El puritanismo dicta un tipo de comportamiento que quiere poner fin al reinado de una modernidad impura por consumista, consumista por impura, para abrazar lo puro en la prohibición y, llegado el caso, la muerte como suprema prohibición de vivir y, por ello, sacralizada como martirio. La modernidad es aprehendida como una impureza, como la transgresión de un islam previamente puritanizado para poder servir de escudo contra ésta.

Pero el puritanismo posrevolucionario está también conchabado con la crisis de la nueva sociedad. La actitud neopuritana de los jóvenes que hizo estragos tras la revolución no es la réplica pura y simple del comportamiento tradicional en materia de honor comunitario *(namus)* y honestidad femenina. Antaño, estas conductas eran interiorizadas y la ley tradicional o la jurisprudencia islámica aportaban su sanción a normas que respetaba la gran mayoría de los musulmanes. Ahora, la proximidad sexual vinculada a los nuevos modos de urbanización y los trastornos producidos por el cambio social ponen en cuestión el respeto incondicional a las normas islámicas tradicionales. Los jóvenes están, en un movimiento contradictorio y conflictivo, fascinados por las relaciones (imaginarias o reales) con el otro sexo pero, al mismo tiempo, minados por el remordimiento de transgredir las normas islámicas. Antes, la comunicación existía sobre todo entre los hombres, pues las relaciones hombre/mujer estaban regidas por un código que excluía en su tendencia dominante el intimismo y el amor.[39] Hoy, en las relaciones entre los jóvenes, se transparenta una sensualidad latente que tiene miedo de expresarse abiertamente y se disfraza de múltiples formas: en los grupos de extrema izquierda, con sesiones de adoctrinamiento ideológico, en donde hombres y mujeres entablan relaciones recíprocas, de contenido criptosexual. Por ello, el puritanismo del Hezbolá encuentra un terreno más bien favorable entre numerosas capas populares, recientemente modernizadas, desarraigadas en los años sesenta a consecuencia de la reforma agraria del sha. El rigorismo exacerbado del Hezbolá encuentra así, en las nuevas capas populares en vías de modernización en el espacio urbano, un eco más bien favorable. Al malestar existencial de los martirópatas se suma el sentimiento de desposesión de sí mismos entre los campesinos exiliados de sus tierras en una ciudad depravada que amenaza con mancillar a las muchachas y deshonrar a los hombres.[40]

Crisis de autoridad en la familia

La familia tradicional ha sido desbaratada por los sucesivos autores de la escena política iraní. La modernización autoritaria de la era imperial quiebra parte de sus redes de solidaridad con la sustitución de la antigua comunidad por el Estado en numerosos ámbitos, como la educación moderna, el empleo... Tras la reforma agraria de los años sesenta, la afluencia de campesinos sin tierra a la ciudad crea nuevas figuras de familias en transición entre la aldea y la ciudad en el marco de una economía en vías de modernización y de industrialización. La familia sufre, luego, los efectos de la revolución. El Estado posrevolucionario introduce momentáneamente un principio de autoridad superior, la de Jomeini como «padre superlativo» que usurpa la función del *paterfamilias* en todos los ámbitos donde está en juego la defensa del islam político. Por último, los jóvenes martirópatas intervienen en la transformación de la familia, con frecuencia abandonándola contra la voluntad de los padres para unirse al Basiye. Si el Estado revolucionario pone en cuestión, desde el exterior, la autoridad del padre, el martirópata, por su parte, socava desde el interior este pilar del orden antropológico en la sociedad, dando primacía a Jomeini con respecto al padre biológico y siguiendo su orden que rompe con el de sus padres, que a menudo querrían impedirle ir al frente. La pérdida del sentido de la familia es uno de los signos patentes de la subjetividad martirópata. El martirópata acaba subordinando al padre, a la madre, los amigos, los hermanos, a su pasión mortífera que, al exacerbarse, se convierte en su única y exclusiva obsesión.

Bajo la creciente influencia de la ideología necrófila del Basiye, algunas prédicas de los molás y la atmósfera general que allí reina, el martirópata se ve en la incapacidad de concebir la existencia fuera de este mundo cerrado. El Basiye actúa casi como una secta, un conjunto cerrado, arrastrado por una efervescencia que se alimenta, se reproduce y se amplifica en el mano a mano de los martirópatas que contemplan la muerte como la fase última de su purificación espiritual. Entonces, se esfuma la imagen del padre, de la madre, de los parientes y los conocidos, en esa relación exclusiva con una muerte cuya realización se convierte en el único medio de crear un sentido. La pasión del martirópata puede llevarle a buscar la supresión física de la familia, tanto de la suya como de la de los demás. En una primera etapa, su mayor preocupación es que, tras su muerte, su familia no se comporte como una familia en duelo, sino «jubilosa». Al aumentar su pasión por la muerte sagrada, puede pedir a los suyos que sigan sus pasos y se afilien al Basiye. Si la familia, en su línea masculina, asiente, se constituye entonces una familia martirópata. En este caso, exige de ella no tanto que se comporte como una familia digna de un mártir tras su desaparición, sino que muera renunciando al deseo de preservar a sus miembros. «Individuo en la muerte», puede llegar hasta rechazar a esta familia que quisiera preservar su vida, apartándole de buen grado o por fuerza de su voluntad de morir. Frente a sus desorbitadas exigencias, el apoyo que recibe del Estado reduce los márgenes de maniobra de la familia.

En la representación del martirópata, el *lugar* del pecado no es la familia (no se culpabiliza en absoluto por abandonar a padres ancianos, a veces a la mujer y a los hijos, al partir al frente hacia una muerte casi segura), sino el orden islamista con respecto al cual el martirópata teme no haberse sacrificado bastante, ni siquiera haciendo donación de su vida. En su psiquismo, el orden islamista sustituye a la familia.

Puesta a prueba por la tormenta revolucionaria, la familia cede a veces ante las exigencias de su hijo martirópata. La línea masculina, o gran parte de ella, va al frente. Este tipo de familia, que denominaremos «familia martirópata», es estadísticamente marginal pero sociológicamente significativa. Es una configuración original en las familias urbanas, a lo largo de toda la guerra. Se diferencia de la grandísima mayoría de las familias por tres rasgos. En vez de que la familia se oponga a la partida voluntaria de sus jóvenes hijos al frente, los alienta vigorosamente a ello, no por razones financieras o clientelistas sino por convicción mortífera. En segundo lugar, no sólo los jóvenes van al frente, sino que les siguen el padre e, incluso, el tío o el sobrino. Por último, las mismas mujeres comparten a menudo esta convicción mortífera e intervienen para convencer al hijo, al hermano o al padre de que se afilie al Basiye y vaya al frente.

Pueden distinguirse varias configuraciones en la «familia martirópata». A veces, este fenómeno se refiere sólo al padre y a algunos de sus hijos. Es el primer grado de la «familia martirópata». Otras veces son tres generaciones de hombres (abuelo, padre e hijo o tío abuelo, padre y sobrino o tío abuelo, padre e hijo, con todas las combinaciones posibles) las que se unen al Basiye para acceder al martirio. En ciertos casos, las mujeres alientan a los hombres a enrolarse en el Basiye. Todos los tabúes sociales (el carácter insoportable de la muerte del hijo y del cabeza de familia) se superan entonces en un impulso mortífero.[41] Se reconstruye el unanimismo revolucionario dentro de la familia con la partida colectiva de la línea masculina (padre e hijo) al frente. Se reencuentran en el Basiye. La unanimidad se reconstruye más allá de las diferencias entre generaciones, pues todo el mundo escapa a la ruptura de la unanimidad revolucionaria en un ambiente de fraternidad mórbida que denuncia al mundo y sus bajezas en nombre de una pureza irrealizable en la vida.

En la «familia martirópata», la separación mental de sus miembros de la realidad ambiental está mucho más avanzada que cuando sólo el hijo, al unirse al Basiye, rompe con la familia que mantiene sólidos vínculos con la vida real. Por lo general, la familia conserva un contacto con lo real preservando la vida en su interior, aunque lleve luto por la muerte del hijo. En cambio, en la «familia martirópata», el «despegue» no se refiere sólo al hijo, sino a los hombres de la familia. En este martirio colectivo, los padres colman el foso de las generaciones para convertirse en cómplices de los jóvenes en una muerte compartida que saborean como la reconstrucción de la unidad familiar al abrigo de la desestructuración traumatizante de la sociedad.[42]

Al igual que hay familias especialmente proclives a la martiropatía, así algunas regiones se caracterizan por un número elevado de vocaciones martirópatas. Entre ellas puede citarse a Nayaf-abad, en la provincia de Isfahán, en la que numerosas familias «donaron» varios mártires y, a veces, a todos sus hijos, incluso, a la revolución. Podemos aventurar varias explicaciones para dar cuenta de este fenómeno que afecta a una ciudad no lejos de Isfahán, polo ella misma de desarrollo e industrialización durante el régimen del sha. Históricamente, la provincia de Isfahán ha sido el centro oficial de la propagación del shiismo en Irán, tras su instauración como capital de los safawíes en el siglo XVII. Por otra parte, al igual que numerosas ciudades iraníes que se definen por oposición simbólica con respecto a otras aglomeraciones urbanas próximas, el antagonismo entre Nayaf-abad y la ciudad de Isfahán es notorio. Los habitantes de Nayaf-abad sospechan que los de Isfahán son calculadores e hipócritas, mientras que ellos se consideran sinceros y generosos. La ciudad de Nayaf-abad intentaría así demostrar, por medio de sus mártires, su superioridad moral sobre la capital regional Isfahán. Lo que en la vida cotidiana pertenecía al campo de lo simbólico se convierte, durante el período de la moda del martirio, en un hecho real. Por último, el ayatolá Montazeri, delfín del imán Jomeini antes de su destitución, es originario de una aldea de Nayaf-abad, y la intensa participación de esta ciudad y de sus alrededores en el Basiye da una prueba de fidelidad al régimen a través de Montazeri.

En los grandes centros urbanos, el Basiye es un organismo esencial para canalizar la angustia de los jóvenes hacia una vía mortífera, en oposición a la ciudad e, incluso, a la sociedad. Jomeini utiliza la animosidad de los jóvenes contra una sociedad no igualitaria y sin alma para atraerlos hacia él. La juventud revolucionaria se venga de esta sociedad, profundamente injusta, cínica y «egoísta», afiliándose al Basiye. En cambio, en las pequeñas ciudades donde la cohesión comunitaria no se ha visto profundamente afectada, la juventud no siente cólera hacia la sociedad, se adhiere todavía a ella, pues la solidaridad comunitaria no ha cedido todavía por completo al desarraigo y al sordo antagonismo de clases de los grandes centros urbanos. El Basiye desempeña un importante papel de sociabilización precisamente allí donde la ciudad abandona a la juventud a su suerte, es decir, en esas metrópolis donde no experimenta ningún sentimiento de solidaridad con el resto de la sociedad, donde se siente excluida por «desheredada». En estas zonas, el Basiye suscita un sentimiento de identidad en ruptura con la sociedad. En cambio, en las pequeñas comunidades de gran homogeneidad cultural, el Basiye se convierte en la extensión de la comunidad, aportándole la unción del islam y del Estado y avalando a sus jóvenes en su compromiso con la defensa de la patria islámica.

En las regiones donde la modernización bajo el sha hizo mella en la estructura comunitaria, emerge el individuo martirópata, señalando el fin del orden comunitario y el advenimiento del «individuo en la muerte» como forma salvaje y desordenada de un modo de gestión de la identidad. Aquí, el propio sujeto asume la muerte, constituyendo, en el mismo impulso, al Estado como polo de identidad neocomunitaria. Los grandes centros urbanos como Teherán o Isfahán parecen ser el teatro de la martiropatía individual. Las regiones poco modernizadas que quedaron al abrigo de las transformaciones llevadas a cabo por el régimen imperial muestran ciertas reservas con respecto a la revolución en general y a la martiropatía en particular. Así parece suceder con Beluchistán y Sistán, al sureste de Irán, y con Kermán, al sur. En estas regiones, los jóvenes candidatos martirópatas muestran mucho menos celo que en otra parte.[43]

El nuevo cuerpo y su malestar

Entre los martirópatas, la relación entre el cuerpo y la sangre reproduce la relación esquizoide entre la sociedad real, en la que la revolución ha embarrancado, y su subjetividad que aspira ardientemente a la realización de la utopía. Puesto que no tiene posibilidad alguna de realizarse en el mundo, mejor será exiliarse para romper con éste. La ruptura con el mundo procede de una violencia específica: en vez de renunciar a la utopía islámica, el adepto renuncia a la vida que percibe como un obstáculo para la realización del islam. La relación entre el cuerpo y la sangre sigue la misma lógica. La sangre debe abandonar el cuerpo y derramarse según el mismo modelo que el auténtico musulmán que abandona el mundo y se mantiene fuera de él por el martirio. La sangre es al cuerpo lo que el yo es al mundo: deben separarse, consumar su ruptura y liberarse recíprocamente de esta mezcla impura que constituye la vida.

Para el martirópata, desesperado al asistir a la disgregación de la revolución, el cuerpo y la sangre se comportan de acuerdo con el modelo de la fisión del movimiento revolucionario. Todo lo que se mantenía en estado de cohesión y de unidad fusional en los albores de la revolución, se disocia y se desintegra; y la relación entre el cuerpo y la sangre, hecha carne al principio, se distiende, revistiendo entonces sus elementos atomizados un sentido mortífero que se integra perfectamente en la religiosidad necrófila del martirópata, asumida por el Estado en la persona de Jomeini.

El cuerpo martirópata iraní está dominado por un intenso sentimiento de pecado. Se instaura una relación ternaria entre el cuerpo, la sangre y el pecado. Para que el cuerpo se purifique, debe liberarse de su sangre. Asimismo, para que el sujeto pueda redimir sus pecados, debe purificarse separándose de su cuerpo. La sangre, mientras sigue en el cuerpo, lo entorpece, al igual que el pecado entorpece el alma del martirópata. La salvación sólo procede del aligeramiento que es, en realidad, un acto de disociación. El cuerpo evacua la sangre, se disocia de ella; al hacerlo, pierde su carga pecadora, se hace puro al aligerarse. El fardo del pecado para el yo y el fardo de la sangre para el cuerpo son de la misma naturaleza: el pecado hace pesada el alma, la sangre da peso al cuerpo. La guerra es, en ese caso, una ocasión para soltar el lastre de los propios pecados con la sangrienta supresión del cuerpo. ¿Por qué el que la sangre abandone el cuerpo se asocia con la salvación del mártir? Porque la sangre, mientras circula por el cuerpo, lo mantiene y le da vida, es pues un principio de impureza. Pero en cuanto escapa del cuerpo, le da muerte y, entonces, se convierte en principio de purificación. Sólo es posible purificarse por la muerte, ruptura violenta con el mundo. La sangre está pues dotada de dos sentidos diametralmente opuestos, según se asocie a la vida o a la muerte. En el primer caso, reviste un significado negativo y pecaminoso; en el segundo, positivo y salvador.

La conversión de la sangre en un principio mortífero se expresa por la utilización de los esquemas culturales del shiismo, en el que la sangre de Husain, de su familia, de Abás, hermanastro de Husain, de sus hijos Alí-Akbar y Alí-Asgar, derramada en Kerbala, sirve de modelo a los martirópatas. Pero estos esquemas, de hecho, se han desprendido del sentido catártico que antaño revestían, se han re-ritualizado luego y reestructurado en un sentido mortífero. Al principio, el joven revolucionario intenta hacer correr la sangre del enemigo iraquí que pretende invadir su país islámico y derribar el orden revolucionario. Pero este estadio va siendo superado a medida que la revolución se empantana, que mengua la esperanza en la realización de la utopía y que una religiosidad mortífera sustituye la del comienzo —optimista— de la revolución. La sed de sangre es ahora inextinguible y carece de objeto específico. Busca de modo indiferenciado a sí mismo o al otro. Morir o dar muerte, matar o hacerse matar, atentar contra la propia vida o la del prójimo, aniquilarse y aniquilar el mundo en el mismo impulso apocalíptico, todo acaba equivaliendo. La realidad se nivela, la identidad se hace heterónoma, facilitando el adoctrinamiento y la manipulación de esa juventud martirópata por el Estado islamista.

La moda del martirio

La boga del martirio, por otra parte, puede ser sometida a un análisis en términos de moda: la voluntad de imitar al otro en la muerte es un rasgo constante entre los jóvenes en el movimiento revolucionario, para obtener una identidad colectiva, desmarcarse de los demás y constituir una nueva jerarquía de los corazones antes de remitirse a una jerarquía social. El principio de imitación remite a una sociedad culturalmente unificada y homogeneizada, en donde las jerarquías tradicionales a base de identidades diferenciales y bien definidas son cuestionadas. Estamos ante una sociedad en dolorosa gestación, donde la nueva relación social se expresa por la capacidad de imitación de los jóvenes en el martirio, es decir, allí precisamente donde se constituye el nuevo «individuo en la muerte».

En las sociedades en vías de modernización, la moda sigue una senda original, situándose a medio camino entre los dos mundos, el de la tradición y el de la posmodernidad. Ésta se introduce por medio del consumismo de las capas superiores y medias y, en las capas inferiores que intentan imitar a las primeras, de modo onírico, por los medios de comunicación.

Las figuras de la moda son sacralizadas de una forma rígida, ni efímera como en las sociedades desencantadas, ni inmutable o percibida de ese modo, como en las antiguas sociedades dominadas por la tradición. Una de las figuras más sacralizadas es la de Jomeini. En el pasado, habría sido un santo o el fundador de una secta o de un cisma. Hoy, se convierte en la figura de lo sacro según las líneas directrices de la «casi-santidad». Se convierte en «imán», neologismo en el sentido que reviste la expresión en su caso concreto, pues remite a una santidad implícita y ambigua como dirigente hierático de la revolución. En el pasado, la expresión imán habría significado director de la oración *(emam e yama'at)* o el dirigente oficial designado por el Estado a la cabeza de la principal mezquita de la ciudad *(emam yom'e)*, el descendiente de la familia del Profeta (uno de los doce imanes) o, por último, el descendiente de un imán *(emam zadeh)*.

Se reconoce en Jomeini a un ser que procede del bajo mundo y del más allá, uniéndolos de un modo que excluye la trascendencia tradicional de lo sagrado. Seculariza la religión creando una forma excepcional y ambigua de mediación, como casi-santo. Se dirige directamente al «pueblo», contrariamente a los ulemas tradicionales. Su carisma es distinto de la *baraka* del hombre santo shií tradicional.[44] Es la mezcla del santo y del hombre de la ley, no siendo exclusivamente un ser sagrado como los doce imanes, aunque proceda de ellos en un sentido ambivalente sobre el que los adeptos se niegan a pronunciarse explícitamente. Pueden así empujarlo tanto en una dirección como en la otra, utilizarlo como jefe de Estado, como doctor de la ley o, también, como aval de una revolución a la deriva. Es constitutivo de un universo en transición hacia la modernidad y procedente, así, de las categorías mentales, en las que la moda —esta precarización de lo sagrado— interviene como una dimensión esencial del estado afectivo juvenil. Se convierte en principio de su imitación, aunque la distancia entre él y sus jóvenes imitadores sea, al modo de ver de estos últimos, incomparablemente mayor que entre las estrellas de la moda y sus fans en Occidente.

La precarización de lo sagrado se muestra en el cuerpo juvenil, donde se inscribe la «moda» del martirio, después de la revolución. La exacerbación de la guerra y la ruptura violenta de algunos actores con el mundo llevan a una verdadera boga del martirio. Ésta se inscribe en una coyuntura específica. La revolución ha fracasado en el cumplimiento de sus objetivos utópicos, pero los jóvenes no están dispuestos a reconocer este fracaso; lo ocultan y esta rabia, medio declarada, medio ocultada, da origen a la martiropatía. Los martirópatas, por su parte, siguen persiguiendo la utopía revolucionaria de una sociedad islámica en la que prevalecieran la justicia inflexible y la unidad de los corazones, sin tener en cuenta una realidad en la que estos ideales se deshacen con el paso de los días. Al no poder realizarlos en este bajo mundo, los martirópatas los realizan con su muerte, en espera del más allá. Esto da lugar a un principio de individuación mortífera que se generaliza dentro de un movimiento colectivo. La boga del martirio se amplifica al ser imitada por unos y otros. Por su lado, el poder hace todo lo posible para presentarla en forma de ceremonias de duelo y de arrepentimiento, alentando la imitación con su dramatización. Darse la muerte como mártir sirve de principio de imitación a numerosos jóvenes que intentan construir su identidad en un contexto de efervescencia y de pérdida de las antiguas certidumbres.

Las capas populares se dotan de una «identidad desheredada» que degenera, con la disgregación del movimiento, en una identidad hezbolá tiránica que encuentra en la represión de los descarriados y de los «occidentalizados» un recurso para su imposible promoción social. También aquí, el principio de emulación y de imitación en la denuncia de los «contrarrevolucionarios» reviste aspectos de moda.

Del telón de fondo del fracaso de la revolución, que la efervescencia revolucionaria hace apocalíptico para los jóvenes, surge un verdadero *habitus* mortífero que da lugar a un entusiasmo sin límites, durante algunos años, por el martirio.

En este contexto, la moda del martirio es un hecho colectivo, en el que la participación en la muerte se realiza en un ambiente de emulación, de imitación y de competición que recuerda los fenómenos de la moda en general y de la moda de la vestimenta en particular. Sin embargo, dos rasgos la distinguen de ello. En primer lugar, no es directamente relativa al vestido sino que procede de una semiología en la que el cuerpo es el soporte de los signos mortíferos, y no la ropa. En segundo lugar, la sociedad vive una situación dramática en la revolución y la guerra y, por ello, la moda del martirio no tiene la no seriedad *deseada* y el simulacro que la caracterizan en las sociedades no revolucionarias y en paz. Muy al contrario, la participación se realiza de un modo «mortalmente serio», con la ocultación del simulacro.

Un hecho diferencia al hombre de la mujer. El aspecto somático en el hombre encuentra su paralelo en la dimensión de la ropa en la mujer, con la moda del velo como campo de aplicación. La razón de ello es que el cuerpo de la mujer no es admitido en el martirio: puede convertirse en mártir en el campo de batalla, cuidando a los heridos, pero no puede enrolarse en las brigadas del Basiye para luchar físicamente contra el enemigo iraquí. El cuerpo de la mujer es especular y el del hombre, encarnado. El primero puede reflejar, en sus tocas y sus velos, la rabia desesperada y la voluntad de lucha de los hombres y actúa, así, por delegación.

Entre los más lúdicos, la moda reviste un significado específico. Inauguran una fiesta donde el juego de exponerse a la muerte engendra una emulación jubilosa y una ligereza que induce a la competición: cada uno intenta superar al otro en un estado de ánimo cercano a la seriedad simulada y afectada de la moda ordinaria. El martirio es, en este caso, como una exaltación del peligro y la afirmación de uno mismo en su asunción. El lúdico lo vive como un paso hacia lo extremo en la imitación de los demás pero también en la no seriedad de su actitud frente a la muerte. Al rabioso desasosiego de los martirópatas responde la alegre despreocupación de los mártires lúdicos para quienes el acto heroico de enfrentarse con la muerte sirve para reforzar el vigor de su juventud, en su sensación de inmortalidad y en su temeridad. Esta superabundancia de la vida sirve de principio de imitación a los demás. El mártir sirve para defender la nación islámica ante el enemigo pero sirve, también, para inaugurar un juego, en el que la prueba de la muerte se convierte en una moda jovial en unos tiempos de guerra y crisis en que, de todos modos, la vida no vale mucho. El juego con la muerte se confunde con la alegría de vivir en una excitación colectivamente compartida, en que la imitación de unos y otros los incita a la competición, poniendo en juego su vida como en la ruleta rusa.

Al igual que los fenómenos de moda tienen como función permitir a los miembros de un grupo reconocerse y forjarse una identidad propia, el joven revolucionario despechado y desconcertado, por su parte, sella su identidad como martirópata dentro del Basiye, dotándose de un estatuto privilegiado por su muerte al servicio del islam. El martirópata constituye, así, una nueva élite, invirtiendo su estado subalterno de desheredado, arrojado a lo más bajo de la escala social. Se convierte en un ser superior, puro, distinto a los demás, vanguardia de una aristocracia guerrera que, con su voluntad de morir, traza una línea de demarcación con aquellos a quienes deja paralizados el miedo a desaparecer. Se diferencia del resto de la sociedad, condenada a la impureza, dotándose de una identidad de elite, en términos de pureza mortífera.

El fenómeno de imitación desempeña un papel preponderante en el Basiye, donde la voluntad de seguir los pasos a los martirópatas y de «proseguir su camino» está constantemente presente. Como en los fenómenos de moda, el aspecto ceremonial es de primera importancia: se devuelve a la vida esa dimensión simbólica en vías de desaparición en la ciudad, entre los jóvenes, víctimas de la desestructuración. A falta de poder invertir el propio ardor en la construcción de un nuevo mundo, que la guerra y el desorden revolucionario hacen imposible, los actores se invierten en el campo de la muerte sagrada. Esta juventud no tiene ya misión terrenal alguna en la que poder invertir su ardor. Lo hace entonces en el martirio, única salida para esa energía rabiosa que se canaliza hacia la muerte. La moda del martirio se convierte en un medio de distinguirse porque se basa en una angustia colectiva, triste semillero donde florece.

Los avatares de la violencia

La violencia que se desprende de la martiropatía es indisociable de su inscripción en el Basiye, aunque, por otra parte, el desasosiego posrevolucionario preexiste a la organización. El Basiye canaliza la rabia de los jóvenes martirópatas, la aspiración a la fiesta de los mártires lúdicos y la búsqueda de promoción social de los oportunistas hacia la violencia contra la sociedad, con la intimidación y la neutralización de quienes quisieran oponerse al giro puritano y represivo de la revolución.

Pueden distinguirse tres momentos en el desarrollo de la violencia. En un primer estadio, prevalece el sentimiento de amenaza contra la revolución por parte del enemigo. Éste está omnipresente y es multiforme: son los partidarios de los Estados Unidos, más generalmente del Occidente corrupto, los poseedores egoístas del confort y del bienestar (los *mustakbar,* ricos y arrogantes), los musulmanes no revolucionarios, etc. La lista se alarga a medida que el progresivo fracaso de la revolución es atribuido a factores externos a la propia revolución. Este enemigo es paradójico: por una parte, su omnipotencia y ubicuidad hacen plausible el fracaso de la utopía revolucionaria; por la otra, cuanto más se multiplica y diversifica este enemigo, más debe renunciar el auténtico revolucionario a sus ideales para atender a lo más urgente y salvar la revolución. En último extremo, el salvamento de la revolución pasa por la renuncia a los propios ideales revolucionarios. Llega un momento en que, a fuerza de restringir sus ambiciones y aplazar la realización de la utopía, la propia revolución acaba por no tener ya vocación terrenal: toda realización concreta se deja para el día del juicio final. Entonces, la muerte se convierte en prueba de la revolución y de su permanencia. Ya sólo esta prueba de la subjetividad revolucionaria resiste a la desintegración de la utopía. La muerte es como el vacío dejado por la desaparición progresiva de todo lo que daba sentido a la revolución. Es el único proyecto plausible en una revolución que no tiene ya vocación terrenal: el mundo es ya inhabitable para el joven martirópata. La violencia contra el enemigo toma entonces como blanco al propio actor revolucionario y el sujeto se transforma en martirópata. En este tercer estadio, el yo y el otro son culpables. Esto fundamenta la legitimidad del proyecto de aniquilación del grupo para la «purificación de uno mismo». En esta coyuntura apocalíptica, a lo largo de toda una guerra que se prolonga durante ocho años, el acto destructor contra el mundo es la única tabla de salvación para el auténtico creyente. La revolución no tiene ya vocación constructiva en el mundo. Se realiza bajo el signo de una voluntad de destrucción que se extiende tanto sobre uno mismo como sobre el otro. La propia vida, como parcela de una totalidad intramundana, se condena a la picota. Lo que importa es tanto la lucha contra el enemigo como contra la propia vida, solapada forma de impureza. La violencia que se focalizaba en el adversario y el contrarrevolucionario adopta como blanco al propio sujeto, así como al actor revolucionario y a su prójimo, amigos y enemigos sin distinción.

La desintegración del modelo «basiyi»

Dos hechos fundamentales preludian la desintegración del modelo «basiyi». El final de la guerra priva a la fracción martirópata de la capacidad de morir como mártir y mantener así la confusión entre su voluntad de suicidio y su sacralización; la muerte de Jomeini, poco después del final de la guerra (4 de junio de 1989), arrebató a los últimos grupos martirópatas la posibilidad de apoyarse en un jefe carismático para ocultar, con su muerte, la trágica quiebra de la revolución.

La larga duración de la guerra proporcionó al ardor martirópata la posibilidad de manifestarse, de extenderse por mimetismo y agotarse progresivamente por el contacto con una realidad inhóspita para la utopía. Poco a poco, lo real vuelve a prevalecer y la revolución se debilita por influencia de la economía paralela, el mercado negro, en resumen, la vida cotidiana, en la que la abnegación revolucionaria se entibia inexorablemente, y por el desgaste de la nueva élite que se muestra tan venal y tan poco «cercana al pueblo» como la de los tiempos del sha. Al principio, la juventud se rebelaba contra el chato realismo de sus padres en nombre de la preservación del islam revolucionario, uniéndose al Basiye. Poco a poco, el entusiasmo por la muerte sagrada se transforma en una cínica indiferencia manifiesta en la vida cotidiana, lugar por excelencia del aprendizaje de la dualidad de la vida con respecto al nuevo poder. A su ideología legitimadora de sacrificio y abnegación se opone, en adelante, el feroz egoísmo del «individuo asalvajado» que sólo conoce como legítimos sus intereses brutos e instrumentaliza las consignas revolucionarias, cada vez más vacías de sustancia, al servicio de sus intereses «mezquinamente materiales». Así sucede con la media barba revolucionaria, ese rostro mal afeitado que exhibían los jóvenes hezbolás en los primeros años para desmarcarse tanto de la tradicional barba pietista, larga y tupida, como del rostro lampiño del occidentalizado. En adelante se luce para darse un aire de devoción, mientras se practican formas ilegales de especulación con cierto número de productos (dólar, oro, carne congelada, aparatos electrodomésticos, etc.). Asimismo, quienes salen del Basiye se valen de su antigua pertenencia a esta organización para encontrar sinecuras, especializándose en el suministro y la distribución de productos en una sociedad de penuria, donde la diferencia entre los precios oficiales y los del mercado libre permiten importantes ganancias. Un empresario apoyado por el Basiye o por una de las numerosas organizaciones revolucionarias tiene claras ventajas con respecto a sus competidores. Cada vez más, quienes lo consiguen se aprovechan de pertenecer, desde el punto de vista económico, al Basiye, al ejército de los Pasdaran, a la Cruzada por la Construcción, falseando así las leyes del mercado y creando, *de facto,* un doble mercado que perjudica las iniciativas privadas. Ese neoclientelismo en donde el Estado posrevolucionario es instrumentalizado engendra a largo plazo una frustración en la gran mayoría de la juventud «basiyi» que no ha podido aprovecharse de su abnegación en el sentido de su enriquecimiento. Marginada, reducida a la exclusión económica, esta juventud, abandonada en su mayoría a su suerte por el Basiye al finalizar la guerra, forma la base de un descontento que se expresa, con el transcurso de los años, en movimientos de revuelta espontánea y esporádica que el poder consigue someter sin dificultad.[45] Al hacerlo, su legitimidad se desgasta precisamente ante aquellos que fueron la vanguardia de la revolución y una parte de los cuales se une a los grupos más o menos radicales del Hezbolá con respecto a los «realistas» que reivindican la tímida apertura de Irán al mundo exterior.

Muchos de los que habían combatido en el Basiye o en el ejército de los Pasdaran se incorporaron al Estado, ya sea en la administración, en las estructuras industriales o en el sector privado. Pocos ideales revolucionarios han resistido el desgaste del tiempo: la libertad (una forma de libertad bajo vigilancia, provista de ciertos márgenes de maniobra, se constituye progresivamente tras la muerte de Jomeini entre los intelectuales «postislamistas», en el propio Irán), la independencia económica (Irán sigue siendo ampliamente tributaria del petróleo en todos los niveles de su economía), la pureza islámica (el espacio privado es el lugar de transgresión de todas las prohibiciones que se respetan en el espacio público, no sin graves infracciones en cuanto la vigilancia del poder se relaja momentáneamente), la vocación mundialista de la revolución islámica de exportarse (salvo en el Líbano, donde se constituyó una milicia hezbolá proiraní, el resultado fue negativo en todas partes). De las consignas revolucionarias ya sólo queda la represión de las mujeres que sirven de chivo expiatorio y formas ostentosas, cada vez más vacías de sentido, manifestaciones y desfiles, organizados por la nueva clientela del poder.

Conclusión

La revolución, la guerra y el hundimiento de la utopía islámica están en el origen de las diversas figuras del martirio en Irán. La primera generación revolucionaria asistió, despechada, impotente y frustrada, a la regresión de la economía, la fuga de cerebros, las destrucciones de la guerra y el advenimiento de una nueva élite venal, que encarnaba lo opuesto a las virtudes de abnegación y de entrega revolucionarias. La muerte de Jomeini selló la suerte de los actores capaces de morir por la revolución. Aparece en escena una nueva generación que no está ya fascinada por el martirio. Menos de veinte años después de la revolución, un clérigo reformista, Muhammad Jatamí, es elegido para la presidencia de la República en 1997. Representa a ambas generaciones, la de la revolución hastiada de dos decenios de ideología desprovista ya de base real y la de los hijos de la revolución que no participaron en ella pero que no dejan de sufrir sus consecuencias negativas en los planos económico y social.

La principal preocupación de esta nueva generación es la libertad individual frente al acoso y a la constante represión de los organismos de mantenimiento de las costumbres islámicas (las milicias del Basiye, de Monkerat...), la libertad de palabra ante una jerarquía que confisca la libertad en nombre de la conformidad con la revolución y la promoción social en una coyuntura en la que la economía carece de dinamismo y se derrumba bajo el peso de los atropellos y el estatalismo.

En esta coyuntura, el martirio es, en el mejor de los casos, un tema marginal en la sociedad. Se lo ignora. Conceptos como la sociedad civil islámica *(yame'eye madani e eslami)*, la separación de la religión y de la política, la tolerancia social *(tasahol, tasamoh, modara)*, la libertad de las mujeres y de los hombres, el rechazo del puritanismo y la voluntad de emancipación individual son los que se imponen. Tres movimientos importantes se abren camino en la sociedad, el de los estudiantes, el de las mujeres y el de los intelectuales.[46] Cada uno de ellos aboga, a su modo, por la ruptura con la ideología del martirio y reivindica la apertura de la escena política. La nueva sociedad, a su vez, pone en cuestión la imagen del Occidente diabólico y la representación de sí mismo como polo positivo de una relación maniquea con ese Occidente, en la que éste ocuparía el polo negativo.

La teocracia islámica *(vélayat e faqih)* es cuestionada a su vez por los intelectuales, algunos de los cuales han pasado varios meses en la cárcel. Surge una nueva concepción del islam que cuestiona la subjetividad revolucionaria, su extremismo y su versión radical y rigorista del islam. Sin embargo, a esta nueva sociedad le cuesta hacer que avancen sus ideales. El sistema político legado por la revolución es tal que quienes tienen una legitimidad democrática, como el presidente de la República, el Parlamento y los consejos municipales, no tienen en sus manos el poder, y las instituciones no electivas (como el Guía de la revolución elegido por un grupo de religiosos, el Consejo de Guardianes que verifica el carácter islámico de las leyes votadas por el Parlamento y el aparato judicial) detentan la mayor parte del poder.[47] El bloqueo político y los privilegios asociados a un poder teocrático contribuyen a perpetuar un sistema cuya legitimidad se ve cada vez más cuestionada por las nuevas generaciones.

La gran mayoría, en la sociedad iraní, repudia ahora las ideologías radicales que intentan promover una sociedad cerrada y teocrática, rechaza el activismo islamista a base del martirio y de su visión trágica y heroica de la vida. Hoy asistimos a la gestación de nuevas formas de individuación y al progreso de una generación ajena al *pathos* del martirio y a su radicalismo político y religioso.

EL MÁRTIR PALESTINO

El martirio iraní, argelino o palestino obedece a una lógica interna que es la de la aspiración frustrada a una nación denegada. El mártir iraní se define ante todo, ya lo hemos visto, con respecto a una nación que moviliza al islam con vistas a realizar la utopía revolucionaria. Ésta no resiste mucho tiempo la prueba de la realidad y el desencanto de los actores. Al desmoronarse, la utopía llega al martirio, que es la forma en que se expresa la crisis de la subjetividad revolucionaria en una situación de guerra.

El martirio palestino ofrece ciertas semejanzas con el caso iraní. Al igual que éste, se trata de hacerse cargo del islam en el ámbito de una construcción nacional. Pero, a diferencia del caso palestino, la nación iraní existe efectivamente, aunque sea su forma utópica e islámica la que defiende el mártir iraní a lo largo de toda una guerra que puso en cuestión la supervivencia de la revolución y su significado político. En el caso palestino, por el contrario, el reto de los movimientos que ensalzan el martirio es el de una nación que se conjuga en futuro. De ésta se responsabilizan grupos islámicos como el Hamas y la Yihad tras el fracaso de las organizaciones laicas como el Fatah para movilizar a la juventud palestina.

Ambos casos, tanto el iraní como el palestino, están marcados por una segunda diferencia. Mientras que en Irán el Estado desempeña un papel fundamental, en el caso palestino el núcleo de Estado que existe queda más o menos marginado por los movimientos que mantienen con él una relación conflictiva y le disputan el monopolio de la violencia. A ello se suma el cambio de significado de la muerte sagrada entre lo que se ha dado en llamar la primera Intifada, que se desarrolla en el período que va de 1987 a 1993, y la segunda, que comienza en octubre de 2000 y es con mucho la más mortífera.

Ambos movimientos presentan sensibles diferencias.[48] El primero mezcla las temáticas de construcción nacional con las de la afirmación de uno mismo como musulmán. El martirio ocupa en él un lugar simbólico importante, aunque queda subordinado a la construcción global de una sociedad que quisiera afirmar su autonomía política y cultural con respecto a un Estado de Israel, incomparablemente más poderoso, sin duda alguna, pero obligado a reconocer la independencia de Palestina por impulso de una juventud popular. El joven lanzador de piedras, figura seminal de la primera Intifada, da testimonio de la posibilidad de una victoria, la de los palestinos contra el Israel opuesto a su constitución como nación soberana. La representación de sí mismos de los jóvenes que recusan la hegemonía israelí es fundamentalmente optimista. En la primera Intifada, varios hechos van a la par: rechazo al poder israelí, pero cuestionamiento, también, de las estructuras patriarcales de las grandes familias palestinas y, al menos al comienzo del movimiento, reivindicación feminista por parte de las mujeres que participan en él. Esta última dimensión se verá rápidamente asfixiada, por razones complejas que dependen tanto de la crisis de la sociedad palestina como del modo de estructuración de la familia.[49] A ello se suma el hecho de que las mujeres fueron excluidas, desde el comienzo, de los procesos de toma de decisiones en el movimiento. A la autonomía de las mujeres se oponen la exigencia de unidad nacional y la permanencia de una visión comunitaria que presentan la sociedad ideal como unificada, a imagen de la familia patriarcal.

La primera Intifada da a unos y otros el sentimiento del honor recuperado. Las múltiples formas de humillación vividas por los palestinos creaban en ellos una imagen degradada de sí mismos: la anexión israelí, su aplastante superioridad militar y económica, su sociedad más abierta, convertían, al mismo tiempo, a ese enemigo en un ideal inaccesible y odiado por la imposibilidad de igualarlo. La televisión y la radio israelíes muestran una sociedad que no se reduce a la oposición a los palestinos sino que produce, crea e inventa, no sólo tecnológicamente sino también política y culturalmente modos de ser nuevos, allí precisamente donde la sociedad palestina, sacudida por múltiples crisis, se encierra en una postura rígida y una visión de sí misma y del otro en la que domina el rencor y en la que la herida de la pérdida de la tierra de los antepasados engendra un incurable traumatismo. A un adversario superior e implacable, sólo se consigue oponer el sentimiento de un pudor ofendido y de una identidad agraviada. La primera Intifada permite superar el sentimiento de inferioridad aplastante y de profunda vergüenza que cristalizaba, a veces, en estallidos de violencia o accesos terroristas pero cuya expresión de rebeldía no alcanzaba nunca una gran extensión en el tiempo. Los jóvenes que habían perdido la autoestima antes de su advenimiento rescatan su honorabilidad desafiando a un Estado de Israel incomparablemente más poderoso. Se hacen dignos a sus propios ojos. Por ello, el recurso al martirio fue mucho más episódico que en la segunda Intifada, casi una década más tarde.

La segunda Intifada (llamada la Intifada al-Aqsa) es la consecuencia de los sinsabores y el fracaso de los acuerdos de Oslo. Estos acuerdos crean una autoridad que no lo es, dentro de un país fragmentado, fracturado incluso, y engendran una sociedad esquizoide.[50] Por otro lado, se considera venales a los detentadores del poder y, en su mayoría, faltos de escrúpulos. Se permiten lo que prohíben a los demás y fomentan el nepotismo y el clientelismo como principios básicos de un poder fracturado y heterogéneo. De ese modo consiguen el monopolio de los comercios lucrativos. Los mismos dirigentes poco escrupulosos se convierten, para los palestinos, en sicarios del ejército israelí que les confía las más bajas tareas: detención de los militantes de Hamas y de quienes ponen en cuestión la hegemonía del Fatah, obtenida a costa de su supuesta servidumbre con respecto a Israel. A lo largo de todo el período que separa la primera Intifada de la segunda, se desarrolló el drama de una sociedad instalada en una paz que no era suya, por un poder que no la representaba y cuyos detentadores son percibidos como disolutos y avariciosos. Todo ello originó un declive económico pero, sobre todo, una desazón moral. La nación soñada en la tierra de los antepasados sólo fue una parodia, atravesada por las colonias israelíes, una nación fracasada, dominada por una apariencia de Estado, cuyos dirigentes tuvieron como principal preocupación rechazar la participación de la sociedad real en la política y el enriquecimiento de sus testaferros.

El mártir totaliza la vida allí donde el político, debido a las tensiones entre Israel y Palestina, pero también por la naturaleza de la dirección palestina, no puede ser el lugar de resolución de los problemas. En una coyuntura en que el Estado palestino no dispone de los medios necesarios para garantizar las formas elementales de ciudadanía y donde la tierra, fragmentada y reducida a una multitud de localidades de estatuto político cada vez distinto, no puede ser el lugar donde cristalice el sentimiento nacional que supone un territorio homogéneo y de un solo poseedor, la edificación de la nación no era posible. El mártir posee, en cambio, ciertos atributos de una ciudadanía ausente. Su función de testimonio engendra una copertenencia nacional. Su papel en el sacrificio da la sensación de abnegación en una coyuntura de guerra contra un Estado extranjero. Su islamización convierte a la patria ausente en el propio lugar de investidura de lo sagrado.

Esta totalización está marcada por una trasposición: la de la vida en la muerte. Ésta está vinculada a la evidencia, subjetivamente vivida y amplificada por una sociedad en efervescencia durante los períodos de exacerbación de las tensiones, de que la nación palestina no podría realizarse en esta vida. Este fenómeno marca la diferencia entre la primera y la segunda Intifada. La primera partía de esta posibilidad, cuya realización dependía de la movilización de los jóvenes y del cuestionamiento de las estructuras tradicionales del poder dentro de la propia sociedad palestina. La segunda Intifada, cada vez más marcada por una visión pesimista de las cosas, da por sentado, más o menos implícitamente, que la nación no puede realizarse. Entonces, una muerte sagrada que diera al adepto la seguridad del paraíso y destruyera, al mismo tiempo, parte de la sociedad israelí se convierte en la única solución factible. El callejón sin salida de lo político es el origen de la nueva forma de radicalización martirial en la *shabab* palestina, al igual que en otros grupos de la población que, en el primer período, no se comprometían frontalmente.

Si buscamos el punto de confluencia de las distintas configuraciones del martirio, ya sea entre los palestinos, los iraníes, los argelinos o los egipcios, por no mencionar sino a ellos, encontramos siempre una dimensión de desafío. En el caso palestino, éste se expresa en una pluralidad de registros. En primer lugar, se trata de mostrar al israelí que también es posible ponerlo en peligro, a pesar de su potencia de fuego y su capacidad militar de acción. En segundo lugar, el desafío adopta una dimensión introvertida. Está dirigido a la familia y a los suyos, a quienes se intenta lograr que se adhieran a la muerte sagrada. Éstos, glorificados por este acto, no podrían rechazar fácilmente la conducta de su joven familiar que se ha sacrificado por la patria islámica. El desafío se dirige, en tercer lugar, a la sociedad palestina: con la muerte sagrada deberá edificarse esta nación cuya existencia le es negada en la vida. El desafío tiene, en cuarto lugar, una dimensión sagrada. El martirio está de acuerdo con el islam y, por ello, purifica a quien se entrega a él reservándole un lugar en el paraíso. La muerte como mártir no significa pues el final de la existencia, sino el preludio de otra, lo que atenúa mucho el carácter aterrador de la muerte y hace menos horrible morir por la nación. El desafío es un testimonio ante un mundo concreto. Éste no es América ni el mundo de los amigos o enemigos del islam, sino un conjunto *sui generis* al que se desearía convencer ejerciendo sobre él una fascinación por el carácter dramático y heroico del acto realizado. Por último, el desafío tiene un aspecto reflexivo que va dirigido a uno mismo: es un yo que muere y da sentido a sus aspiraciones personales al dar el último paso hacia la muerte. Cuatro dimensiones constituyen pues la muerte sagrada: relación con uno mismo, con los demás (la familia, la sociedad o el enemigo israelí), con el mundo y, finalmente, con lo sagrado.[51]

El martirio no se expresa sólo a partir de una intencionalidad, sino de varias. Sobre la base de los testamentos y de diversos testimonios, pueden indicarse las razones explícitas que han impulsado a los palestinos a abrazar la muerte sagrada. Un caso que se invoca a menudo es el de «estar hasta la coronilla», una situación en la que el deterioro de la economía se combina con una creciente negación de la dignidad. En ciertos casos, el factor que lleva a dar el paso es la muerte de un amigo o de un miembro de la familia, muerto como mártir o por haber sucumbido en un enfrentamiento con soldados israelíes; en otros, se trata de «cabezonadas» que pueden estar vinculadas a crisis familiares o a rechazos de una situación que se vive como degradante. Aunque la aplastante mayoría de los mártires se encuentre enmarcada por organizaciones políticas, existen en efecto casos aislados en los que se muere sin concertación alguna con un grupo determinado, por una decisión que se toma en soledad.

El caso palestino se singulariza por las circunstancias históricas de la formación del Estado hebreo. La fundación de Israel significó un profundo trauma para los palestinos, parte de los cuales debió tomar el camino del exilio. Por parte israelí, el Estado judío nació a raíz de un trauma colectivo masivo, la Shoah. Puesto que cada pueblo transcribe la interpretación de la historia a través del prisma de su propio trauma, las formas culturales de interpretación y de diálogo basadas en la comprensión del otro se vuelven inoperantes. Del lado israelí, la referencia bíblica, la constitución de un Estado nuevo con las formas de violencia que de ello se derivan tras la ocupación de la nueva tierra. Del lado palestino, el expolio de la tierra y el sentimiento de que el adversario israelí tiene a Occidente y, especialmente, a América de su lado.

La vida cotidiana

Una de las causas principales de los sucesivos levantamientos y de la actitud cada vez más radical de una fracción de la sociedad palestina tiene su origen en las condiciones de vida cotidianas frente a un Estado de Israel que domina económica, política, militar y simbólicamente a dicha sociedad palestina a la que todo le recuerda su estatuto inferior y su heteronomía. Las sociedades dominadas de la era del imperialismo europeo reconocían la superioridad de los colonos al tiempo que los neutralizaban simbólicamente estrechando las relaciones comunitarias y con el alejamiento espacial de los primeros. A la ciudad, al modo de vida, a la administración y a la gestión coloniales se oponían las zonas autóctonas con sus normas y su gestión de lo cotidiano. La cohesión social y la especificidad europea, por un lado, una fuerte identidad cultural de los colonizados, por el otro, permitían al resentimiento ser reabsorbido, en parte, por los mecanismos de regulación social y el apoyo que cada uno podía encontrar en la estructura comunitaria. Los elementos que garantizaban la estabilidad de la vida colonial han desaparecido. Las formas comunitarias de regulación en la población palestina no tienen el vigor que tenían hace dos o tres generaciones y el proceso de individuación impide a los dominados apoyarse en la estructura colectiva para preservar una vida social autónoma. Por último, la segregación espacial es atacada por mecanismos tanto sociales como simbólicos. La televisión rompe el confinamiento del imaginario en un mundo cerrado y el igualitarismo moderno hace imposible la sumisión a una superioridad israelí, como sucedía con la mentalidad colonial, en que los dominados estaban convencidos de la superioridad de los dominadores y los convertían ellos mismos en el pilar mental de la legitimidad de la dominación. Tanto israelíes como palestinos están en un pie de igualdad en la modernidad y su mentalidad es, en este plano, la del igualitarismo moderno, aunque el racismo, tanto en un lado como en el otro, pueda pretender establecer la superioridad del uno o del otro. En resumen, estamos en un mundo impregnado del igualitarismo moderno pero regido, en las relaciones sociales y políticas, por las líneas sobresalientes del neocolonialismo.

Este fenómeno, por sí solo, no justifica sin embargo las formas que revisten los conflictos, tanto en un lado como en el otro. Tanto en la vida cotidiana de los palestinos como en la de los israelíes, ciertos hechos alimentan el odio, lo atizan y lo convierten, a veces, en el elemento estructurante de su relación recíproca.

Los factores de promiscuidad mental, si no física, son numerosos. Una parte importante de la juventud palestina masculina ha pasado algún período de su vida en las mazmorras israelíes. No sólo se ha visto expuesta a los vejámenes e, incluso, las torturas, sino que ha adquirido también una relación de vecindad y complicidad con quienes la aplastaban. La estancia en la cárcel quiebra la superioridad simbólica del israelí convirtiéndole en un enemigo en igualdad consigo mismo, expuesto a sus sevicias. El miedo a la cárcel se debilita paralelamente a la estancia dentro de ella.

La televisión israelí está también al alcance de los palestinos que la ven a veces, prefiriéndola a la suya y admirando secretamente la libertad de tono de sus debates políticos y el modo democrático como está constituido el espacio público israelí, frente a una Autoridad Palestina corroída, ya se ha dicho, por el nepotismo, el clientelismo, la corrupción y el autoritarismo. Aunque la cadena Al Yazira sea la estrella para los telediarios y las cadenas libanesas para las variedades, también se sigue y se ve, a menudo, la televisión israelí.

Los productos de consumo israelíes desempeñan igualmente un papel no desdeñable en esta promiscuidad. A menudo ha sido grande, entre los medios dirigentes pero también entre los palestinos, la tentación de boicotear los productos de un país que los reprime y les niega su derecho a la autodeterminación. Esos intentos de boicot han tenido un alcance limitado. Hay demasiada disparidad entre las mercancías israelíes, cuya calidad es superior, y las de los países árabes o de producción local. Además, consumir productos israelíes es, también, sentirse en el plano simbólico en pie de igualdad con ellos, compartir un mundo del que se afirman únicos y exclusivos poseedores, vivir un poco a su manera y adquirir así la igualdad.

El trabajo en Israel, cada vez más difícil y más apreciado, es otro factor de proximidad. Se está haciendo raro, dadas las restricciones impuestas al desplazamiento y los sucesivos acordonamientos. Cuando no se pertenece a las grandes familias, a la clientela del Fatah, a la «gente de Túnez» llegada con Yasir Arafat en 1994, a los «palestinos del exterior» que regresaron de su exilio en Egipto, en el Magreb, o a la mafia local, entonces sólo queda el empleo en los servicios del Estado embrionario de Palestina, en los que se gana mucho menos y a menudo queda uno condenado a tareas ingratas. Un trabajo en las fuerzas de policía proporciona un equivalente de 240 dólares americanos, mientras que un empleo en Israel puede suponer entre 800 y 1.400 dólares cuando se tiene autorización. Puesto que el acordonamiento de los territorios palestinos hace difícil si no imposible el desplazamiento, los controles de identidad puntillosos después de los atentados y los toques de queda, todos esos factores hacen aleatorio el trabajo, tanto en Israel como en los territorios palestinos. Cuando hay acordonamientos, en efecto, queda perturbado tanto el movimiento hacia Israel como hacia otras partes de los territorios palestinos. Los productos perecederos, al no encontrar salida segura en Israel, se pudren en su lugar de origen y el comercio no puede realizarse con seguridad, dadas las vicisitudes de las relaciones entre palestinos e israelíes. Por último, el comercio informal, ilegal a menudo, con los israelíes, ante el que las autoridades cierran los ojos (coches robados y vendidos a este lado de la barrera, tráfico de droga, venta de armas, de licores, transferencia de divisas), constituye otro elemento de promiscuidad. Estos factores de proximidad mental son contrarrestados por la creciente imposibilidad de desplazarse, de trabajar, de atravesar las zonas cada vez más cerradas por los puntos de control, y, como corolario, la interminable espera de una posible autorización, tras varias horas pasadas en el lugar.

La detención de los jóvenes por el ejército israelí en sus incursiones cada vez más frecuentes hace imposible la vida normal para gran parte de la *shabab,* que puede ser detenida con el menor pretexto de activismo. Las largas estancias en la cárcel contribuyen también a que los jóvenes se radicalicen en las mazmorras israelíes, bajo la influencia de sus mayores. No fue tanto una ideología específica sino la indignación y el sentimiento de humillación los que engendraron la militancia de la juventud palestina.[52] La mezcla explosiva de la cárcel, el exilio, la huida, la inestabilidad de la vida y las necesidades de desplazamiento constante para no ser detenido por las fuerzas israelíes engendran un extremismo que puede llegar hasta hacer que desaparezca el miedo.

Los territorios palestinos se encuentran en una situación de creciente segregación por la negativa del ejército israelí a permitir, debido al toque de queda, desplazarse entre las distintas partes del territorio palestino o entre éstos e Israel.[53] Los sentimientos de humillación y de indignidad se han convertido pues en una constante de la vida cotidiana. Tras la segunda Intifada, estas impresiones de impotencia mezcladas con las de injusticia y negación del derecho fueron para los palestinos caldo de cultivo de las formas extremas de acción, especialmente la de las «bombas vivientes». La vida cotidiana es para los hombres el lugar del constante deshonor. Por una parte, no pueden cubrir decentemente las necesidades económicas de su familia en una coyuntura económica en perpetuo deterioro; por la otra, se encuentran en un estado de constante impotencia ante un ejército israelí que les hace sentir, en su propia carne, su inferioridad militar. En tercer lugar, no controlan sus desplazamientos y su relación con el espacio y se sienten reducidos a la pasividad y la inmovilidad en una tierra que consideran suya. Siendo el espacio público el lugar del deshonor, dentro del hogar es donde el honor se reivindica, de forma más o menos violenta, contra mujeres e hijos. La asimetría entre hombres y mujeres tiene, sin duda, innegables raíces culturales e históricas en la sociedad palestina al igual que en la mayoría de las sociedades mediterráneas. Pero con el prurito del honor enmarcado en una concepción del islam rigorista compensan dentro de la familia las humillaciones exteriores. El nacionalismo laico, en la persona de Yasir Arafat y de su partido el Fatah, ha mostrado su incapacidad para dotar de unidad a la sociedad, aunque sólo sea por la corrupción y la prevaricación que imperan dentro del nuevo poder. El islam infunde un sentimiento de honor simbólico que contrarresta el sentimiento de vergüenza en la vida real.

La vida cotidiana desempeña un papel esencial en el paso al acto de los mártires. No llena las expectativas de los jóvenes, es el motivo de su radicalización y desesperación. La omnipresencia de los colonos israelíes y de los soldados, sobre todo en los puntos de paso que tienen que atravesar para acceder, especialmente, a la universidad Birzait (hay por lo menos tres), y el sistemático acordonamiento de los territorios resultan abrumadores para los palestinos. Gran parte de la población podía vivir en la India o en la Argelia coloniales y morir sin ver a un solo colono inglés o francés. En los territorios palestinos, la presencia de los israelíes hace imposible esta eventualidad. Desde los acuerdos de Oslo, se han construido numerosas carreteras bajo la vigilancia del Tsahal, con el fin de garantizar la seguridad de los colonos en los territorios ocupados, tanto más cuanto los terrenos pertenecientes a los palestinos contiguos a estas colonias son a menudo ocupados por el ejército y no son explotables por sus dueños.[54] En una economía con una tasa de desempleo muy alta (hasta el 60% y más en la franja de Gaza), el tedio es el sentimiento más compartido. Entre la humillación, la angustia de los ataques israelíes (que comparten, de otro modo, los israelíes ante las «bombas vivientes») y el aburrimiento de la vida cotidiana, la gama de sentimientos apaciguadores es sumamente reducida. El amor no puede exhibirse libremente ante la censura islamista, revitalizada asimismo para reforzar el sentimiento de unidad frente a la amenaza enemiga. A diferencia de las mujeres, los hombres no pueden llorar por miedo a quedar en ridículo y «afeminarse». Salen para reunirse con amigos y pasar jornadas enteras jugando a las cartas, fumando el narguile o matando el aburrimiento con el sueño en cuanto regresan a sus casas. Durmiendo mucho se consigue olvidar lo cotidiano, entre la pesadilla de los ataques punitivos israelíes y la inmovilidad del tiempo ante la falta de actividades económicas y sociales. La noticia del martirio de un joven produce una ruptura en la trama del tiempo, que libera por unos momentos del tedio pero agudiza también el miedo a las represalias israelíes. Se mira entonces la televisión, especialmente la cadena Al Yazira, que retransmite la entrada de los tanques en las ciudades palestinas durante todo el día. Si no, están los espectáculos de la televisión libanesa, con programas que rozan la obscenidad a base de variedades en que la lascivia y la frivolidad permiten perder de vista lo sombrío de una vida que se vive como falta de porvenir.[55]

Los palestinos israelíes introducen un elemento de proximidad más confuso aún. Éstos viven en una ambigüedad extremadamente difícil. Se sienten palestinos pero tienen una nacionalidad hacia la que experimentan un sentimiento ambivalente, aunque sólo sea por los privilegios que les confieren. Si viajan al extranjero, su pasaporte israelí les otorga incomparables ventajas y una gran libertad de movimientos. Siendo israelíes, tienen derecho, además, a los mismos servicios del Estado, salvo algunas exclusiones y excepciones, como el servicio militar o el derecho a vivir en los territorios ocupados. Sin embargo, viven mentalmente el dolor y las tribulaciones de sus hermanos y hermanas palestinos, aunque no por eso dejan de distinguirse de ellos por su actitud y su comportamiento, al menos a partir de la segunda, tercera o incluso cuarta generación.

El círculo vicioso de la violencia

La humillación sufrida por los palestinos supera ampliamente el orden simbólico, aunque esa dimensión tenga indiscutiblemente su importancia. Existen factores objetivos que aumentan el sentimiento de humillación subjetiva con un sustrato objetivo. El agua es un problema capital en los territorios ocupados. Su explotación es desigual y muy injusta con los palestinos.[56] Además, como un gruyère, los territorios ocupados están sembrados de asentamientos judíos cuyo número aumenta sin cesar. La fragmentación del territorio se efectuó en tres zonas distintas, de las que la zona A, bajo la Autoridad Palestina, representa menos del 4% de Cisjordania y un 20%, aproximadamente, de su población.[57] La zona B engloba casi todas las aldeas palestinas y el 23% de Cisjordania. El ejército israelí es allí responsable de la seguridad y tiene derecho de intervención. Por último, la zona C engloba el 73% de la superficie de Cisjordania, zonas no pobladas, «estratégicas», colonias israelíes. Esta zona está bajo el control israelí. A la fragmentación territorial se suma una flagrante discriminación en los distintos estatutos de los habitantes, según residan en cada una de estas zonas o en Jerusalén o sean, también, de la diáspora (con estatutos distintos para los refugiados de 1948, los «desplazados» de 1967 y los que han perdido su derecho de residencia en los territorios ocupados por razones administrativas). Un Estado palestino viable en un territorio tan fragmentado y con un subsuelo del que se ha apropiado Israel (el agua es un factor estratégico fundamental) es imposible sin poner en cuestión las colonias. Por otro lado, éstas se encuentran a menudo en lo alto de las colinas, como en aldeas fortificadas, gozando sus habitantes del nivel de vida de las clases medias occidentales y dominando las localidades palestinas que se encuentran más abajo. Dominación simbólica (arriba/abajo) a la que se suma una superioridad económica cuyo origen no reside en relaciones de clase sino en la pertenencia nacional: a los israelíes se les conceden derechos que se niegan a los palestinos y que los reducen a una forma de inferioridad neocolonial,[58] dentro de un sistema que se asemeja al del *apartheid*. Esta evidencia no es sólo cosa de los palestinos sino también de los partidarios del «campo moral» en Israel.[59]

Ya sean la vanguardia de una nación rechazada (Palestina) o, como veremos, de una imposible comunidad transnacional (Al Qaeda), los mártires presentan una característica común: son detentadores de una utopía. Pero ésta no se realiza nunca como tal y el problema consiste en encontrar un compromiso entre esa utopía y una realidad rebelde que no se doblega a ella.

Las utopías vinculadas a la comunidad nacional son dos: o bien la nación no ha podido constituirse a causa de un adversario mucho más poderoso, al que los mártires consideran absolutamente opuesto a su constitución, como sucede con los palestinos; o la nación existe pero su sistema político-social no está de acuerdo con los deseos del mártir, como era especialmente el caso de Irán antes de la revolución o, más tarde, del mismo Irán agredido por Iraq con ayuda de Occidente. Sucedió también en Argelia después de 1992 cuando las elecciones ganadas por el Frente Islámico de Salvación (FIS) fueron anuladas por el régimen militar. En todos esos casos, hay cierta configuración de la sociedad que es cuestionada por los protagonistas de la muerte sagrada.

Tres utopías interdependientes están en el origen del martirio palestino: por un lado, el retorno de la totalidad de los palestinos de origen a su país anterior a la instauración del Estado de Israel; en segundo lugar, la instauración de ese nuevo Estado palestino en Jerusalén y, por último, el sentimiento de que los israelíes y, en particular, su ejército y sus políticos sólo entienden el lenguaje de la fuerza bruta y no son dignos de confianza. El judío es deshumanizado y reenviado no a su estatus de inferioridad, que era la referencia de las ideologías antisemitas europeas, sino a una superioridad abrumadora que le hace inhumano por exceso de fuerza ilegítima. A ellas responden tres visiones utópicas del lado israelí. La primera es la del Gran Israel, que ha servido de base para la multiplicación de las colonias en los territorios ocupados. En segundo lugar, la idea según la cual el problema palestino puede tener una solución militar con la ayuda de América. La tercera idea, por último, consiste en deshumanizar al palestino y, más generalmente, al árabe con un modelo que amplifica los prejuicios coloniales de los europeos o los sentimientos que alimentaban las comunidades judías de África del Norte, aunque lo recíproco entre los musulmanes es también cierto.

Los defectos de esta situación se ven agravados por el apoyo de los Estados Unidos al Estado de Israel y, más allá, por el apoyo de los sionistas protestantes americanos que corroboran el mito del Gran Israel como la Tierra Prometida. Entre ellos, como en algunos grupos sionistas judíos, se invocan fundamentos teológicos para justificar la anexión de todos los territorios ocupados en nombre de un judaísmo original en una perspectiva milenarista, con vistas a acelerar la llegada del Mesías.[60] En esta perspectiva, por ejemplo, habría que destruir la mezquita Al Aqsa y construir, en su sitio, el tercer Templo de Salomón, para preparar el camino del Apocalipsis de acuerdo con las predicciones bíblicas.

El martirio palestino es, en gran parte, consecuencia de una lógica utópica que se nutre de su propio fracaso, frente a un adversario israelí cuyas utopías corroboran lo bien fundado de las suyas en una constante interacción antagónica.[61] Se llega a una lógica mortífera que opera aislada, independientemente de sus consecuencias en número de muertes y destrucciones. Sin duda alguna, numerosos israelíes y palestinos son conscientes del carácter peligroso de esta interacción, pero su lucidez se ve desmentida por el desenfreno de violencia y contraviolencia recíprocas. Contrariamente a lo que afirma René Girard[62] el círculo vicioso de escalada hasta los extremos no tiene como corolario la total ceguera de los actores. Lo trágico reside en su incapacidad para rechazar una lógica de acción en la que prevalecen las pasiones. El mártir palestino que alimenta el extremismo israelí, el cual, a su vez, lo confirma en sus premisas mortíferas basadas en la negativa israelí a reconocer el derecho a la existencia de los palestinos con su independencia política y territorial, origina una espiral de la muerte en que cada uno descubre su identidad en la capacidad para aniquilar al otro. Sucede a veces que uno u otro de los protagonistas tiene un arrebato de lucidez, quizás simplemente por cansancio. El enfrentamiento reviste pues un carácter cíclico.[63] La fascinación por la destrucción de uno mismo y del otro se une entonces en un *crescendo* cada vez más trágico, en que cada parte acusa a la otra de faltar a la palabra dada o al contrato moral de limitación de la violencia. Sentirse atraído por la muerte no es sólo cosa de grupos restringidos que, incansablemente, se matan entre sí. Se trata, en cada bando, de neutralizar al otro para exorcizar al demonio de sus propias obsesiones. Del lado israelí, cada vez que un judío muere, se vuelve a representar una repetición de la tragedia del genocidio, a otra escala. Del lado palestino, se trata del drama de la Naqba, el expolio, el exilio y la expropiación de la tierra ancestral por los israelíes, ya sea en 1948, en 1967 o en otras muchas ocasiones que reavivan el trauma.

La sacralización de la tierra del lado israelí y la sacralización de la muerte del lado palestino se constituyen en una equivalencia simbólica y se corresponden con un eco que va ampliándose. En ambos casos, son cosa de minorías activas. Pero ambas minorías (los colonos judíos y quienes los apoyan, los mártires palestinos y las organizaciones en las que militan) se basan en una visión simbólica que toma como rehén a toda la sociedad. Ésta comparte, parcialmente al menos y por empatía, sus prejuicios, que es incapaz de combatir frontalmente.

El problema no es pues sólo, para cada uno de los campos, renunciar a una parte de sus reivindicaciones para instaurar una paz duradera. Es igualmente saber cómo librarse de toda una cara de su propia identidad, en la que el espectáculo de un pasado durante el cual se ha sido injustamente tratado atormenta el presente y engendra angustia y miedo: miedo del porvenir pero también angustia ante un mundo apaciguado que trivializara la herida. El mártir palestino que se suicida y arrastra tras de sí a víctimas civiles israelíes que no están directamente implicadas en la violencia contra ellos, al igual que las brutalidades del ejército israelí contra civiles palestinos y la aplicación del castigo colectivo (destrucción de casas, torturas y sevicias contra los jóvenes denunciados por los espías palestinos que los israelíes reclutan e intimidan para que colaboren con ellos...), crean una situación de violencia cotidiana que nada puede detener.

El equivalente simbólico del martirio palestino del lado israelí no es la temible aptitud de su ejército para reprimir palestinos y de sus espías palestinos para informarlo sobre las decisiones de la Autoridad Palestina, sino la visión sacralizadora de la colonización que tienen algunos judíos radicales que intentan crear situaciones irreversibles construyendo enclaves judíos en el propio corazón de los territorios palestinos. Lo que lleva a una doble imposibilidad.

Del lado palestino, la imposibilidad de vivir serenamente y el refugio de parte de su juventud en la muerte sacralizada para encontrar una réplica a esa lógica represiva que les niega el derecho a una existencia autónoma. Del lado israelí, el terrorismo palestino que, ya sea en el período anterior a la primera Intifada o a través de las bombas humanas de la segunda Intifada, incita a las capas más radicales, apoyadas por el Estado judío, a implantar nuevos enclaves en los territorios palestinos, a construir colonias y a marcar con su presencia el propio cuerpo del enemigo palestino, edificando aldeas fortificadas. Éstas recuerdan física, territorial, espacial y simbólicamente la superioridad israelí. Para los colonos, lo que origina su ocupación es la voluntad de poblar la Tierra Santa; para los palestinos, la voluntad expresa de los israelíes de expoliar su tierra ancestral. Hay una especie de turbadora simetría en esta doble lógica mortífera que expresa, con una simbología de desafío, el martirio, físico y carnal el uno; y el otro, la voluntad de apropiación y negación simbólica del otro por la inscripción de la presencia judía en la tierra habitada por los palestinos. Ambas actitudes se nutren de lo sagrado: los enclaves judíos se crean en nombre de una visión sagrada de la tierra judía, en donde Judea y Samaria ocupan un lugar preponderante y forman parte integrante de Israel según una concepción bíblica y hierática. El mártir palestino encuentra su legitimidad en la *yihad* para preservar la religión de Alá frente a quienes desean privar a los musulmanes de sus raíces en una de las tierras sagradas del islam. Ambas lógicas responden la una a la otra como en un eco, amplifican su alcance e invitan a fortalecer una conciencia obsidional y mortífera que se revitaliza con el propio espectáculo del despliegue de la otra.

La subjetividad palestina se resiente por otro hecho, en parte creado por la sociedad palestina y en parte engendrado por la hegemonía israelí; a saber, la detención del poder por una Autoridad Palestina que ha confiscado el embrionario aparato del Estado en beneficio propio y no ha permitido que la sociedad real participe en él. El poder palestino, en su estructura actual, se basa en el reparto de sinecuras entre una élite cuya justificación, en la propia persona de Yasir Arafat, procede más de la historia de su combate que de la legitimidad de los grupos que representa, en la gestión real de los problemas cotidianos de la sociedad palestina. La corrupción de ese Estado y el modo despótico de distribuir en él el poder chocan con las aspiraciones de una juventud que busca más la participación política que las generaciones anteriores, aunque sólo sea por el nivel relativamente elevado de su educación y su conocimiento del mundo exterior. La permanencia de un poder poco legítimo, que sólo encuentra justificación en el pasado glorioso de un líder senescente, y la permanencia de la crisis con Israel hacen más difícil aún la vida de las nuevas generaciones. Quienes tienen posibilidad de hacerlo abandonan los territorios para establecerse en Occidente o en otros países árabes. Quienes son incapaces de ello prueban suerte en la evasión a un imaginario que recrea la situación del exilio en el interior mismo del territorio palestino. Para redondear los difíciles finales de mes, se entregan al tráfico y al contrabando o, también, bajo presión israelí, aceptan trabajar para sus servicios de información. En todos estos casos, se trata de un proyecto poco glorioso para una juventud en busca de autoafirmación. El martirio es el medio de escapar a este dilema. El caso de Jader Gheimat, que trabajaba como submarinista en Israel antes de transformarse en bomba viviente para desmentir el rumor de su colaboración con los servicios secretos israelíes, es sintomático.[64]

Por un lado, las relaciones con Israel están marcadas por un antagonismo insuperable, constantemente recordado por la implantación de nuevas colonias y por los nuevos mártires o su rememoración. Por el otro, la autoafirmación en la gestión de los problemas de sociedad le está también prohibida a unos jóvenes que sólo pueden integrarse en los engranajes del poder convirtiéndose en miembros de los servicios de policía o de información palestinos o aceptando enrolarse en organizaciones semimafiosas, dominadas por los acólitos de los dirigentes palestinos. Las facciones palestinas siembran también cizaña. Los grupos de jóvenes que se afilian a la OLP, al Hamas o a la Yihad, así como los intereses familiares e individuales, engendran, por el juego de las lealtades, tensiones cuya gestión no es fácil. Las distintas lealtades políticas que, en una sociedad democrática, habrían sido beneficiosas como expresión de la diversidad de intereses se convierten, en el caso palestino, en fuente de oposiciones que acrecientan la tensión sobre el terreno. Por último, el antagonismo apenas velado entre los distintos servicios de información palestinos,[65] que se disputan una posición hegemónica en el aparato del Estado en vías de constitución, ha desacreditado aún más a este poder que intentaba, ante todo, conseguir prebendas y limitarse a grupos restringidos para protegerse de la intrusión, en su interior, de la sociedad, pretextando imperativos de seguridad.

Antes de la segunda Intifada, la Autoridad Palestina solía encarcelar a los jóvenes de tendencia distinta a la del Fatah, lo que engendraba una profunda frustración en aquellos que, tras haber pasado ya parte de su vida en las mazmorras israelíes, eran maltratados por un poder que se suponía debía protegerlos. Los grupos islamistas como el Hamas[66] evitaban, sin embargo, oponerse frontalmente al Fatah, justificando su actitud con una referencia al concepto islámico de *fitna* (desorden malsano para la comunidad islámica).

La ambigüedad de los acuerdos de Oslo cobra entonces toda su importancia. Para los israelíes, este acuerdo debía permitir neutralizar los movimientos radicales que ensalzan la violencia contra el Estado judío para llegar a una coexistencia que no cuestionara el estatuto de las colonias judías implantadas en Cisjordania. Para los palestinos, el reconocimiento por Israel de la Autoridad Palestina debería permitirles poner fin a la presencia de colonos judíos en los territorios y obtener un Estado viable y una sociedad no dominada por Israel. Para conseguirlo, se metían en movimientos islamistas porque la OLP estaba, a su modo de ver, demasiado estrechamente asociada a Israel y su corrupción y la monopolización del poder por Yasir Arafat y su grupo hacían imposible una expresión institucional de sus reivindicaciones.

Teniendo en cuenta los distintos factores que hacen extremadamente difícil, imposible incluso, una vida normal en los territorios palestinos, la permanencia de los dobles juegos y de los ajustes difíciles para vivir con decencia engendran formas de comportamiento cuya palabra clave es inestabilidad. Ésta repercute en la relación con los demás, pero también con uno mismo. Un día, uno puede ser optimista, al día siguiente, pesimista, y a menudo, en una indecisión total, ser lo uno y lo otro de un modo esquizoide. Se convierte entonces en «pestimista», pesimista y optimista a la vez, en la jerga irónica ideada por un novelista palestino.[67] Lo trágico se vuelve tan absurdo que puede revestir rasgos macabramente cómicos. La conciencia de que se sufre puede llevar a algunos palestinos, como a los israelíes, a una actitud de abandono. Se llega a no saber ya cómo salir de esta situación en la que cada muerte radicaliza más aún a unos y otros y en la que la venganza ciega parece ser la ley inexorable que rige las relaciones de ambos lados.

El miedo y su superación

En la primera generación palestina después de la fundación del Estado de Israel, el miedo era constitutivo de la relación con éste. Las comunidades concretas hacían de la evitación del israelí un principio de solidaridad. La mentalidad más o menos tradicional describía al israelí como temible y superior proporcionalmente a su capacidad de represión. Era posible, por otra parte, fundar la propia dignidad en la identificación con los hermanos árabes cuya vanguardia pretendía ser el panarabismo de Naser. Esta solidaridad árabe, manifestada la mayoría de las veces en forma de énfasis discursivo y de denuncia verbal de Occidente y de Israel, no tiene ya credibilidad en la sociedad palestina. Los gobiernos árabes, cuando pudieron, reprimieron y debilitaron el movimiento palestino más que integrar a los palestinos presentes en su territorio. Si, en los años sesenta, el llamamiento a la nación árabe tenía cierto sentido, hoy se ha vaciado ya de gran parte de su contenido. Ésta es una de las razones por las que el referente de la lucha contra la hegemonía israelí se ha convertido en el islam, aunque la palabra islam subsume una parte innegable de nacionalismo. Sea como fuere, el miedo al Estado hebreo y a su ejército se conjugaba con un sentimiento de dignidad construido en referencia simbólica al mundo árabe. Este mundo ha terminado y la dignidad no puede ya basarse en ello. Necesita un sustituto y lo encuentra en el martirio. Con el debilitamiento de gran parte del sentimiento comunitario y la desaparición del referente árabe, también la sensación de miedo se ha disuelto en la *shabad* palestina. Ésta temía al ejército israelí porque los adultos lo percibían como una potencia colonial, de origen europeo y simbólicamente invencible. Al igual que la participación de numerosos inmigrados de la diáspora en la civilización occidental destronó a ésta, así el cara a cara con el ejército israelí, el debilitamiento de los vínculos comunitarios en la sociedad palestina y la modernización de las mentalidades de los jóvenes hicieron menos temible al militar israelí. El miedo, paradójicamente, ha disminuido cuando el poderío militar israelí se ha incrementado.

Para una juventud que hace el aprendizaje de la guerra ya en la adolescencia y a la que los padres no pueden dirigir ni dominar, es como si una especie de velo de pudor se hubiese rasgado. El miedo se olvida en las calles polvorientas, afrontando a los soldados superarmados que a menudo disparan balas reales y de quienes se burlan tirándoles piedras, a la espera de poder responder con ráfagas de ametralladora. Para un palestino, la vida no tiene el mismo significado que para un israelí o un occidental. El proyecto de vida no se enuncia del mismo modo. Pues el constante descenso del nivel de vida desde hace una década convierte en ilusoria la expectativa de una mejoría de su suerte, a menos que pueda abandonar el país, lo que es privilegio de una minoría.[68] Ausencia de proyectos, deficiente organización comunitaria, pérdida de influencia de los padres sobre los niños, falta de perspectiva positiva del futuro y, con todo ello, el intolerable sentimiento de constante humillación por parte de un Israel omnipresente en los territorios.[69]

Desde el momento en que la *shabab* no tiene ya miedo del ejército israelí, se crea entre ambos una especie de desafío. Desafío que aceptan a su vez los soldados israelíes que persiguen a esos jóvenes por los campos o las ciudades palestinos. No sólo se intenta dominar el propio miedo sino también dar miedo, crear en el adversario más poderoso un temor que invierte simbólicamente la situación. En este juego de David y Goliat, las personas más decididas pueden llegar hasta el martirio. A los sofisticados instrumentos de uno de los ejércitos mejor equipados del mundo, los jóvenes responden con explosivos baratos hechos de triatómico triperóxido, fácil de fabricar pero sumamente volátil. Su producción ha provocado la muerte de decenas de jóvenes del Hamas. El coste total de cada cinturón de explosivos se estima entre 1.500 y 4.300 dólares, según la calidad de la bomba,[70] suma irrisoria comparada con los gastos que ocasiona cada actuación del Tsahal en los territorios ocupados.

Tras haber repudiado el miedo en el enfrentamiento con una muerte cuyas premisas están ampliamente presentes en la vida cotidiana, los jóvenes palestinos insisten a menudo en la «cobardía de los judíos», es decir, de los militares israelíes. Es un acto de desafío para invertir simbólicamente una situación en la que la fuerza militar está del lado israelí y la debilidad del lado palestino. La ausencia de miedo da un sentido heroico a quien cree que Dios está de su lado y desafía al adversario con tanta mayor facilidad cuanto no tiene gran cosa que perder: ni bienes terrenales, ni acceso a los beneficios de la modernidad, ni el sentimiento de dignidad y de orgullo.

Cierto tipo de miedo obsesiona a los palestinos: ser señalados como espías de Israel. Es una sensación de vergüenza cuya simple sospecha puede lavarse con el asesinato. Ser confidente de los servicios de información israelí es la suerte que está reservada a muchas personas obligadas por los israelíes, pero que encuentran en ello, por su lado, el medio de completar sus ingresos en una situación económica cada vez más desesperada. Pero eso no puede saberse sin deshonrar a la persona así designada. El «soplón» será entonces ejecutado o puesto al margen de la sociedad. Por lo tanto, hay que evitar ser identificado. Este miedo puede llegar hasta el martirio, para dar testimonio, *a contrario*, de su patriotismo.

La lógica esquizoide reviste también otras formas en las distintas partes de la sociedad. Los hay que, en nombre de una lógica de abnegación, intentan morir como mártires dentro de organizaciones como el Hamas y la Yihad islámica. Éstos son venerados por sus allegados y respetados por la gran mayoría de la sociedad palestina que ve en ellos héroes. Antes de la caída del muro de Berlín, la dicotomía del mundo hacía que los palestinos gozasen, al menos en teoría, de la simpatía del bloque del Este y que los propios Estados Unidos no prestasen un apoyo incondicional a Israel. Desde entonces, el cambio de la situación internacional ha jugado a favor de Israel, algo que los palestinos sienten como un nuevo signo de injusticia y de parcialidad por parte de Occidente, cuya avanzadilla son los Estados Unidos. Hay pues, en la persona de los mártires, una especie de honor que extienden, por delegación, a la sociedad entera.

A esta lógica de abnegación y entrega a la causa palestina se suma, sin embargo, otra, en los antípodas de la primera: la del egoísmo y la rabiosa atomización. Cada uno actúa para sí mismo y su propio círculo familiar, estando las distintas redes de economía informal vinculadas a los miembros oficiales del régimen palestino, a su policía, a sus servicios de información y a sus jerarquías intermedias o superiores. Cada cual toma parte, lo quiera o no, en esta lógica de corrupción organizada que opone los individuos unos a otros en el frente económico, en una competencia inmoral que hace que los más menesterosos sean más vulnerables aún que en el pasado. Organizaciones como Hamas consiguen gran parte de su respetabilidad y de la estima de los ciudadanos debido a sus redes de ayuda y apoyo a los más desvalidos. Por un lado, una lógica de abnegación que encuentra su coronación en la muerte; por el otro, un rabioso deseo de lucro que lleva a recurrir a cualquier medio y a utilizar los propios mecanismos de dominio israelí y de corrupción de la Autoridad autónoma con tal de garantizar su propia supervivencia en un egoísmo cuyos beneficios se extienden a la familia y a los amigos.

En el período transcurrido entre la primera y la segunda Intifada, un hecho suplementario dramatizó la situación de la *shabad*. Desde el punto de vista israelí, la Autoridad Palestina no hizo gran cosa para acabar con los terroristas y sus organizaciones.

Desde el punto de vista palestino, entre el momento en que se firmaron los acuerdos de Oslo, en 1993, y la irrupción de la segunda Intifada, la Autoridad Palestina se convirtió en el auxiliar de Israel en la represión de la sociedad civil. El sentimiento predominante era que las fuerzas palestinas les hacían el «trabajo sucio» a los israelíes, con las detenciones, las sevicias corporales y otros tipos de intervención en la vida cotidiana de la gente.[71]

Del lado israelí, prevalecía la abrumadora impresión de que la nueva Autoridad Palestina no hacía lo bastante y dejaba que el terrorismo se desarrollara bajo su protección, con su complicidad. El nuevo Estado se suponía que debía dimanar de la sociedad; no hacía más que sustituir la represión israelí por una estructura clientelista del poder en la que el «viejo» (Yasir Arafat) constituía su poder personal, con exclusión de la sociedad civil y por encima de ella. El desencanto era total. El declive económico de la sociedad palestina y el constante deterioro del nivel de vida de las masas dejaron un sabor amargo. Más allá de la negación de la hegemonía israelí, la segunda Intifada fue la manifestación indirecta de la incapacidad de la Autoridad Palestina para edificar una verdadera sociedad, abriendo la política a las nuevas generaciones. Eso obligó a la Autoridad Palestina a aflojar su cerco sobre la sociedad y a permitir que los israelíes se encargaran de la represión, lo que clarificó, por algún tiempo, las relaciones dentro de la propia sociedad palestina.

El mártir y su vivencia

La gran mayoría de las «bombas vivientes» procede de Hamas y, minoritariamente, de la Yihad. Algunos mantuvieron relaciones de dependencia con diversas ramas de la OLP. Hamas es un grupo islamista cuyas actividades son en su mayor parte de orden educativo, cultural y social.[72] Tiene una rama militar, la brigada Izzeddin Qasam. Su formación se debió inicialmente, en parte, a la benevolencia israelí, que encontraba reconfortante la presencia de una facción musulmana opuesta a la OLP activista. Hamas, que formaba parte del movimiento de los Hermanos Musulmanes, se separó progresivamente de él. Desde abril de 1993 a finales de octubre de 1998, se registraron veintidós atentados contra Israel.[73] Las tres cuartas partes de los responsables de estos atentados vivían en campos de refugiados o eran descendientes de padres o abuelos que habían abandonado sus casas en 1948. Sus familias eran numerosas, por término medio diez personas. En muchos casos, los solteros, trabajaran o estuvieran en el paro, residían en el domicilio paterno. En cuatro casos, algunos hijos casados y su prole también vivían allí.[74]

No todas las bombas vivientes son pobres. Buena parte de ellas no son refugiados. Los caracteriza, a menudo, el foso que separa su nivel de estudios y su actividad profesional. La dependencia de la economía palestina con respecto a Israel los debilita: les niegan puestos que corresponden a su cualificación y que reservan para los israelíes o para otras nacionalidades no sospechosas de terrorismo. En el período que precedió a la segunda Intifada, sólo dos de los atentados registrados fueron obra de hombres casados.[75] Uno de ellos, Jader Gheimat, trabajaba en Israel. Otro, Anwar Sukar, era miembro de la Yihad, vivía en un barrio de Gaza y había pasado once meses en las cárceles israelíes y uno en las de la Autoridad Palestina. Los demás kamikazes eran jóvenes solteros, de 17 a 27 años, que no se hacían cargo de las necesidades de sus familias.

Según fuentes de la seguridad israelí, entre 1993 y 2000 hubo cuarenta y dos kamikazes palestinos. De enero de 2001 al 5 de abril de 2002, hubo sesenta y cuatro.[76] Las razones de este aumento son, por una parte, la política represiva seguida por el gobierno Sharon, el creciente sentimiento de que la OLP no era ya considerada como colaboradora en la gestión del Estado hebreo, pero también el entusiasmo que opera de acuerdo con un ciclo acumulativo, en el que los mártires actúan como modelos a seguir por otros jóvenes. La gran novedad fue la participación de algunas mujeres, tres hasta nuevo aviso. Las bombas vivientes operan como los representantes de la sociedad palestina, ante la falta de legitimidad de una Autoridad Palestina que sólo tiene como justificación la de ser la única defensa institucional palestina frente a la represión israelí y no la adhesión de la población a la OLP.[77]

En la segunda Intifada no hay ya un retrato unificado posible, tanto han participado en ella los palestinos de toda procedencia, toda clase social y, prácticamente, todas las edades. Según Nasra Hasán, de las aproximadamente ciento cincuenta personas que participaron en atentados suicidas, ninguna correspondía al perfil de la personalidad suicida.[78] Ninguno de los mártires era analfabeto, miserable, ni estaba siquiera deprimido según su entorno. Muchos de ellos pertenecían a las clases medias y, salvo si estaban huidos, todos tenían un empleo remunerado. Varios desempeñaban empleos, incluso en la franja de Gaza, donde la tasa de desempleo es muy alta. Eran religiosos y, en su mayoría, llevaban barba. Asistimos pues a una gran diversificación de las personas implicadas, como si el sentimiento de rebeldía contra el poder israelí prevaleciera sobre las consideraciones personales de seguridad de las clases medias.

Las «bombas vivientes» pertenecen, en su mayoría, a Hamas o a la Yihad. Saben que, después de su muerte, la organización se encargará de su familia, a menudo con la ayuda de Arabia Saudí. La familia recibe entre tres mil y cinco mil dólares. Los recursos de Hamas proceden, en gran parte, de la diáspora palestina y de los países del Golfo. Irán contribuye con una cantidad que podría variar entre los veinte y los treinta millones de dólares anuales. Algunas asociaciones islámicas caritativas parecen aportar también su contribución. La administración Bush incluyó, en noviembre de 2001, a Hamas en la lista de grupos terroristas. En diciembre de 2001, los Estados Unidos confiscaron los bienes de la Holy Land Foundation, la mayor fundación caritativa islámica de los Estados Unidos, acusada de financiar a Hamas.[79]

No todos los kamikazes están dirigidos por grupos activistas. Algunos parecen no haber tenido afiliación conocida alguna, como Daud Alí, un tranquilo padre de familia de cuarenta y seis años, un musulmán que, según su hermano, no practicaba de manera asidua y no se había mostrado hasta entonces políticamente comprometido.[80] Pese a ello, la abrumadora mayoría está afiliada a una organización. La preparación del acto se realiza en un entorno que coloca al joven bajo la dirección de un miembro veterano del grupo. La lectura del Corán, sobre todo de las azoras que evocan la *yihad,* es una actividad asidua en la semana que precede al acto. El entorno se vuelve más estricto a medida que se acerca la fecha fatídica. Un testamento escrito y un vídeo donde el futuro mártir explica su acto forman parte del ritual.

¿Cómo las organizaciones como Hamas o la Yihad pueden crear vínculos de solidaridad entre los jóvenes dentro de la población palestina? ¿Se apoyan en las relaciones comunitarias o inventan otras nuevas? Las formas de solidaridad local o regional o la pertenencia a un clan o una facción actúan, innegablemente, en los distintos grupos que constituyen la *shabad*. Pero son las condiciones de vida impuestas por los rigores de la ocupación israelí y por el autoritarismo y el clientelismo de la Autoridad Palestina los que constituyen, como hemos visto, el caldo de cultivo de esta nueva forma de solidaridad. Ésta es, ante todo, consecuencia de la vida en una sociedad que vivió durante mucho tiempo una situación de semiguerra (la primera Intifada), luego la de una no paz (el período posterior a los acuerdos de Oslo de 1993) y, por último, una verdadera guerra (la segunda Intifada desde octubre de 2000).

La decisión personal

Aunque Hamas y la Yihad integren a los futuros mártires, no deja de ser cierto que la demanda viene de abajo. No hay coacción previa por parte de estas organizaciones y durante el período de efusión —sobre todo en la segunda Intifada—, la oferta de martirio supera ampliamente a la demanda. Siendo la dimensión organizativa de las «bombas vivientes» un dato irrecusable, su significado antropológico, vinculado a una decisión personal e individual en sumo grado, lo es en igual medida. Eso es lo que no dejan de decir los propios mártires. En su testamento, en las cintas de vídeo o en sus escritos, suelen evocar el carácter personal de su decisión. Anwar Sukar dijo: «Mi decisión en este mundo es ser mártir puesto que a Dios le gusta que lo sea. Espero que Él me brinde esta oportunidad».[81]

Este rasgo distingue al mártir moderno del de la víctima del sacrificio. Aquí, interviene un ego. No es, como en las tradiciones aztecas en México, una víctima del sacrificio cuyo asentimiento se obtenía con la droga y procedimientos de sugestión y manipulación sumamente ritualizados.[82] Aunque no hay que ignorar la manipulación de los candidatos por organizaciones como Hamas o la Yihad, ese factor sólo interviene después de tomada su decisión. Esto es esencial para comprender la modernidad de la sociedad palestina: en la casi totalidad de los casos, el futuro mártir no es empujado por la familia o la comunidad a abrazar la muerte sagrada, sino que lo hace a menudo contra su voluntad, a sus espaldas y por un acto individual. Esta individuación es indisociable de la aspiración a una nación. El adepto de la muerte sagrada intenta morir porque está en un mundo donde la aspiración a ser un individuo dentro de una colectividad soberana no puede realizarse en vida.

La dimensión religiosa sirve de justificante para ese estado de cosas. La revuelta, expresada en nombre del islam, encuentra los recursos necesarios para poner en juego la vida. La recompensa es lograr, después de la muerte, una situación de felicidad junto a Alá, por la adquisición de la envidiada situación del mártir. El paraíso está abierto para quienes perecen «en el camino de Dios». Al absolutizar el sentido de la lucha, al situarlo en el corazón de lo religioso, los combatientes superan la angustia de la muerte y consiguen adoptar un estado afectivo que los sitúa ya junto a los elegidos. Entonces, intentan morir a toda costa en el acto de servicio a la causa sagrada.

Los lugares como los cafés o las discotecas son blancos ideales porque están menos vigilados que las colonias, pero también porque son lugares de placer y fiesta de una juventud israelí que, al modo de ver de los mártires, es cómplice de sus padres por su participación en festejos de los que ellos están excluidos. A la visión puritana del islam se suma el rencor nacido de la visión de la fiesta por aquellos que les impiden acceder a los beneficios de la modernidad. Por lo que se refiere a la ausencia de desesperación que advierten algunos periodistas extranjeros, es preciso situarla en un contexto porque el compromiso martirial logra vencer la desesperación preexistente. Cuando el compromiso con la muerte sagrada alcanza una gran intensidad, el sujeto se encierra en sí mismo. Es una mezcla de despecho y desesperación que hace posible pasar al acto. Los psiquiatras son más sensibles a la dimensión de la desesperación que a la del despecho y la capacidad social de actuar.[83] Sin embargo, el paso a la muerte sagrada sirve tanto para superar el sentimiento de angustia como para ocultarlo.

Uno de los rasgos importantes de esta voluntad de morir y dar muerte al enemigo es el sentimiento de una animosidad sin fin, de una guerra que nunca llegará a su término. El futuro está cerrado. Una memoria colectiva se acompaña de un imaginario en el que el porvenir es peor que el presente, vivido a su vez como la degradación del pasado. Por eso, la primera Intifada es vivida actualmente, por quienes participaron en ella, como una edad de oro comparada con un presente mucho más sombrío, en todo, que el pasado. Creían que mejoraría la situación, que conquistarían la independencia política y que lograrían esa nueva dignidad que una larga guerra de desgaste con Israel había hecho sumamente improbable. El martirio era la promesa de un porvenir más radiante. Hoy, no presagia un porvenir mejor. Es la respuesta a la humillación sufrida por culpa de una sociedad israelí más desarrollada, más fuerte y más rica y que, en este enfrentamiento simbólico y real, posee todas las palancas. El único elemento que escapa a ese dominio es la muerte. Uno de los motivos centrales de los palestinos se refiere precisamente a la evidencia de que su única superioridad reside en su aptitud para morir, precisamente cuando su adversario israelí se aferra a toda costa a la vida, y que en eso, al menos por una vez, es inferior a ellos. Ponen su vida en la balanza sabiendo que la salida está bloqueada, pero superan la desesperación imaginando una situación apocalíptica: perecer y hacer que perezcan tantos enemigos como sea posible en un enfrentamiento donde no sienten miedo ante quienes viven obsesionados por los atentados y dar así pruebas de la permanencia de un honor y un orgullo cuestionados por la constancia de la presencia del ejército israelí. A la impotencia en la vida responden con la potencia multiplicada en la muerte, que sacralizan con referencias a un islam reelaborado y reinterpretado por la causa.[84] Las organizaciones islámicas se hacen cargo de los candidatos, pero no son, en absoluto, las protagonistas. Manipulan, sin duda, a los jóvenes, pero éstos son ante todo voluntarios.

El martirio cumple también una función adicional entre los palestinos. Su vida cotidiana está marcada por «trapicheos» que los ensucian a su propio modo de ver: mercado negro, contrabando, empleos precarios y formas más o menos mezquinas de latrocinio que hacen que se parezca a los «trabendistas» argelinos (literalmente, quienes saltan paredes) o a los jóvenes «desheredados» iraníes *(mustad'afin)* que llevan una vida económicamente degradante y socialmente humillante, al igual que la infamante colaboración con los servicios de información del enemigo. Esta indignidad interiorizada se transcribe en una lógica religiosa en términos de pecado. Se sienten culpables de verse acorralados en una situación sin salida en un mundo ambiente donde, a menos de una hora de allí, se desarrolla, en Israel, en el Líbano o entre los miembros de la diáspora palestina a quienes les unen amistades o lazos de parentesco, una vida incomparablemente más alegre, más opulenta, no agobiada por carencias elementales que se soportan con tanta mayor crueldad cuanto no resultan un problema entre los allegados que emigraron a Occidente. El martirio permite entonces al adepto volver a ser espiritualmente virgen, ver cómo sus «pecados» se borran por el arte de magia de una muerte que le abre las puertas del paraíso, a falta de permitirle acceder al mundo exterior. Por esta desaparición santificante, se libra de una cotidianidad envilecedora. Los deseos individuales de promoción social, de acceso a una modernidad consumista y de autoafirmación se ven superados por la aspiración a fundirse con los mandamientos de Alá. La única intención sagrada es ya la de prescindir de los propios deseos para abrazar una causa noble, la de Dios. La muerte al servicio de Alá hace posible superarse a sí mismo, neutraliza el dolor de una individualidad que no ha podido ver ni un principio de realización, atenúa el lancinante sentimiento de una injusticia cotidiana en la que la presencia arrogante de los israelíes y la desvergonzada concusión de los agentes de la Autoridad Palestina se dan la mano para hacer desesperante la existencia de la *shabad*. Por la muerte, se adopta una modernidad que no pudo realizarse en este bajo mundo y que comenzará a realizarse en el más allá, si el candidato a la muerte sagrada ha sido capaz de actuar con la pureza de intención necesaria para ese acto piadoso. El neoascetismo se pone también en movimiento. La religión sirve para legitimar el rechazo de un mundo que, en la intimidad de la vivencia de la *shabad* se le ha escapado ya en lo concreto de su experiencia de todos los días. Rechazan una modernidad de la que, desde el comienzo, han estado materialmente excluidos, aun estando mentalmente implicados en ella.

Contrariamente a constataciones simplistas, la presencia de las huríes (vírgenes transparentes y voluptuosas del paraíso) no es determinante en la voluntad de los mártires de acceder a él. El imaginario musulmán tradicional estaba encantado con la hechicera presencia de estas mujeres sensuales cuya virginidad renacía sin cesar, destinadas a satisfacer una sexualidad no limitada por las condiciones económicas del creyente en este mundo, y sin culpabilidad, contrariamente al cristianismo. La modernización de las sociedades musulmanas ha engendrado un puritanismo que se concibe como el rechazo del hedonismo occidental: para los adeptos, éste intentaría seducir y pervertir a los musulmanes. Al rechazar la sexualidad desenfrenada de Occidente, se neutraliza su capacidad para tentar y depravar a los adeptos de Alá. El neoascetismo, por otra parte, tiene el objetivo de unificar la identidad de estos musulmanes que pretenden ponerse en pie de igualdad con los occidentales y que, incapaces de ello a causa de su pobreza, recurren a hacer ostentación de refrenar su deseo y limitar sus aspiraciones, materiales y libidinosas. El rechazo de la sexualidad y del consumo se convierte en el lugar donde el enfrentamiento resulta ventajoso para los adeptos de Alá, en la medida en que, por una disciplina interiorizada y por el explícito rechazo del hedonismo, pueden construir una identidad rigorista que se magnifica al oponerse a los malsanos y diabólicos atractivos de un Occidente tentador.

El candidato al martirio, una vez formulado su deseo y asumido su aprendizaje por la organización, está ya, en parte, muerto para el mundo. Se encuentra a punto de partir, vive el tiempo que le queda como la espera de una liberación. Si tiene dudas, las personas especializadas (los molás del Basiye en Irán, dos miembros de Hamas...) intentan fortalecerlo en una fe vacilante que podría hacerle renunciar a su tarea: se convierte entonces en un «mártir viviente» *(shahid al hayy)*.[85] Hace ayunos y plegarias suplementarios, se impregna del Corán y hace actos de contrición ante aquellos con quienes está en deuda.[86]

En este período crucial, en el que puede reanudar las formas normales de la vida y volverse atrás en su decisión de morir, es importante para la organización aislarlo del estado de ánimo que preside la vida cotidiana. Se hace todo para «levantarlo» por encima de las mezquinas preocupaciones de una vida aferrada a los bienes perecederos de este mundo. Tiene la sensación de que va a abrazar la eternidad. La organización se encarga de mantenerlo en ese estado de sublimidad. Se le describen casos de ilustres predecesores, ya sea en el entorno del Profeta o ejemplos más cercanos, como los de los jóvenes que accedieron al martirio antes que él y que lo esperan para recibirlo en el empíreo antes de entrar en el paraíso.

El tipo de muerte elegido marca la pregnancia del presente sobre su decisión. Atiborrado de explosivos estallará en mil pedazos y reproducirá, así, la imagen de esa tierra palestina fragmentada entre las colonias y regida por estatutos igualmente heterogéneos. Al dispersar su cuerpo en mil pedazos, se unifica en el martirio. Al deshacerse de su cuerpo despedazado, que representa su vida en este bajo mundo, adquiere una unidad superior que le lava de sus pecados y le da lo que se le niega en el mundo: un estatus, una existencia, un significado sublime, es decir, una individuación que no pudo encarnarse en la vida real dentro de una nación soberana. En su explosión, arrastra consigo a los israelíes, reduciéndolos a la situación que ellos han impuesto a su país. Fragmentación, remiendo, descuartizamiento, cada colonia judía es una astilla en su carne que ha vivido al ritmo de los registros y las pesquisas cotidianas. Al destinar su cuerpo a un estallido total, se «espiritualiza», renuncia a lo que le ataba a la vida terrenal, en donde no ha podido comprender lo que era tener una «patria», un país propio, como una prolongación del propio cuerpo.

En las sociedades unificadas desde hace mucho tiempo bajo la égida de un Estado nacional, se olvida a menudo que el país es como una extensión del cuerpo y que, al moverse en él, el individuo tiene la sensación de vivir en su propio hogar, que siente íntimamente, en su propia carne. Uno se vuelve una sola cosa con su país del mismo modo que vive su identidad en su permanencia, a pesar de los cambios de humor y de estado mental. Un país real significa una administración autóctona, un Estado que le pertenezca a uno, un modo de organización autónoma que recuerda la identidad nacional, en resumen, un conjunto de hechos que se construyen en relación con una geografía homogénea, que recuerda la del propio cuerpo.

Para los israelíes, el horror de una muerte tan inhumana deshumaniza más aún a los palestinos. Entre los judíos ortodoxos, este horror se ve multiplicado, pues, según la tradición, el cuerpo debe ser entregado intacto y entero a Dios. Las explosiones que despedazan el cuerpo de los inocentes en los lugares públicos cuando, a menudo, no habían tenido participación alguna en la represión de los palestinos, como por ejemplo las muchachas y los ancianos, impiden devolverlos intactos a la tierra, pues los fragmentos, diseminados, son a menudo difíciles o, incluso, imposibles de reunir íntegramente. Ese quebrantamiento de la tradición plantea problemas a los practicantes ortodoxos judíos, para quienes al dolor de ver a sus seres queridos víctimas de una muerte profundamente injusta se suma un agravio en su religiosidad. Lo que es vivido como un acto de liberación en la muerte por las «bombas vivientes» y como una revancha es vivido, en cambio, por los israelíes como un *casus belli* adicional. La inhumanidad de los mártires les demuestra que no son dignos de un trato decente, que las sevicias que les infligen durante los interrogatorios son legítimas, que no se puede confiar en ellos y que el único remedio eficaz es la represión y, si es necesario, la expulsión de los territorios ocupados.[87]

El martirio se convierte en el emblema de una relación viciada con el otro, en la que la muerte de éste cobra más importancia que la vida. A la muerte como mártir, los israelíes responden con el intento de repoblar territorios palestinos con los asentamientos, además de la represión armada, lo que reaviva el odio de los palestinos y su sentimiento de desposesión y expropiación. Lo político como categoría fundadora de la ciudad desaparece en beneficio de un odio casi ciego. El círculo vicioso de la violencia y de la contraviolencia se encadena inexorablemente, tanto de un lado como del otro y, en último término, la capacidad de salir de esta situación escapa a los protagonistas que se ven cegados, como el héroe griego, por los dioses del *ubris* y sólo pueden impulsar una mayor violencia, no una coexistencia negociada.

Relación con los suyos y con los demás

Para el adepto, el martirio es la ocasión de hacer las paces con los suyos. Las familias palestinas sufren una gran tensión vinculada a una modernización frustrada. Todos los problemas cristalizan en la familia, que se convierte en el lugar de disensiones entre los jóvenes y los adultos, entre padres e hijos, pero también entre los distintos miembros de una familia a veces ampliada. El martirio es la ocasión de poner fin a esta situación. En su testamento, el adepto pide ritualmente perdón, a los unos y a los otros, por una posible falta de respeto. El martirio da también la ocasión de actuar de modo que la familia salga beneficiada en este mundo por la ayuda que le proporcionarán las organizaciones islamistas y Arabia Saudí y, en el otro mundo, en términos de mérito. Por el martirio, se supera la penuria, si no en este mundo, al menos en el otro. Gracias al sacrificio, los miembros de la familia ocuparán un lugar privilegiado junto a Alá. Serán tratados allí con los miramientos que deben tenerse con aquellos cuyo hijo ha muerto por una causa sagrada. Si en este bajo mundo se vive con insignificancia e indignidad, en el más allá la situación va a invertirse. No sólo saldrá beneficiado el mártir, sino que obtendrán ventajas también todos aquellos que tuvieron con él relaciones de parentesco.

El acto del mártir no se dirige pues sólo a Israel. Se dirige también a los palestinos. Mientras vivía, el mártir era alguien insignificante que no tenía derecho alguno a una existencia digna. Como los miles de jóvenes palestinos encerrados en campamentos o en Gaza, con las más altas densidades de población del mundo, era uno de esos *homonculi* cuya vida o cuya muerte no tenía importancia alguna para los demás. Vivos, son una cantidad desdeñable no sólo para los israelíes que, en el mejor de los casos, quisieran ignorar su existencia, sino también para el poder palestino, que ve en ellos a unos potenciales aguafiestas por su celo intempestivo al servicio de los islamistas de Hamas o la Yihad.

El camino real para salir de la mediocridad a la que se sienten empujados es una muerte gloriosa, precisamente esa que será celebrada por su barrio y su sociedad como una importante victoria simbólica sobre el enemigo, alabándolos en los carteles que llevan su foto en uniforme de combate, *post mortem,* como seres excepcionales. Se hablará de ellos en Israel y, a mayor escala, en el mundo entero. Tanto más cuanto han tejido una amplia complicidad con la muerte, que se ha vuelto algo muy trivial para ellos. Aquí, la vida va desgastándose en contacto con la muerte o con su proximidad en situaciones tensas que se convierten en normales y ponen a prueba el equilibrio mental. El ejemplo de la franja de Gaza es edificante: se extiende por 45 km de largo y 10 km de ancho, con más de 18.000 habitantes por km^2: más del 80% de la población no puede salir de ella, pues el acceso a Cisjordania o a Israel ha sido limitado por los israelíes. Morir, para esos jóvenes, significa la gloriosa salida de un confinamiento espacial y económico que, literalmente, los asfixia. Aquí, lo insoportable no es sólo el espectáculo cotidiano de la humillación impuesta, sino la sensación de estrangulamiento por un enclave que hace la vida imposible por exceso de población en un territorio exiguo.

La visión apocalíptica del martirio

La lógica del martirio puede llegar hasta una visión apocalíptica. Va a abandonarse este mundo abrazando la muerte sagrada porque toca a su fin y va a producirse un apocalipsis cuyas premisas las pone el martirio, generalizado a la sociedad entera, señalan algunos palestinos. Esta visión es compartida también por grupos de judíos y de cristianos sionistas. Para ellos, se trata de apresurar el advenimiento del Mesías preparándole el terreno, de acuerdo con las predicciones de la Biblia.

Para los «protestantes sionistas» americanos, varios hechos tienen una legitimidad bíblica y apuntan hacia el fin de los tiempos. El establecimiento del Estado de Israel es una señal precursora del advenimiento de Cristo. El proceso de paz entre israelíes y palestinos retrasa la Promesa de Dios (el advenimiento del Mesías); por último, Jerusalén, en su totalidad, debe estar bajo la égida de Israel por razones teológicas sacadas de la Biblia. Israel está bendito: benditos están quienes lo bendicen y malditos quienes lo maldicen. Los palestinos en particular, y los árabes en general, son paganos y constituyen el partido de Gog y de Magog. En resumen, el reino del Milenio no tardará en comenzar, pero para que ello suceda la condición necesaria es que los paganos sean destruidos en el combate de Armagedón.[88]

Para algunos sionistas cristianos, la llegada del Anticristo antes del advenimiento de Cristo exige que se cumplan varias condiciones. Esta versión es retomada por algunos musulmanes que piensan que el reinado de Dayyal (el Anticristo musulmán)[89] es inminente y nos acercará al fin del mundo y a la resurrección.

Según las predicciones de la Biblia, especialmente en las profecías de Daniel, Zacarías y Ezequiel, reinterpretadas por los cristianos sionistas, el Tercer Templo de Salomón debería construirse. Pero en su sitio se encuentra la mezquita Al Aqsa y habrá que derribarla para conformarse a las exigencias bíblicas y acomodar el mundo a ellas para hacer posible el advenimiento del Mesías.

Una parte de esta concepción ha sido adoptada por algunos palestinos que la han convertido en la piedra de toque de su experiencia del fin del mundo, sustituyendo el Mesías judío o cristiano por el del islam. En *The Day of Wrath (El día de la ira),* el autor Safar Ibn Abd al Rahman[90] describe minuciosamente los sionismos judío y cristiano y su visión apocalíptica, al tiempo que aporta, al final, su propia contribución. La segunda Intifada sería el comienzo del fin del mundo que terminará en el Apocalipsis y cuyas premisas se encuentran en la destrucción de Israel en los diez próximos años. El autor comparte con los sionistas judíos y cristianos la idea de que Dios ha dejado, en las sagradas escrituras, entre ellas la Biblia, indicaciones que permiten predecir el porvenir, siempre que se lean convenientemente, dotándose de los adecuados instrumentos hermenéuticos. Por la comprensión apropiada del Corán y de la Sunna (Tradición del Profeta concentrada en los hadices, sus relatos, debidamente repertoriados) se conseguirá desvelar el sentido del porvenir. Los cristianos y los judíos rechazan la luz de la profecía islámica y, en eso, están ciegos, al interpretar el porvenir de acuerdo con una concepción falseada del Apocalipsis. Los textos bíblicos, leídos a través de la luz del islam, revelan su contenido, que es el mismo que nos ofrece la religión de Alá. Provisto de los hadices tomados de Al Bujari (una de las autoridades más reconocidas por su compilación en el islam suní, el autor de *El día de la ira* muestra que el inicio de la nueva era no es el advenimiento del Estado de Israel sino la guerra santa musulmana, la *yihad.* Encuentra signos precursores en la segunda Intifada. Si ésta no es la última *yihad,* es indudablemente su preparación. Los palestinos son los designados para ser los precursores porque han sufrido «el fuego del monopolio capitalista, de la usura judía, del despotismo y del boicot americano». Su propia debilidad los señala como actores del fin de los tiempos, algo que predicen ya los mensajes transmitidos por Joel e Isaías. La cuestión es saber cuándo llegará el día de la ira del Señor. ¿Cuándo va a destruir Alá lo que es, según expresión de la Biblia, «la abominación de la desesperación»? ¿Cuándo las cadenas de Jerusalén se romperán y se restaurarán en su legitimidad sus derechos? Según él, la respuesta se encuentra en las profecías de Daniel. Cuando éste designa el período entre la desesperación y el consuelo, identifica el año 1967 como el de la abominación de la desolación, algo que, según nuestro autor, se produjo efectivamente por la derrota de los árabes y la victoria de Israel en la guerra de los Seis Días. Desde entonces, el fin (o el comienzo del fin) se producirá cuarenta y cinco años más tarde, de acuerdo con las predicciones, es decir el año 2012 de nuestra era o el año 1433 de la hégira. No puede garantizarse, sin embargo, que este año sea el verdadero, aunque todo nos incite a creerlo. El Apocalipsis se producirá, según este autor, dentro de una década.

Tanto desde el punto de vista de los cristianos, como del de los judíos y los musulmanes milenaristas, los conflictos israelo-palestinos superan pues ampliamente el marco de estas dos sociedades. La presencia de Jerusalén, ciudad santa para las tres religiones con origen común en Abraham, las nuevas formas de transmisión de informaciones por los medios de comunicación en el mundo entero, de modo instantáneo, así como los diversos tipos de fundamentalismo asociados a una tierra que tiene un estatus de santidad para casi la mitad de la humanidad, todos estos factores hacen que la visión apocalíptica se alimente de la guerra y, en parte también, la alimente como signo precursor de una nueva humanidad que abrazará, por fin, el fin de los tiempos. Esta concepción inspira también, aunque marginalmente hasta hoy, el martirio palestino. A las «bombas vivientes» no les desagradaría ver cómo su muerte acelera el fin de los tiempos y no sólo sirve para combatir al enemigo israelí sino también para inaugurar una nueva era. Esto les conferiría un lugar más glorioso aún en el panteón de los elegidos donde pretenden entrar.

Entre el dominio de la muerte y la fascinación por ella

Al poner en juego la vida con miras a un proyecto sagrado, el martirio lleva en sí una relación compleja con lo absoluto. Está, al principio, al servicio de este absoluto y se subordina a él. En el caso palestino, la muerte sagrada es un testimonio que pretende vencer al enemigo israelí haciéndolo perecer con uno mismo. La nación sacralizada y negada por el adversario israelí es el horizonte de la intencionalidad martirial. Pero el movimiento hacia la muerte tiene de particular que puede invertir el medio y el fin en una actitud en la que morir y hacer morir pueden convertirse en un fin en sí mismo. El movimiento hacia la muerte sagrada puede metamorfosearse en negación de la vida en lo absoluto, desligándose de los objetivos a los que estaba subordinado al principio. Este fenómeno, que se percibe tanto en el martirio iraní como en el palestino, es una propensión insensible que encontramos en las formas decisorias extremas, ya sea en el cristianismo primitivo o entre los adeptos contemporáneos de Alá. Puede producirse en la sociedad una efervescencia particular, en la que la embriaguez de morir se convierte en autónoma con respecto a la realización de lo sagrado, que era el objetivo primitivo del martirio. De medio para realizar un fin sagrado, éste se convierte en autosuficiente, se hace sacrificio en una visión mortífera donde el gozo de morir engendra en los supervivientes un deseo aún mayor de seguir los pasos del mártir. La emulación en la muerte sagrada puede ir *in crescendo*, como un prurito que aumenta a medida que encuentra su satisfacción, contrariamente a la lógica de la saciedad que debiera animar cualquier deseo «normal». Hay en el martirio una abnegación y una voluntad de sacrificio que puede volverse autárquica. Se instaura una especie de justa entre los pretendientes, cada uno de los cuales quiere acceder a la muerte antes que los demás, con preferencia a los demás, en una actitud donde la abnegación desaparece progresivamente en beneficio de una intencionalidad fascinada por la muerte. Esto se produce particularmente en los grupos cerrados o en condiciones especialmente trágicas que originan este sentimiento de despecho interiorizado en el que cada cual ve crecer en sí mismo la aspiración a acabar con la vida llevándose el máximo de otras personas incriminadas como cómplices de un orden detestado. Todo actúa entonces en el segundo plano de la conciencia, donde la efervescencia martirista opera en recinto cerrado y siguiendo insensiblemente los meandros de una subjetividad que se desliga progresivamente de la realidad y de su objetivo primitivo de dar muerte al servicio de un ideal sagrado. Este paso al extremo se produce a menudo cuando la situación concreta empeora y las salidas están cerradas o son sentidas como tales por los adeptos. En el caso palestino, el paso de la primera Intifada a la segunda engendró una radicalización que empuja, bajo mano, hacia una fascinación de la muerte para sí y para los demás (del lado palestino), y hacia la embriaguez de la represión, del otro (del lado israelí). Hasta ahora, esta dimensión ha desempeñado un papel marginal, pero podría fortalecerse si la convicción de una paz imposible llegara a sustituir la veleidad de realizarla, en los protagonistas.

EL CASO LIBANÉS: ENTRE EL MARTIRIO Y LA MUERTE ABSURDA

En el caso iraní, la utopía de una sociedad islámica y armoniosa es desmentida por los hechos. En el caso palestino, se ve contrarrestada la voluntad de edificar una nación. El caso libanés es mucho más ambivalente. Por una parte, porque se trata de una sociedad en la que un mosaico de comunidades distintas, musulmanas y cristianas, coadministraron el país desde la fundación del Estado libanés. La crisis de este modelo multiconfesional y la invasión del país por Israel engendró una situación nueva en la que prosperó el martirio. Pero si en los casos iraní y palestino estábamos ante un amplio consenso sobre la identidad del enemigo, en el Líbano este enemigo está fraccionado y no hay unanimidad sobre su identidad. Para una parte importante de los cristianos, el ejército israelí, al intervenir en el Líbano, los salvó de la desintegración con que los amenazaban los palestinos, los shiíes apoyados por los iraníes y los sirios. Para los musulmanes libaneses, ese ejército de ocupación que impuso a una milicia, directamente subvencionada por él, constituía el enemigo público número uno.

La guerra civil del Líbano se desarrolló en una situación de profunda crisis del Estado. Desde 1975 hasta el final de los años ochenta, asistimos al caos interior, a la ocupación del sur del Líbano por el ejército israelí, a la constitución de la milicia libanesa bajo su égida y a la división de Beirut en dos zonas. Las comunidades se repliegan sobre sí mismas y se desarrolla entonces un tipo de muerte, a menudo absurda, vinculada a la adversidad entre grupos y facciones.[91] La intervención de los países de la región en el conflicto libanés y, en particular, la de Siria, Arabia Saudí, Irán, Israel, Libia, los Estados Unidos y la Unión Soviética transforma la guerra civil libanesa en un largo conflicto en el que distintos poderes regionales intervienen a través de las milicias y los ejércitos privados. Asistimos al aumento del poder de las facciones desligado de cualquier ideal.

Con la perpetración de las matanzas y la formación de bandas que se alían y se disocian rápidamente, se forman guetos comunitarios que antes no existían. Durante doce años, Beirut Oeste, de mayoría musulmana, se encuentra separado de Beirut Este, de mayoría cristiana, por una línea de demarcación llamada «línea verde», en la que los «francotiradores» mataban a quienes intentaban cruzarla.

Durante este período, el cambio de alianza local y la creciente inseguridad dieron a los beirutíes la sensación de que nada es anodino en la vida cotidiana, ni pasear, ni hacer las compras, ni siquiera caminar. El enemigo estaba por todas partes y todo podía cambiar en pocos instantes, sin transición. De 1975 a 1983, se registraron unas 16.780 explosiones en el Líbano, cuyas cargas variaban de un kilo a una tonelada y media, que causaron unas cuatro mil víctimas. La radio desempeñó entonces un papel esencial. Aunque la distribución de los periódicos se vio a veces perturbada, varias radios como la Voz del Líbano (falangista), la

Voz del Líbano Libre (milicias cristianas), la Voz de la Patria (suní, en Beirut Oeste), la Voz de la Montaña (comunista drusa en el monte Líbano) daban informaciones sobre los combates y las zonas que debían evitarse.

Desde 1948, tiene lugar la llegada masiva de palestinos a Beirut y los barrios de barracas que se establecen al este, al sureste y al sur de los arrabales de la ciudad forman un cinturón de miseria a su alrededor. En estos barrios de barracas viven una mayoría de palestinos (63,5%), libaneses shiíes originarios del sur del Líbano (16,5%), sirios (13,2%) y kurdos (6,8%).[92] Una parte de estos habitantes interviene en las rivalidades entre facciones, en las venganzas y contravenganzas y provee de una población movilizable, con dinero, por un bando contra otro, que se ofrece al mejor postor.

Tres tipos de actores intervienen en el drama cotidiano de los habitantes de la ciudad: el francotirador, el miliciano y el mártir.

El francotirador

El francotirador es la pesadilla de los habitantes. Sobre él se desarrolla en la ciudad una psicosis, basada en el hecho de que es imposible escapar de él una vez que has entrado en su punto de mira. Emboscado, provisto de un fusil con mira telescópica y cajas de municiones, arrellanado en una silla, aguarda la presa. El 75% de los blancos quedan mortalmente heridos por la primera bala. Cada francotirador mata por término medio diez víctimas al día. Es eficaz entre 250 y 500 metros y las posibilidades de salvarse son ínfimas. No es un independiente sino que trabaja por cuenta de los jefes de bando. Por lo general es disciplinado y los jefes conocen al detalle su actividad y su posición con toda precisión. El francotirador no se adhiere a ideología alguna y se vende al mejor postor.[93] Para él, hay que abatir todo lo que se mueve, incluso los animales. Su papel es el de separar herméticamente el este del oeste de la ciudad y trazar así una línea de demarcación infranqueable entre las dos comunidades, musulmana y cristiana.

La milicia

Otra figura que siembra la muerte durante este período es la del miliciano. Practica la toma de rehenes y la ejecución de personas según su «carnet de identidad», en el que se menciona la pertenencia confesional. Esta práctica fue sistematizada por los falangistas. El 6 de diciembre de 1975, conocido como el «sábado negro», casi doscientos musulmanes fueron ejecutados fríamente. Las milicias practican el secuestro y el asesinato, raptan, juzgan y ejecutan en función de la confesión, sea creyente o no el detenido. A partir de septiembre de 1982, tras las matanzas de Sabra y Chatila y a consecuencia de la retirada israelí de Beirut, el ejército libanés pierde el control de Beirut Oeste. A partir de febrero de 1984, era expulsado por Amal. Desde entonces, los servicios de seguridad, las fuerzas libanesas y otras facciones procedieron a detenciones masivas.

Se asiste entonces a dos tipos de muerte. Uno, teatralizado y solemne, orquestado por los medios de comunicación; otro, clandestino, del que no se conoce el lugar ni la fecha exacta de la ejecución. En el primer caso, los detenidos son paseados por la calle, a veces encadenados, maltratados, atados a vehículos. Los espectadores aplauden, insultan, gritan e incluso golpean al condenado. A veces los cadáveres son quemados y expuestos en las cunetas de las carreteras. A menudo los asesinos no se limitan a matar, saborean la muerte de su presa, la humillan y la torturan antes de ejecutarla. Se trata de la destrucción del otro para autoafirmarse. Por eso se divide la muerte de la víctima en mil secuencias, para saborearla mejor. Los castigos son el colmo del horror, pues el cuerpo torturado se convierte en la propiedad individual de los milicianos. Su destrucción significa la de los valores sociales y morales del adversario y de su religión, que se ve cosificada y transformada en un principio de mal absoluto.

El poder sobre la persona detenida por su raptor le da confianza en sí mismo y un sentimiento eufórico de poder ilimitado, de vida y de muerte, sobre su víctima. Su ejecución engendra una sed renovada de otras muertes.[94]

En este juego de toma de rehenes, de condena sumaria, de tortura, de asesinatos y, a veces, de matanzas, hay a veces supervivientes. Por razones aleatorias, pueden escapar de la muerte, bien porque conozcan a un miembro influyente de la milicia, bien porque logren ser rescatados a cambio de dinero o, por último, porque consigan huir. Resulta de ello una sensación de insignificancia de la vida, de absurdo incluso, y sobre todo de culpabilidad: otros han muerto y el hecho de haberse librado significa que se les ha abandonado a su triste fin, al sobrevivirles egoístamente.[95]

La muerte dada al igual que la recibida se desarrolla especialmente durante la disgregación del Estado libanés. Cada partido político, cada bando, cada facción dicta su propia ley. En vez de la violencia impersonal y normalizada del Estado surge la personalizada, arbitraria y subjetiva de unos y otros, persiguiendo cada uno de ellos sus propios fines y entregando a la vindicta de su grupo a los culpables merecedores de la muerte. En ausencia de instituciones que se encarguen de controlar a los «culpables», como cárceles y prisiones, la ejecución es el medio más seguro y más económico de aplicar la pena. La existencia de los campos no basta para dar una sensación de continuidad suficiente a la aplicación de la pena, puesto que pueden ser tomados por asalto. Entonces, la muerte asegura la irreversibilidad de la sentencia.

Detenido, el rehén tiene casi la certeza de ser ejecutado de un momento u otro, lo que constituye para él una terrible prueba, sin duda el suplicio más intolerable. En este plano, la subjetividad se sitúa en las antípodas de la del mártir. Unos y otros están seguros de morir, los mártires en un momento fijado de antemano, en principio, los rehenes en un futuro indeterminado. Sin embargo, la diferencia fundamental estriba en el hecho de que los mártires son voluntarios mientras que los rehenes son víctimas involuntarias.

Los milicianos van a menudo encapuchados. Pero la máscara puede revestir un doble significado, según se esté del lado de las víctimas o del de los verdugos. En el segundo caso, se trata de un capuchón abierto a la altura de los ojos, que pretende crear un ambiente de terror y resguardar a los verdugos de la mirada de las víctimas. La máscara puede ser también una especie de saco que se coloca en la cabeza de las víctimas y, entonces, se incrementa la sensación de inseguridad al negarles la visión del mundo y confinarlos en una oscuridad asfixiante. La capucha anula la responsabilidad del ejecutor y niega a la víctima el derecho a identificar a su verdugo.

La ejecución de las víctimas por las milicias tiene lugar a menudo en un ambiente de fiesta, de orgía incluso: arrastran a los prisioneros heridos o su cadáver cantando, lanzando gritos, tocando el laúd o pataleando, a veces los milicianos se drogan incluso antes de la ceremonia, o hacen el amor para dar un sentido más jubiloso a esta fiesta colectiva. Hay transgresión de lo prohibido, goce en la crueldad y combinación del alcohol, la danza y la droga en esta feria de la sangre. La de la víctima vuelve a unir a los miembros del clan, de la familia, de la confesión; engendra, como en las ceremonias del chivo expiatorio, un sentimiento revitalizado del grupo por la entrega a la vindicta colectiva de los detenidos. En estas ceremonias, los ejecutores se meten en la piel de los héroes porque quebrantan el tabú de matar. La falta de respeto hacia el cadáver de las víctimas y las bromas escabrosas sobre ellas contribuyen a deshumanizarlas y a dar la sensación de una legitimidad absoluta al grupo. Llegan a violar las tumbas, a encerrar en ellas a personas vivas, a tomar cadáveres y disecarlos. Las mujeres y las muchachas no se libran de ese horror. Su violación, a menudo ante el marido o los padres, tanto si se trata de niñas de doce o trece años como de mujeres de edad, a las que se fuerza al acto sexual y que, luego, son ejecutadas, constituye un hecho corriente. Se trata de sentir un placer sexual, pero también de destruir simbólicamente el cuerpo del otro en su descendencia femenina, así como a su familia. En las mujeres violadas hay la herida del cuerpo, pero también la vergüenza, el sentimiento de culpabilidad por haber deshonrado a su familia y a su clan y miedo a hablar de ello después. El sexo se alía con la muerte en un ambiente en el que cada cual puede castigar al otro y en el que los más poderosos son los que ejercen el derecho de vida y muerte sobre los más débiles, rodeados de pandillas de milicianos que los protegen y ejecutan las tareas más bajas.

En la sociedad global, lo arbitrario de las detenciones y de las ejecuciones impulsa a la relajación de las prohibiciones y obligaciones sociales. Los niños son las primeras víctimas de ello. Se vuelven egocéntricos, indiferentes a los demás, fascinados como están por los actos guerreros y las atrocidades, en particular los asesinatos.

La sección de sucesos de los periódicos está llena de acontecimientos indirectamente asociados a la guerra civil: fulano ha muerto limpiando su revólver, que se le disparó y lo alcanzó mortalmente; los niños, jugando en la calle, encuentran un saco que contiene una cabeza cortada. El estilo es frío e impersonal. El periodista no da la causa, sólo se menciona el hecho en el horror de su singularidad, lo que trivializa la muerte y la inscribe en una cotidianidad guerrera. La guerra civil engendra, a su vez, la necesidad de consumo de horror. Cada cual espera cada día su dosis de catástrofes. Éstas tranquilizan insidiosamente. Si otros han muerto, la señal tranquilizadora es que uno no está aún entre ellos. Su muerte «da testimonio» de la vida del lector de las noticias, desempeña una función sustitutoria en un sentido perverso: han muerto en lugar nuestro, por una suerte inaudita para nosotros y por desgracia para ellos, pero no para garantizar la cohesión de nuestra comunidad con un sacrificio libremente consentido. Aquí, el individuo atomizado encuentra en la muerte de su prójimo la ocasión de recordar su «suerte» y la «desgracia» de quien ha sucumbido por puro efecto del azar.

EL MÁRTIR LIBANÉS

Dejando aparte las figuras arquetípicas del francotirador y del miliciano, existe otra que ha desempeñado un importante papel en la guerra del Líbano, la del mártir. Ésta se manifiesta primero en las operaciones suicidas contra el ejército de ocupación israelí.

El mártir libanés tiene su origen en una motivación político-religiosa que se inscribe en una representación shií bajo la autoridad del Hezbolá, de una voluntad de lucha nacional por aquel entonces exclusivamente política. El mártir está movido por una voluntad de liberación nacional, ya sea en el marco de un partido político nacional o del partido comunista. Dos tipos de mártires intervinieron en las operaciones kamikazes.[96] Por una parte, los profesionales que preparaban de antemano las operaciones acudían al lugar y, si las condiciones no se prestaban a ello, dejaban para más tarde su acción. Junto a ellos están quienes, regulados como una bomba de efecto retardado, una vez lanzados no pueden ser detenidos ya.

Acciones suicidas se llevaron a cabo contra blancos americanos y franceses. La embajada de los Estados Unidos en Beirut Oeste fue destruida el 19 de abril de 1983, causando 39 muertos. Un atentado contra la misma embajada en Beirut Este, el 20 de septiembre de 1984, causó 23 muertos y 69 heridos. Los camiones suicidas lanzados contra la residencia de los marines americanos y las fuerzas francesas, el 23 de octubre de 1983, causó 262 víctimas americanas y 80 francesas. Los dos hombres que llevaron a cabo las operaciones, conocidos con los nombres de Abu Mazen y Abu Say'an, tenían 26 y 24 años respectivamente. Una de las primeras operaciones suicidas contra el ejército israelí tuvo lugar en 1982, contra el edificio donde se había instalado el contingente militar israelí en Tiro, el 11 de noviembre de 1982. Causó 47 muertos y 27 desaparecidos. El autor, Abu Kasir, había nacido en 1967 en el sur del Líbano. En 1985, una operación suicida contra las patrullas israelíes fue realizada por una muchacha de 17 años, Sana Mhaydli, nacida en 1968 en el sur del Líbano, en una familia shií. Pertenecía al Partido Nacional Sirio Social. Partido no confesional, defiende la formación

Gran Siria, dentro de la cual quedarían unificados el Líbano, Iraq, Siria, Jordania, Palestina y Chipre. Sus mártires afirman luchar por la liberación de Palestina y del sur del Líbano del yugo israelí. Las mujeres desempeñan un papel nada desdeñable, a diferencia de los shiíes, cuyas mujeres no participan en este tipo de empresa. Otro partido laico lanzó a sus mártires contra el ejército israelí: el Partido Comunista libanés. Yamal al-Sati, miembro de este partido, se dirige, en su testamento, a los «pobres del mundo entero». Había nacido en una modesta familia de la Bekaa. Una muchacha, Lola Abbud, comunista también, apodada la «Flor de la Bekaa», figura asimismo entre los mártires.

La mayoría de los mártires procede de familias modestas, menesterosas incluso, del sur del Líbano. El mártir iraní del Basiye deja a menudo escritos y un testamento, acompañado de una casete y, más raramente, una cinta de vídeo. El empleo de las cintas de vídeo se generalizó con los mártires libaneses. Sana Mhaydli trabajaba en Beirut Oeste en una tienda de venta de cintas de vídeo. Dejó un vídeo en el que se despedía de sus parientes y amigos. Encontramos allí los temas predilectos de los mártires. El primero es la conversión de la tristeza en alegría. Siguen las motivaciones del acto, vinculado a la lucha contra el opresor. El tercero es la identificación de la muerte como mártir con el matrimonio, lo que justifica los festejos, el rechazo de la tristeza y la necesidad del júbilo colectivo. El mártir no muere sino que sigue vivo y presente entre los suyos. La muerte sagrada no es un deber ni una carga, sino la realización del más ardiente deseo. El tema de la sangre del mártir es muy importante también. Al derramarse en la tierra, revitaliza la causa sagrada de los combatientes contra las fuerzas del Mal. Su virtud taumatúrgica nace al brotar fuera del cuerpo, lo que libera la energía de los combatientes y garantiza la futura victoria sobre los opresores. Por último, viene la invocación a la familia, en especial a la madre para que bendiga a su hijo o su hija mártir y apruebe el sentido de su acción, para promover los ideales sagrados por los que se ha sacrificado. Así, Sana declara: «Soy la mártir Sana Yusef Mhaydli, tengo 17 años; soy del sur. Del sur del Líbano. El sur ocupado y oprimido, el sur resistente y revolucionario... Soy del sur de los mártires, del sur del cheij Raghab Harb... del sur del héroe Wayi al-Sayegh... Que vuestro júbilo estalle el día de mi muerte como si fuera el de mi boda... Espero que mi alma se reúna con la de los demás mártires y caiga como el rayo sobre la cabeza de los soldados enemigos... No he muerto sino que sigo viva entre vosotros: canto, bailo, realizo todas mis ambiciones, me colma encarnar el heroísmo y el martirio... No lloréis por mí... Sed felices, reíd porque en la vida hay siempre gente que os aporta la esperanza de la liberación... Hundo ahora mis raíces en la tierra del sur y la fortifico con mi sangre y mi amor... Oh madre mía, qué feliz seré cuando mis huesos se separen de mi carne, cuando mi sangre ruja sobre la tierra del sur. Voy a la muerte para no aguardarla... Mi último deseo es que me llamen: la novia del sur».

Laico o shií, el discurso del mártir procede pues de lo sagrado. Las temáticas desarrolladas por Sana Mhaydli no son distintas de las que ponen de relieve los mártires shiíes de Irán o los de Palestina, suníes. En ambos casos, hay la voluntad de luchar contra el enemigo, sacralizada en un discurso donde el deseo de inmortalidad se combina con la voluntad de morir. Para los shiíes, es el encuentro con Alá, que se realiza en su combate contra el enemigo impío. Para los comunistas o los nacionalistas, la inmortalidad se gana identificándose con la colectividad nacional y, más allá, con la comunidad de los pobres del mundo entero.

III

LA «NEO-UMMA» TRANSNACIONAL: EL MÁRTIR AL QAEDA

LAS «UMMA» DE LAS DIÁSPORAS

Junto al mártir que moviliza los resortes de lo religioso con la puesta en marcha de una nación islámica, existe un segundo tipo, que no tiene como objetivo semejante edificación y apunta a la construcción de una *umma* transnacional. Este martirio es resultado de la globalización, de las vicisitudes de la diáspora del islam en Occidente y de la crisis de las sociedades musulmanas en el Oriente Medio y en el ex imperio soviético.

La constitución de las diásporas islámicas en Occidente traslada la posibilidad de construcción islámica, de nacional que era, a la escala mundial, en una forma en la que un nuevo tipo de imaginario entra en acción. El islam, es cierto, como religión universal siempre ha alimentado la pretensión de englobar el conjunto del mundo, al igual que el cristianismo. Pero este objetivo era combatido por otras religiones que limitaban su acceso. Occidente, secularizado en gran medida, ha perdido hoy su combatividad religiosa. Lo religioso, al igual que otras construcciones de identidad, se percibe ahora aquí como una pluralidad de creencias que pueden entrar en competencia en un mercado cuyas condiciones de acceso se expresan, como para cualquier mercado, de acuerdo con la oferta y la demanda. El proselitismo cambia radicalmente de sentido. Antaño, se trataba de una legitimidad de lucha entre el Bien y el Mal en un mundo en el que el Estado y su poder militar intervenían directamente. Hoy, el proselitismo consiste en lanzarse a la competencia para obtener una mayor «parte del mercado» de los bienes de la salvación. Eso hace que la expansión del islam en Occidente sea mucho más fácil que antaño. A ello se añade que las sucesivas crisis de las sociedades musulmanas vinculadas a una modernización a menudo autoritaria impulsan lo religioso hacia una mayor rigidez y acentúan la intolerancia para con las demás confesiones. Por eso estas sociedades ven cómo se reducen sus minorías religiosas cristianas y judías. La dinámica islámica se desplaza así hacia Occidente, donde minorías musulmanas se constituyen prácticamente en todos los países: en los Estados Unidos, en Francia, en Alemania, en Inglaterra, en Italia y en España, pero también en Suecia y en los Países Bajos.

Los musulmanes de la diáspora no son la reproducción de las comunidades de su tierra de origen. Están doblemente influenciados: de un modo muy fuerte por la sociedad de origen en la primera generación y, en la segunda, de manera menos significativa, por la sociedad de acogida, sobre todo en la generación de los hijos, escolarizada allí y expuesta ya a la influencia de los medios de comunicación y, especialmente, de la televisión. Se instaura una nueva dinámica, sobre todo con respecto a la islamización o a la reislamización dentro de estas sociedades. La gran mayoría de los inmigrados adopta las orientaciones culturales de la sociedad de acogida, a partir de una aculturación en la que escuela y televisión desempeñan un papel esencial. Una minoría adopta nuevas formas de radicalismo, en parte porque se siente económicamente marginada por la exclusión y culturalmente estigmatizada por el racismo. Entre quienes se integran, las reacciones defensivas de la identidad aparecen en una minoría: la necesidad de diferenciarse, la necesidad de inscribirse simbólicamente en un origen que puede conferir un sentido a la existencia en sociedades cada vez más condenadas a la anomia, y la aspiración a tener un grupo restringido de referencia para sentir una calidez humana en conjuntos cada vez más «fríos».

El islam de la diáspora es a menudo portador de un enriquecimiento cultural, tanto para sus adeptos como para las sociedades avanzadas cuya diversificación cultural da lugar a una mayor creatividad. El multiculturalismo, definido como aparición de una pluralidad de subculturas relacionadas unas con otras, dinamiza, por regla general, las relaciones sociales y culturales. La cara oculta de ese estado de cosas es una forma de radicalismo y sectarismo que se ampara en la autenticidad y la sinceridad para rechazar a los demás y percibirlos de un modo diabólico. Aparecen nuevas formas de radicalismo que se acompañan de una barrera identitaria y de un recluirse en uno mismo. Éstas presentan dos tipos fundamentales: el repliegue sobre sí mismo y la constitución de una *neo-umma* apacible pero introvertida o, por el contrario, la ruptura con la sociedad y la formación de una *neo-umma* guerrera. La primera predica la constitución de un cordón sanitario con respecto a la sociedad y la remisión de los demás a la periferia. Se intenta vivir la propia fe en un medio cerrado, protegiéndose al mismo tiempo de la intrusión de la sociedad del entorno. En las sociedades occidentales, Tabligh es el modelo típico de esta actitud entre los musulmanes.[1] Uno se aísla, es cierto, de los demás para vivir la propia fe en su autenticidad, sin por ello estar en guerra con el entorno; en cambio, en la *neo-*

umma guerrera se predica la ruptura con una sociedad impía. Se trata entonces de preservar la propia pureza en un mundo de mancilla generalizada o, sencillamente, de defenderse con eficacia contra la impureza generalizada que acecha.

Formaciones como Al Qaeda se basan en organizaciones de financiación y de reclutamiento imposibles de determinar de acuerdo con una lógica nacional. Sus redes se erigen sobre la fidelidad de individuos de los cuales gran parte encuentra sus motivos en esta *neo-umma* guerrera. Ésta es el producto anejo de una modernidad plural que no tiene ya centro de gravedad cultural y sus orientaciones culturales son la perversión del multiculturalismo, a saber, la radicalización del individualismo en el seno de un pluralismo de modos de ser que, por regla general, se respetan al tiempo que se mezclan según una dosificación cada vez distinta pero que puedan, del mismo modo, rechazarse en esta búsqueda de autenticidad. Ésta puede convertirse en exclusiva de la coexistencia pacífica en el seno de una sociedad cuya cultura dominante no obtiene ya la adhesión de las minorías.

El martirio que pertenece a esas *neo-umma* de la diáspora responde a un esquema muy distinto al de los jóvenes desesperados de las sociedades musulmanas. Lo deseado no es ya el individuo que permanece fuera de alcance, sino la comunidad. En las diásporas, un grupo minoritario comienza a soñar con una *umma* que sólo consigue realizarse apartándose del mundo que lo rodea. Esta *neo-umma* tiene como lugar predilecto sociedades occidentales donde el individuo se siente a menudo abandonado a sí mismo. Por ello sólo consigue realizarse en una reclusión sectaria, separado de los demás o, de lo contrario, en la muerte. Por supuesto, en este último caso, son necesarios agravios, medio imaginarios, medio reales, contra la sociedad y una organización que pueda hacer posible la muerte. En el caso de Al Qaeda, el agravio se basa en la invasión del mundo musulmán por Occidente y, especialmente, en la ocupación de Arabia Saudí, tierra santa del islam, por los soldados americanos desde la guerra del Golfo en 1991, así como la actitud americana frente a los palestinos y la conducta occidental para con países donde el islam es reprimido, como Argelia. Pero este tipo de reproche se encuentra también en otras sectas opuestas a una sociedad global, considerada hostil para con ellas. Ése es el caso de la secta Aum, que envenenó el metro de Tokio como represalia contra una sociedad «impía» el 20 de marzo de 1995, de la secta adventista del Séptimo Día en Waco bajo la dirección de David Koresh y la muerte de sus adeptos, el 28 de febrero de 1993, en el asalto del FBI en los Estados Unidos, o también del Templo del Sol que programó el suicidio y el asesinato colectivos en octubre de 1994.[2] En todos estos casos, la frontera entre la vida y la muerte desaparece. El tabú que gravita sobre la vida y el interdicto religioso y social que prohíbe su supresión, tanto la propia como la de los demás, desaparece. El tabú puede transgredirse para realizar unos ideales que se valoran por encima de la vida. La novedad estriba sin embargo en los motivos y, sobre todo, en las nuevas modalidades de construcción tanto de uno mismo como del otro, comunidad o grupo adversario, y en el significado que esta muerte reviste en aquellos que se la dan o la infligen a otros.

La religión predicada por Al Qaeda o asociaciones de este tipo está a menudo directamente inspirada en el odio a Occidente, en una coyuntura donde esa estructura, medio afectiva, medio cultural, es ampliamente dependiente de ese Occidente al que se opone. El análisis aquí se centrará en el estudio de ese odio. Ello nos permitirá comprender el nuevo tipo de mártir vinculado a los atentados del 11 de septiembre de 2001, así como los mecanismos identitarios que moviliza.

LAS FORMAS DE HUMILLACIÓN

Para comprender el universo de representaciones de los nuevos mártires de Al Qaeda, es preciso tener en cuenta dos ideas capitales: por una parte, el sentimiento de humillación que experimentan y, por la otra, el de la arrogancia occidental. Entran en juego varios tipos de humillación, tres de los cuales revisten un especial significado para esa clase de martirio. En primer lugar, el que se experimenta en la vida cotidiana, bien porque se encuentran en una situación de marginación económica y de inferioridad social, como ocurre con los jóvenes excluidos de origen magrebí en Francia o antillano y anglo-paquistaní en Gran Bretaña. En segundo lugar, el sentimiento de que se vive, a través de los medios de información, la humillación del mundo musulmán en Bosnia, en Afganistán, en Iraq o en Palestina, sentimiento interiorizado por mecanismos de identificación; finalmente, la idea sentida a veces de que la inmersión en el mundo occidental ha mancillado al individuo. Haber abandonado el país de origen, ya sea en la infancia o más tardíamente, engendra el sentimiento de haber esquivado la desgracia de sus correligionarios en las sociedades musulmanas. Participar en la acción de un grupo que actúe en Occidente para combatir su hegemonía y su arrogancia realza al individuo ante sus propios ojos y le devuelve una dignidad perdida. El primer tipo de humillación es propio de los jóvenes de los arrabales pobres franceses o, más generalmente, de los *poor inner cities* occidentales que se vengan de las afrentas sufridas desarrollando una gran agresividad frente a la sociedad que les ha excluido. Una ínfima minoría puede sumirse en el terrorismo como, en Francia, Jaled Kelkal en 1995. Los miembros de las diásporas pertenecientes a las clases medias están, por regla general, al abrigo de la exclusión, aunque sigan existiendo para ellos la discriminación e insidiosas formas de ostracismo. Para ellos se trata, en gran parte, de una humillación por delegación, amplificada y mantenida por los medios de comunicación que exponen las tribulaciones de los musulmanes frente a la complicidad de Occidente con regímenes despóticos o clientelistas que defienden sus intereses, como Arabia Saudí o Túnez, o frente a las sociedades no musulmanas que luchan contra los musulmanes, como Israel.

La nueva conciencia de sí mismo

Las entrevistas realizadas desde el mes de abril de 2001 con unos quince detenidos acusados de asociación de delincuentes con vistas a actividad terrorista en algunas cárceles francesas[3] revelan un turbador retrato de los adeptos de Al Qaeda. Por una parte, no se trata de personas con mentalidad arcaica ni de víctimas de la modernización. Sean franceses por su nacimiento en territorio francés o por nacionalización, están del todo familiarizados, si no impregnados, con lo que podríamos denominar la cultura occidental. Uno de ellos conoce seis lenguas, dos más hablan cinco, el cuarto tres y los demás tienen conocimientos de inglés y árabe además del francés. La gran mayoría de ellos ha hecho estudios universitarios en Francia, en el Oriente Medio o en otros lugares. Uno de ellos ha hecho estudios de teología en Turquía y, luego, estudios de administración de empresas en Malasia. Dos más tienen estudios científicos, especializados en informática. Otro trabajaba en la gestión comercial en Canadá. Uno de los menos cualificados trabajó en Francia tras haber abandonado Argelia a causa del golpe de Estado militar en 1992. Tienen mujeres de nacionalidad francesa, japonesa, italiana, bosnia. Uno de ellos, que yo sepa, tuvo dos mujeres, ambas convertidas al islam gracias a él, a las que dijo con toda honestidad, según sus afirmaciones, que quería vivir con ambas al mismo tiempo. Algunos han vivido en Europa desde su infancia. Uno de ellos vivió diez años en Italia y cuatro en Canadá. Otro está en Francia desde que tenía cinco años. Todos, salvo uno, hablan un francés de un nivel muy bueno.

Aunque la muestra sea escasa, no por ello deja de contradecir radicalmente la tesis del arcaísmo o de la submodernización. Sin que pretenda tener un profundo conocimiento de todos ellos, la duración de las entrevistas —más de una hora con cada uno— me permite hacer un retrato lo más parecido posible. No traté con individuos desorientados por la dificultad de adaptación a Occidente, por falta de bagaje cultural, por una incapacidad para aprehender los mecanismos de nuestras sociedades modernas y demasiado complejas. En su mayoría están, por lo menos, tan integrados como los ciudadanos llamados «normales» y ofrecen un retrato más rico que el de la media de los europeos (dominan varias lenguas), han vivido en varios países occidentales y dominan distintos códigos culturales. Pueden pasar de un código cultural a otro sin problemas importantes.

De modo que hay que buscar en otra parte las razones de su radicalización. Por un lado, son «multiculturales». Por el otro, todos muestran un rechazo frontal y radical a lo que denominan la civilización occidental o el Occidente, a secas. Uno de ellos menciona «el *ubris* occidental», otro la hipótesis que consiste en dominar al resto del mundo en nombre de la democracia. Todos tienen la convicción de que el islam es dominado y maltratado, ya sea en Bosnia, en Iraq, en Afganistán, en Palestina, en Arabia, en Argelia o en los países occidentales, la alianza entre cristianos y judíos pone al islam en una postura que sólo puede desembocar en la *yihad*. Algunos de ellos proceden de familias más o menos practicantes, pero entre sus propios hermanos y hermanas hay varios no practicantes. Otros nacieron en familias poco practicantes y fueron ellos quienes reanudaron firmemente «relaciones» con el islam. Finalmente, la búsqueda del islam les impulsó a profundizar en sus conocimientos religiosos y a aprender, eventualmente, el árabe y no a la inversa.

El islam cristaliza el rechazo de Occidente. Este fenómeno no es propio de los nuevos mártires de Al Qaeda sino que se encuentra en otras personas, especialmente en algunos conversos occidentales. El islam se presta muy bien a ser una religión de los dominados, de aquellos a quienes aplasta «la arrogancia occidental» —la frase es de uno de los entrevistados—. El arraigo familiar en esta religión, para casi todos ellos, no impide a uno o dos conversos alimentar una concepción de Occidente idéntica, en los puntos esenciales, a la suya. Algunos, habiendo vivido en Francia desde niños, tuvieron un brutal despertar. Hasta la adolescencia, se creían franceses. Las formas del racismo ordinario les hicieron tomar conciencia, bruscamente, del insondable abismo que les separaba de ese Occidente maléfico, uno de cuyos puntales era Francia. En otros términos, les embargaba un sentimiento de integración total en un país que creían el suyo. Se producen entonces hechos de apariencia anodina: para fulano, a su hermana la trataron de «árabe» por haberse negado a salir con los chicos, como las otras muchachas del instituto. Él mismo tuvo que soportar comentarios hirientes de otros alumnos debido a su tez morena. Los fenómenos políticos en los países islámicos, especialmente las cuestiones argelina, bosnia, afgana, chechena y, finalmente, palestina, les hicieron tomar conciencia de su solidaridad con los pueblos musulmanes en un país que nunca ha ayudado seriamente a los musulmanes. El sentimiento de traición íntima, vivido existencialmente, ya sea en la vida cotidiana o por solidaridad con el mundo musulmán, se convierte entonces en un elemento decisivo para la ruptura con Occidente.

Esos dos rasgos suelen entremezclarse y son corroborados por otros fenómenos, como el malestar moderno del anonimato y del individualismo exacerbado. Mientras que en la mayoría de los individuos esos hechos engendran inquietud y cierta forma de extravío mental que exacerba el narcisimo y favorece el encerrarse en sí mismo, producen en ellos una ruptura profunda que «diaboliza» a Occidente unificándolo con los rasgos del principio absoluto del Mal. En la mayoría de gente que vive en Occidente, no hay principio de adversidad. No saben, a ciencia cierta, a quién culpar de su malestar. Asumen su condición viviendo de acuerdo con varios registros y oscilando entre los distintos fragmentos[4] de un yo que se vive en formas maniaco-depresivas.[5] La identificación del «enemigo» tiene como consecuencia hacer salir al adepto de esta situación de indecisión extenuante y de pluralidad de registros a menudo incoherentes. Por otra parte, estas personas viven entre varias culturas —la de sus padres, la de la sociedad francesa—, pero también la que adquieren a menudo tratando con otra sociedad occidental, alemana, inglesa o americana. Sufren pues, en algún momento, una ruptura existencial, insignificante para otros que están en su situación, pero que produce en ellos un potente rechazo del Occidente que encarna, a partir de entonces, para ellos, el mal absoluto. Se inicia entonces un proceso cuya consecuencia es la supresión del malestar de la modernidad (fragmentación, oscilación, inestabilidad y escepticismo mentales) por el advenimiento de una transparencia absoluta. Ésta ofrece una convicción inquebrantable, una lógica de acción y una unidad del yo que se expresa a través de una distinción clara de lo sacro y lo profano, de lo permitido y lo prohibido.

Esta construcción de identidad designa en la vindicta del creyente un polo satánico contra el que la lucha moviliza toda su energía y se convierte así en su proyecto existencial. El maniqueísmo de esta religiosidad quiebra el malestar de nuestra modernidad tardía, que es el de tener sólo casi convicciones, motivos imperfectos, un paisaje mental de medias tintas, una visión de uno mismo y del otro que oscila entre el narcisismo y el rechazo (la «desubjetivación»).[6]

Ese tipo de identificación se asemeja a los procesos sectarios contemporáneos y muestra, así, su innegable modernidad. El propio islam adopta nuevas formas de polaridad que reestructuran los antiguos rasgos (como la *yihad*, el martirio, el éxodo, la espera escatológica). La nueva religiosidad está salpicada por una modernidad cuyos rasgos invierte al radicalizarlos. Donde el individuo moderno peca por exceso de indolencia y de incoherencia mental, el futuro mártir manifiesta una unidad que se convierte en inflexibilidad e, incluso, en profunda intransigencia. Mientras que el individualismo moderno se expresa por el rechazo a la identificación incondicional con una «comunidad» cualquiera, el adepto promueve una *neo-umma* monolítica que nunca ha existido históricamente pero que le abre un horizonte de creencia sustraído a la duda. La religiosidad occidental está sometida al relativismo de la fe, la del nuevo creyente es exclusiva y monopolista en su aprehensión de lo sagrado. Finalmente, allí donde la preocupación por la muerte y, sobre todo, por la salvación después de la muerte se ha debilitado considerablemente, en una modernidad centrada en la vida y el consumo, muchos adeptos demuestran su obsesión por la muerte y la pureza. ¿Cómo actuar para ser puro cuando uno se separa de este mundo, cómo tener un final feliz *(husn al-jitam)*, dijo uno de los adeptos? ¿Cómo escapar a la herejía y la impiedad *(shirk)* y preservar la fe hasta el final?

Estas preguntas existenciales encuentran una respuesta en el compromiso con una fe combatiente. Nada mejor que la lucha para purificar la fe, separar al creyente de un mundo impío y librarlo de las tentaciones de una modernidad corruptora al servicio de un Occidente pérfido. Cuanto más se vive el Occidente como un conjunto cobarde, sin fuerte vínculo de unión, desprovisto de una «civilización» unificada y homogénea por los propios occidentales, más, por un movimiento de inversión muy elocuente sobre su afiliación a este mundo del mal que ellos combaten, los adeptos de la *neo-umma* lo unifican atribuyéndole un carácter profundamente diabólico. El carácter dominante, egoísta e imperialista de ciertas tendencias occidentales es generalizado al conjunto del mundo que alberga y que se convierte, desde entonces, en su cómplice. La unidad de un Occidente dominador y arrogante se ve convertida en rasgo esencial de esta «civilización» por los adeptos, mientras que en la vivencia concreta de una gran mayoría de occidentales, su incoherencia y la pérdida de su sentido global es lo que caracteriza al mundo en el que viven. Los islamistas proceden así en dos tiempos; primero, seleccionan ciertos rasgos de Occidente: depravación sexual, intolerancia, arrogancia y voluntad de dominio del mundo, en especial del islam. Luego, lo unifican y lo convierten en una empresa de zapa y destrucción del islam. Eso corresponde a la inversión y a la radicalización de la vivencia de una gran parte de los occidentales que sufren la ausencia de un rasgo fuertemente unificador y perciben una multiplicidad de formas de vida como algo significativo de su universo conceptual.

El sentimiento de humillación por delegación es, como hemos visto, otro rasgo de esta subjetividad. El sufrimiento de los palestinos, los chechenos, los bosnios, los iraquíes, que han acaparado las crónicas periodísticas en las dos últimas décadas, ha convencido a los nuevos adeptos del islam del antagonismo absoluto de Occidente con respecto a su religión. La actualidad desempeña aquí un papel esencial y los medios de comunicación se convierten en portavoces de los marginados musulmanes cuyo sufrimiento pasa, diariamente, por las pantallas de televisión. El conflicto del Oriente Medio, así como la desintegración del imperio ruso, han reavivado los conflictos y las tensiones vinculados a la nación y a la religión islámicas y los han convertido en crisol de un sentimiento de profunda injusticia para una gran parte de los musulmanes (que no son forzosamente practicantes) para quienes el islam se ha convertido en la religión de los oprimidos.

La abnegación por este islam reprimido puede llegar hasta poner en peligro un porvenir seguro. Uno de los prisioneros entrevistados, que había iniciado brillantes estudios en informática, renunció a ellos afirmando que había sido una opción deliberada, un «harakiri» al servicio de su fe. Cuanto más se entregan a ésta, más vivos se sienten, menos se sienten dominados por ese Occidente cuya perfidia logra que pueda integrar, incluso, a musulmanes en su seno, a costa de su abandono de la auténtica fe. La idea de que el islam está en peligro y hay que salvarlo a costa de la propia sangre, para preservar la *umma,* está profundamente arraigada en estos grupos. La diversidad cultural a la que están expuestos en el propio Occidente, el hecho de hablar varias lenguas y vivir en sociedades con distintos modos de vida les muestra que la verdad está en otra parte, en un horizonte que las trasciende a todas ellas. La salvación del islam se obtiene contra un Occidente dominador y opresivo. Éste pervierte a los musulmanes, tanto en el interior como en el exterior, con el espectáculo de su fuerza y su actitud para hechizarlos a cambio de un consumo de bienes y cosas que sustituye a la adoración de Alá y constituye así el *shirk*, la herejía por excelencia. A la pregunta de saber si su religiosidad no era antimoderna, uno de ellos responde que el islam es la quintaesencia misma de la modernidad, puesto que el Corán empieza con el imperativo: «¡Lee!».[7] Esta auténtica modernidad es la que se ve amenazada por la otra, perversa, de un Occidente depravado que destruye a los musulmanes, los somete y los reduce a la esclavitud mental (a aquellos a quienes fascina e integra) tanto como a los que reprime y excluye. Los maltrate o los seduzca, Occidente es condenado: en el primer caso, porque reprime; en el segundo, porque pervierte. Hay una sensación de profunda ruptura respecto de él, que se asemeja a la que experimentaban las fracciones más duras del izquierdismo contra el imperialismo; a saber, la imposibilidad de conciliarse con él, en la medida en que encarnaba el mal absoluto. Siendo el islam metacultural el único que reviste un sentido y da un auténtico significado a su vida, no sabrían vivir sin su sacrificio, sin un acto de total compromiso a su servicio.

LA METRÓPOLI MUNDIAL

Las grandes metrópolis son lugares en los que se desarrollan una multitud de actividades económicas, políticas, sociales, pero también y sobre todo, culturales. Allí nace, se transforma y se propaga la cultura moderna, en su pasmosa diversidad. Allí se crean nuevas formas de convivencia, mezclas de culturas, nuevas expresiones de arte y de pensamiento. En las grandes ciudades las culturas son mestizas y los extranjeros se mezclan con los autóctonos, y acaban existiendo tantas nacionalidades como habitantes tiene el mundo. Pero las megalópolis modernas son también lugares donde se pierde el sentido. Junto al multiculturalismo que promueve el respeto mutuo en la diferencia entre las subculturas dentro de la sociedad, producen vértigo, dan la sensación de no pertenecer a ninguna parte. Las ciudades modernas, al no estar ya regidas por normas centrales y exclusivas, son tanto lugares de desarrollo y creatividad cultural por la mezcla como lugares de aislamiento y de insularidad, sobre todo para personas del mundo islámico, en el que la búsqueda de la comunidad, de la *umma*, forma parte de su imaginario. A su modo, intentan pues pertenecer a una *neo-umma* mundializada que es, con frecuencia, comparable al mito de la aldea global, tal como lo promueven las clases acomodadas de Occidente.

Las ciudades modernas son unos *janus bifrons*. La vida en ellas engendra tanto la impresión de participar en la modernidad como la de exilio absoluto. Para muchos inmigrados, la estancia en las distintas ciudades occidentales desarrolla un profundo sentimiento de extrañeza. No sólo no se pertenece a un país dado, sino que la cuestión en sí misma pierde todo su sentido. La vida en distintos países y distintas ciudades acrecienta la sensación de no pertenencia, en lugar de insertarla en una tierra de acogida, por fin hospitalaria. La tierra entera es como un lugar de exilio. De ahí la adhesión a una *neo-umma* cuya característica esencial es estar más allá de cualquier lugar, de cualquier patria, ser «apátrida», puro diseño en una red cuyos puntos nodales producen una configuración abstracta con denominaciones formales: Londres, París, Leicester, Hamburgo, Madrid, Roma... No porque esas ciudades sean semejantes en la experiencia de estos apátridas, «europeos o americanos sobre el papel», sino porque están vacías de cualquier contenido concreto para individuos en quienes el sentimiento de no pertenencia prevalece sobre cualquier otro. Es una de las dimensiones insospechadas de estas grandes ciudades, estas ciudades de la mundialidad, estas *global cities* en las que se mezclan las distintas culturas pero en donde también se preparan nuevas formas de rechazo, intransigencia y exclusión.[8]

Las grandes ciudades occidentales, atestadas de riquezas y tentaciones, exacerban las aspiraciones consumistas de los emigrantes. En muchos de ellos, sobre todo en los que proceden de los países árabes, el imaginario fue ya de antemano aguijoneado por la magia del petróleo. Los trabajadores inmigrados egipcios, paquistaníes, argelinos, marroquíes, sirios y tunecinos contrajeron el virus al ir a ganarse la vida en la península Arábiga durante los años setenta y ochenta del pasado siglo y quedaron marcados por la fascinación del consumismo a partir de un imaginario seducido por el petróleo y sus recursos falsamente infinitos.

La ciudad occidental reproduce hasta el céntuplo esa riqueza soñada y a menudo inaccesible. Quienes van a trabajar allí como peones o en empleos poco cualificados son explotados, viven como *working poor,* ya sea en París como en Londres, Nueva York o Roma. Numerosos musulmanes que se encuentran en esta situación superan la sensación de indignidad con las crueles necesidades de la vida material y la obligación de cubrir las necesidades de su familia. La indignación, con frecuencia vivida por delegación, es cosa de la minoría de aquellos que están mejor provistos y tienen, por lo tanto, tiempo y posibilidad de ofenderse y rumiar esta indignación durante todo el día, en la soledad de su vida o rodeados por otros compatriotas o correligionarios que sufren los mismos males. Sin embargo, la gran mayoría intenta abordar «positivamente» la situación y entablar vínculos transfronterizos con los compatriotas que habitan en el seno de la misma ciudad o en el otro extremo del mundo, formando así comunidades de diásporas en las que nacen y prosperan el comercio, el intercambio de bienes y servicios y la transferencia de dinero, atravesando fronteras. Estas comunidades «transnacionales» se desarrollan rápidamente en las ciudades fronterizas de Europa (Marsella, Estrasburgo...) y constituyen una diáspora en la que cada cual procura enriquecerse y hacer que de ello se beneficien su familia y sus conocidos a uno y otro lado de la frontera.[9]

Sin embargo, una minoría no consigue aceptar esta situación, viviéndola como intolerable e indigna. Se siente incómoda en ella, humillada, pero también estigmatizada, y tanto más cuanto es musulmana. El mito de una *neo-umma* que renace de sus cenizas para establecer un nuevo califato en el mundo[10] procede de la fragmentación que experimentan los musulmanes en ciudades que los desafían insolentemente con su riqueza, marginándolos, haciéndoles sentir una indignidad difamadora con la arrogante exhibición de su opulencia y al no ofrecerle, además, ninguna perspectiva a la que poder adherirse. La gran ciudad es un monstruo insaciable que sólo incita al consumo y al «estupro» sin proporcionar el menor consuelo moral ni la menor sensación de formar parte de un mismo mundo. O, más bien, el sentimiento de formar parte del mismo todo se reduce a la búsqueda del dinero, por cuyo patrón te juzgan en la sociedad. Estos fenómenos múltiples y heterogéneos que son la abrumadora efectividad tecnológica, la ausencia de normas, el desenfreno de la sexualidad «desvergonzada», al igual que la homosexualidad masculina y femenina, la ausencia de dirección espiritual y el escepticismo vinculado a la condición moderna del ciudadano tienen algo de desconcertante que ataca a una pequeña minoría de musulmanes de la diáspora. ¿Cómo comprender que pueda reprimirse al mundo musulmán cuyas imágenes cubren las pantallas de la tele y vivir tranquilamente en ese mundo de abundancia egoísta y cómplice inmoralidad de los opresores sin levantar la voz y actuar?

La indecencia de una situación de despreocupación en la opulencia, en el seno de un mundo que ignora, en el mejor de los casos, a los musulmanes, les desprecia y los rechaza por regla general, es, hablando con propiedad, inaguantable para esas minorías. Su islamismo mezcla la occidentalización, el odio a Occidente, la mitificación de la comunidad islámica de origen, la voluntad utópica de restaurar el islam en su esplendor de antaño y la promoción de la muerte como mártir en la *yihad* para combatir a un Occidente miedoso por incapaz de morir, al revés que ellos. En esta disponibilidad para el martirio, hay un desafío a la superioridad técnica, económica y militar occidental. El sacrificio de la vida es el sustituto de esta superioridad material cuyo correlato es el temor a la muerte y la voluntad de vivir a toda costa que existe entre los occidentales y que los adeptos de la muerte sagrada descubren como lugar de su inferioridad frente a los musulmanes dispuestos a sacrificarse.

LAS FORMAS ORGANIZATIVAS DE LAS NUEVAS «UMMA»

El martirio iraní o palestino se inscribe en un marco nacional como consecuencia del sentimiento de un fracaso fundamental: la conmoción y el derrumbamiento de la utopía islámica en Irán; la imposible edificación de una nación palestina en los territorios palestinos. No es éste el caso del martirio transnacional, cuyo significado es radicalmente distinto. Las diferencias se encuentran a nivel del cuerpo, de la relación con los demás, con el enemigo, con uno mismo, con el islam y, más globalmente aún, con la cultura y con la política. El martirio del primer tipo está basado en la crisis o el fracaso de un proyecto político; el martirio del segundo tipo no tiene arraigo estatal; no tiene ningún proyecto político explícito. El martirio del primer tipo determina un enemigo de contornos más o menos circunscritos; el del segundo tipo apunta a un adversario mucho más global y vago. El primero se basa principalmente en una nación; el segundo, en una comunidad que debe edificarse y se expresa a nivel mundial, con referentes en varias sociedades musulmanas pero, también, en los países occidentales de minoría musulmana. Por último, los métodos no son los mismos. El mártir del primer tipo se apoya en organizaciones que forman parte de los Estados o pueden convertirse en sus colaboradores. Hay un hecho significativo: el martirio del primer tipo puede desprenderse de lo religioso y proceder por medio de la sacralización de la patria, como sucede con los numerosos atentados suicidas de los Tigres tamules, minoría que reclama la independencia de Sri Lanka.[11]

La destrucción de las dos torres del World Trade Center en Manhattan, el 11 de septiembre de 2001, inaugura políticamente una nueva era que puso fin a la que cerró la posguerra fría. En el período que sucedió a la caída del muro de Berlín, en 1989, asistimos a tanteos en la escena internacional. El adversario comunista ha muerto, la bipolarización del mundo, en la forma que moldeó las relaciones internacionales durante medio siglo, llegó a su fin y no hay ya, a nivel global, dos superpotencias sino una sola, los Estados Unidos. La euforia no dura mucho y las distintas guerras de contenido étnico jalonan los años noventa, como las vinculadas a la descomposición de la ex-Yugoslavia o en Chechenia.

El 26 de febrero de 1993, tres sótanos del World Trade Center son pulverizados por las cargas explosivas del grupo Al Qaeda, causando seis muertos y un millar de heridos. Asimismo, los atentados del 22 de junio de 1996 en Dharan, contra el cuartel americano de la US Air Force, y el 8 de agosto de 1998, en Dar Es-Salam y Nairobi, contra la embajada americana, anunciaban la emergencia de un nuevo tipo de «terrorismo»[12] de naturaleza fundamentalmente distinta del que conocía el mundo en las décadas anteriores.

Ese tipo de activismo, que algunos califican de *hiperterrorismo,*[13] es distinto del terrorismo clásico. No hay una vocación política primordial. No ataca a una entidad política y no tiene por objetivo desafiar a un orden políticamente definido, sino que apunta a un mundo global cuyo símbolo es, en primer lugar, Estados Unidos y en el que otros países, como Francia o Arabia Saudí, pueden ser designados como blancos tangibles. La presencia casi exclusiva de actores no estatales en su seno es característica también. El terrorismo clásico, más o menos dominado por Estados, tenía en cuenta la capacidad de respuesta de las sociedades o de los Estados afectados, lo que le hacía responsable de sus acciones. Al nuevo, en cambio, eso no le preocupa. Los Estados soberanos desempeñan en él un papel menor, aunque algunos puedan contribuir financiera o militarmente proporcionando armas. Entre 1992 y 1996, de los 330 incidentes terroristas identificados por el Departamento de Estado americano, sólo seis fueron obra de agentes vinculados directamente con un Estado. Dicho de otro modo, menos del 2% de los actos.[14] Lo que demuestra la importancia del nuevo tipo de terrorismo. Para los responsables políticos la distinción entre terrorismo dirigido por el Estado, terrorismo de base territorial o sin base territorial (respectivamente *state sponsored terrorism, state relevant* y *state irrelevant terrorism*)[15] resulta crucial. Del terrorismo bajo el dominio de una ideología se pasa a otro, alentado por «Estados delincuentes» *(rogue states),* pero que no lo controlan. El rasgo esencial del nuevo terrorismo es su privatización. Obtiene su financiación a través de las asociaciones caritativas, de ricos particulares como los empresarios árabes del golfo Pérsico para

Al Qaeda, del tráfico (de opio para este último), de la extorsión de fondos de los comerciantes o de los hombres de negocios, o del secuestro de los occidentales (el caso del grupo Abu Sayyaf en las Filipinas, que se ha convertido en un especialista en tomar como rehenes a los turistas).

El terrorismo clásico limita las pérdidas circunscribiéndolas al campo estratégico que le interesa, con el fin de emitir un mensaje a los responsables políticos. La ETA vasca, el IRA irlandés, el FLNC corso tienen reivindicaciones vinculadas con un territorio. Asimismo, las reivindicaciones ideológicas de la extrema izquierda que alentaban la Acción Directa en Francia, la Fracción del Ejército Rojo en Alemania, las Brigadas Rojas en Italia o el Ejército Rojo en Japón tenían un contenido explícito y una construcción más o menos coherente basada en una concepción del imperialismo.[16] El nuevo terrorismo no tiene este armazón conceptual. Al menos, no está construido tan explicítamente. Sin reivindicación territorial específica ni ideología capaz de provocar acciones, que quedarían limitadas por sus desafíos, este nuevo terrorismo opera sin restricciones y puede causar pérdidas importantes a civiles que no están directamente implicados en el conflicto. Emerge así el fenómeno llamado de «zona gris»: conflicto de baja intensidad que no está dirigido por los Estados ni por grupos que reivindican un Estado, pero que no por ello deja de ser causa de una creciente inseguridad. Las zonas operativas del terrorismo han cambiado también de naturaleza: antes, África y, en gran parte, los Estados Unidos eran respetados. Hoy, los actos terroristas se producen en estas zonas y ya no hay, propiamente hablando, zona neutra. Los atentados de junio de 1996 y de agosto de 1998 en Dar Es-Salam y Nairobi, contra intereses americanos, lo atestiguan.

Este nuevo tipo de terrorismo apareció tras la desintegración de la Unión Soviética. La previsibilidad del terrorismo clásico, con objetivos políticos más o menos bien circunscritos, desaparece con el bloque del Este y se abre el campo para otra forma de activismo no guiado ya por la existencia de un mundo bipolar. Indiferente a una limitación de las pérdidas, poco preocupado por el respeto de un código de buena conducta avalado por los Estados, hace estallar los límites entre terrorismo y guerra, lo que lleva a los responsables políticos a hablar de un nuevo tipo de «guerra del futuro», cuyo signo determinante sería su imprevisibilidad. No hubo declaración de guerra antes del asalto americano, con misiles, a las bases Al Qaeda en Afganistán, como represalia contra sus actos terroristas, bajo el mandato del presidente Clinton.

Los rasgos característicos del nuevo tipo de activismo que pueden desembocar en la acción terrorista están determinados, en parte, por la personalidad de sus dirigentes, así como por su capacidad para hacerse cargo de las innovaciones tecnológicas modernas e integrar poblaciones dispares, pero de alto nivel de educación, que se encuentran en la diáspora.

El caso más conocido de activismo organizado en el mundo islámico es indiscutiblemente Al Qaeda. Pero este grupo, aun siendo el más importante en los planos financiero y logístico y por su extensión en el mundo, no es por ello el único. Existen otros, más o menos autónomos y una de cuyas características es constituir «nebulosas», relacionadas unas con otras pero que mantienen, sin embargo, una especificidad, una especialización y ciertas «preferencias» en la elección de sus blancos. Así ocurre con el grupo Harakat al-Yihad al-Islami.[17] Este movimiento está fuertemente vinculado a Paquistán y uno de los campos principales de su actividad se encuentra en Cachemira. Pero también es activo en Bangladesh, en Chechenia, en el Xinjiang de China, en Uzbekistán y Tayikistán. En la Cachemira india, las acciones se llevan a cabo de modo más o menos autónomo bajo la dirección de Muhammad Ilyas Kashmiri que lucha por la «Cachemira libre». Este grupo ha tenido un número de mártires mayor que cualquier otro. Está formado por diplomados de seminarios islámicos y compite con otros grupos islamistas como Yaish-e Muhammad. En Uzbekistán, el jefe del Harakat es el cheij Muhammad Tahir al-Faruk, que ha perdido hasta hoy a unos treinta hombres en su lucha contra el presidente uzbeco Islam Karimov. En Chechenia, las operaciones contra los rusos se ejecutan bajo la dirección del comandante Hidayatulah y contribuyen a la formación militar de los combatientes chechenos. En Birmania, la lucha se lleva a cabo bajo la dirección del maulana Abdul Quddus. Podríamos multiplicar los ejemplos. El grupo Harkat, al igual que Al Qaeda, dispone de una estructura flexible en la que cada conjunto es más o menos autónomo. En un mundo regido por los modernos medios de comunicación, este tipo de estructura puede constituirse con ayuda de herramientas como Internet o el teléfono móvil. Por último, la notoriedad de grupos como Al Qaeda alienta la organización de otros grupos que tratan de promoverse alineándose, más o menos, con este modelo que pretenden adaptar a sus condiciones locales. Los modernos medios de información y, en particular, la televisión actúan como cajas de resonancia, mostrando el camino a seguir para infligir un bofetón a las arrogantes potencias que humillan a los musulmanes y para que grupos marginales puedan convertirse en «centrales» saliendo de la insignificancia y marcando la historia con su huella. La repetición *ad nauseam* del ataque contra las torres del World Trade Center por las televisiones del mundo entero da una especial preeminencia a Al Qaeda, que acumula la importancia política y económica y la notoriedad mundial e infunde una sensación de poderío a organizaciones que, llevando a cabo operaciones locales, apenas si son mencionadas por los medios de comunicación internacionales. En adelante, la centralidad se convierte en esencial, no sólo en la lucha contra las potencias occidentales y, en especial, los Estados Unidos, sino porque también es un reto simbólico de gran importancia en la emulación entre distintas organizaciones activistas. Con el World Trade Center no se alcanzó sólo el corazón económico de América, sino también su espacio simbólico. Éste estuvo saturado durante varias semanas por un acontecimiento convertido en acto paradigmático cuya importancia se vio multiplicada por su incansable paso por las pantallas de todas las televisiones del mundo.

En el caso de Al Qaeda, sabemos que la comunicación por Internet y la valorización de los nuevos recursos de comunicación (criptografía, compresión de datos...) desempeñaron un papel no desdeñable en su temible eficacia estratégica. Por otra parte, el nuevo activismo sólo puede tener éxito si explota los mecanismos de mundialización económica en beneficio propio y consigue asegurarse la autonomía financiera recurriendo a los paraísos fiscales y a las plazas financieras *offshore*.

Una característica fundamental de Al Qaeda, que inaugura un modo de acción ultramoderno, es la desaparición de la estructura jerárquica rígida que caracterizaba al terrorismo clásico. Se trata de un organismo regido por una lógica mucho más flexible y con formas de acción más descentralizadas que antaño. La movilidad de los miembros del grupo es muy importante. Sus adeptos se agrupan para una acción determinada sin conocerse unos a otros y, una vez concluida la acción, desaparecen. El carácter evolutivo de algunos programas informáticos se ve integrado en la lógica de la constitución del grupo, donde no hay un centro sino una pluralidad, no hay niveles de mando rígidamente estratificados y jerarquizados sino la flexibilidad que encontramos en la lógica de acción de los nuevos enfoques de gobernanza moderna, que da primacía a la autonomía. Esa estructura en redes no es algo exclusivo de Al Qaeda. La encontramos en grupos extremistas de los Estados Unidos, por ejemplo los Patriotas y las Milicias que no tienen ideología unificada ni organización jerárquica sino que están constituidos por centenares de núcleos autónomos y tienen como vínculo de unión una complicidad y una visión del mundo en las que prevalece el rechazo del Estado federal americano y de las organizaciones internacionales.[18] Contra esas redes, más o menos invisibles y sin arraigo en un Estado concreto que permitiría acciones de castigo de naturaleza clásica, los Estados Unidos intentan poner en marcha un nuevo tipo de intervención, las operaciones rápidas y decisivas *(rapid decisive operations,* RDO) para poder descubrirlos mediante una guerra electrónica sofisticada, el ataque a sus redes informáticas y operaciones especiales de reconocimiento y bombardeos selectivos.[19]

Las redes Al Qaeda presentan varias particularidades.[20] En primer lugar, están estructuradas como mafias transnacionales descentralizadas más que como estructuras terroristas centralizadas y dotadas de una verdadera organización. En segundo lugar, no dependen de un solo proveedor de fondos sino que poseen una autonomía financiera que les protege de estar bajo el dominio de un Estado determinado, ya sea Arabia Saudí, Libia... En tercer lugar, están en relación con otros varios grupos, bajo la dirección asimismo de uno o varios jefes carismáticos. Así, Al Qaeda, en el transcurso de toda su acción en la década anterior, mantuvo vínculos continuados con el grupo Al Gamaa al Islamiya egipcio, dirigido por el cheij Omar Abdul Rahman, con Ayman al Zawahiri de la Yihad islámica egipcia, y con el Frente Islámico Internacional que Bin Laden organiza con paquistaníes del movimiento

Harakat al Ansar, enviando paquistaníes a Cachemira y árabes a Chechenia y a Bosnia.

Otra singularidad de Al Qaeda es su antiamericanismo y su antioccidentalismo. El enemigo es, por supuesto, Estados Unidos, pero también, más ampliamente, Occidente. Bin Laden parece haber contribuido a las acciones violentas perpetradas en territorio francés entre el 11 de julio y el 17 de octubre de 1995, por medio del Grupo Islámico Armado (GIA) argelino, acciones que provocaron nueve muertos y 198 heridos, siendo el más mortífero el de la estación de metro Saint-Michel, el 25 de julio, con siete muertos y 84 heridos.[21]

Normalmente, los excluidos no son fácilmente reclutables junto a gente de las clases medias. En el caso de Al Qaeda, el primer grupo no parece el más importante. Son más bien capas cercanas a las clases medias las que están en primera línea. Pero en el período afgano, cuando el grupo reclutaba adeptos procedentes de los países islámicos, había también jóvenes de las clases populares procedentes de Argelia, Egipto, Paquistán y Yemen. La organización pudo así integrar y hacer trabajar juntos a esos grupos heterogéneos, a partir de una visión común del enemigo y de la necesidad de actuar en pro del islam. Esos temas sencillos tenían la inmensa ventaja de conseguir un gran consenso en un mundo islámico ofendido por los ataques contra varios países musulmanes: Bosnia, Afganistán, Iraq, Paquistán (Cachemira), Chechenia, Argelia.

Otra especificidad de Al Qaeda es la de haber logrado la autonomía en el entrenamiento de sus adeptos, en campamentos situados en Afganistán bajo el régimen talibán, y en Bosnia, en la primera mitad de los años noventa. Las organizaciones afgana y bosnia de reclutamiento y entrenamiento garantizaron a la red un gran margen de maniobra y una importante autonomía de acción.

La red no tiene ningún proyecto concreto, ninguna plataforma política específica. No se trata de instaurar el poder en un Estado concreto, aunque Bin Laden denuncie a Arabia Saudí, bajo la férula americana, y a los regímenes árabes incapaces de oponerse a Occidente. Contrariamente a la revolución islámica en Irán que acariciaba, al comienzo, el proyecto de instaurar una justicia islámica favorable a los *mustad'afin* (los oprimidos), Al Qaeda no tiene ningún proyecto económico coherente. Son predicadores quienes expresan, de modo patético, su rechazo de un Occidente temerario y de un mundo impío marcado por la injusticia y la depravación moral y sexual. Éstos no son jefes militares sino imanes que dan una versión rígida y «salafista» del islam, sin ejercer ninguna función de mando militar.

En el plano financiero, la gran fuerza de la organización ha consistido en poder asegurar su autonomía y la de sus operaciones, dotándolas de fuentes de ingresos autofinanciados, cuando estaban destinadas a intervenir en un lapso de tiempo más o menos largo (por ejemplo, comprar un barco de pesca para asegurar los subsidios de las personas comprometidas, gracias a los beneficios de la pesca).[22] Al igual que no hay centralización de la organización política, tampoco hay centralización de las operaciones financieras.

Toda la red integra a varios tipos de adeptos y en ello es terriblemente eficaz. Consigue reunir a la pluralidad de los tipos de actores, en general poco unidos en sus motivos o en sus ideales, sin tener que ocuparse activamente de su especificidad. En una estructura piramidal tradicional, es difícil lograr que se codeen individuos demasiado distintos, porque se trata de que obedezcan a una jerarquía cuyos objetivos no comparten forzosamente. En una estructura en red, la presencia de actores con intenciones y objetivos muy distintos es, en cambio, gestionable con mucha mayor facilidad. Basta que, en el núcleo al que pertenecen, no haya miembros demasiado distintos. Puesto que los grupos actúan de modo autónomo, como satélites dentro de la red, ya no hay, entonces, grandes problemas de gestión de su coexistencia. Ésa es la fuerza de organizaciones como Al Qaeda, Aum en el Japón, los Patriotas y las Milicias en los Estados Unidos.

Al Qaeda reviste las características esenciales de las sectas modernas, salvo por dos importantes diferencias. Las sectas se forman en el mundo aislándose u oponiéndose a él, pero el número a menudo limitado de sus adeptos hace que, *de facto,* haya pocos «elegidos». Por el contrario, la existencia de más de mil millones de musulmanes es, para los diversos grupos islamistas, una tentación constante a englobar a los musulmanes «no auténticos» transformándolos en «musulmanes auténticos». Es preciso despertarlos con el llamamiento a la *yihad,* mostrándoles la amenaza real a la que el islam está expuesto. Otro rasgo distingue los grupos como Al Qaeda de las sectas, a saber, su existencia subterránea, no sólo a causa de su clandestinidad, sino también de su estructura en forma de red. Cada red tiene su autonomía y, en ella, se advierte la presencia de personalidades carismáticas locales, formas de financiación que desembocan en la autosuficiencia y una adaptabilidad a las condiciones del terreno que convierten cada conjunto, unido al centro, en una subsecta por sí solo. Al Qaeda es como una organización federal de multitud de sectas, una «hipersecta». Bin Laden, antes de los acontecimientos del 11 de septiembre de 2001, no era muy conocido y su carisma parecía muy apagado comparándolo con el de un Jomeini en Irán, un Kishk en Egipto o un Musa Sadr en el Líbano. Dentro de cada subred, en Inglaterra, en Francia, en los Estados Unidos o en cualquier parte, es donde se encuentra una estructura sectaria, propiamente hablando, ampliamente autónoma con respecto a las demás y que opera según unas modalidades que combinan las aportaciones de la tecnología moderna (en especial las redes informáticas e Internet) y las formas de religiosidad que son, en Occidente, como un multiculturalismo invertido.

Este rasgo se encuentra, por lo demás, en muchas organizaciones islámicas transnacionales: en el caso de Tabligh, a pesar de una interdependencia mayor y más visible de los distintos centros europeos —los dirigentes *tabligh* de cada país se reúnen, por lo menos, una vez al año en Inglaterra, en Dewsbury—, el grupo tiene una gran autonomía en Francia, en Alemania o en Inglaterra.

El segundo rasgo que caracteriza a Al Qaeda es su origen militar. El conjunto se formó durante la guerra en Afganistán y sus inicios han dejado huellas importantes en su organización, su gestión y su ideología. Esta característica la ha convertido en una organización secreta, desde el comienzo. No ha sufrido cambios importantes, al revés que un grupo como el Fatah que debió abandonar la clandestinidad y transformarse en una organización política. Estamos aquí ante un grupo que, desde su nacimiento, ha sido clandestino y militar, y ha conservado estas características a lo largo de toda su andadura.

Las nuevas formas de activismo y de terrorismo no rompen, sin embargo, totalmente con el terrorismo clásico. El nuevo se mezcla a menudo con el antiguo, hasta el punto de que un especialista en el terrorismo internacional, Gérard Chaliand, habla del «estadio último del terrorismo clásico»[23] más que de la emergencia de nuevas formas. A su entender se trataría de un «salto cuantitativo, no cualitativo». La perspectiva de las operaciones suicidas, señala, no es nueva. Por lo que se refiere al proyecto vago y desarticulado de una nueva *umma* islámica, es utópico al igual que lo eran el panarabismo y el panafricanismo.

Mostraremos que existe una importante novedad en la subjetividad de estos activistas, que rompen con la de los antiguos terroristas. El nuevo actor terrorista tiene una representación de sí mismo, del otro, de lo sagrado y del mundo que le distingue de sus protagonistas de los años setenta u ochenta. El fenómeno no se limita sólo al islam sino que encuentra su equivalente en las sectas violentas y los grupos activistas más o menos estructurados, como las Milicias y los Patriotas en los Estados Unidos en los albores del siglo XXI, que comparten numerosos rasgos con Al Qaeda.

La fórmula sectaria, entre los activistas musulmanes, no se reduce sólo a Al Qaeda. Paralelamente a la diversificación de las formas religiosas en Occidente, asistimos a una multiplicación de grupos y sectas musulmanes, algunos de los cuales tienen una posición militante, agresiva incluso, frente al mundo occidental. Estas nuevas asociaciones aprovechan las formas modernas de comunicación y de gestión —informática, gestión descentralizada, formas de financiación en varios países— que escapan a los sistemas tradicionales de imposición. A veces tienen al frente a occidentales convertidos al islam, algunos de los cuales reivindican una posición jerárquica islámica y ponen así en cuestión la exclusiva de los árabes o los musulmanes originarios de países no occidentales en las decisiones vinculadas a los bienes de la salvación (distinción entre lo lícito y lo ilícito, entre lo permitido y lo prohibido, entre los deberes y sus límites). Así ocurre con el movimiento de los Murabitun, cuyo fundador es el cheij Abdalqadir As-Sufi, alias Ian Dallas. Su jefe político, Omar Ibrahim

Vadilla, intentó poner en marcha un sistema monetario islámico basado en el oro, para combatir el sistema monetario basado en el dólar americano. El proyecto económico del grupo pretende reconstituir las redes de caravanas islámicas para sustituir a la distribución monopolista occidental, en resumen, restablecer una economía llamada islámica. El movimiento pidió explícitamente a sus adeptos que proporcionaran ayuda a los talibán durante la guerra que les libró América en 2001-2002. Apunta a la conversión de los cabezas rapadas y de los miembros de la extrema derecha inglesa. Sus temas ideológicos son el antiamericanismo, el antijudaísmo, el rechazo de la economía usuraria y la lucha contra la masonería.

El movimiento, como muchos otros de la misma naturaleza, se inscribe en la perspectiva del declive de Occidente y de la «muerte de la democracia».[24] En su obra *El islam y la muerte de la democracia,* el fundador de los Murabitun parte del hecho de que el islam ha florecido siempre en sociedades decadentes, haciendo que el mundo alcance su pleno desarrollo a partir de la fe en Alá.[25] Distingue *din* (religión islámica) y *kufr* (la herejía y la impiedad, el sistema global de Occidente). Occidente se encuentra en un estado de declive total. Para sacarlo de él hay que volver a la *Iqamat as-salat* (la adoración de Alá), a la religión de lo verdadero *(din al-haqq)*. El Occidente en decadencia se encuentra en la misma situación que las sociedades preislámicas de la ignorancia y la depravación *(yahiliya)*. Para superar su declive, tendrá que adherirse al islam. ¿Sobre qué principio se basa la depravación moral de Occidente? Sobre el desconocimiento del hecho de que somos seres finitos y limitados, que nuestra realidad física, biológica y fisiológica es desesperada sin recurrir a otra, trascendente. La auténtica realidad es tomar conciencia de nuestro estado, una forma de concienciación calificada de *awarenes* y que coincide con el tema esencial de muchos pensadores musulmanes contemporáneos, como Shariati, que habla de concienciación *(agahi)* o Qutb, que se refiere a la doctrina *(maktab)*. El término *awarenes* remite, para el fundador de los Murabitun, a nuestra fragilidad, a nuestra condición mortal, con respecto a la de Alá. Sigue una crítica acerba de la sociedad moderna, sociedad «neurótica», marcada por la «demencia» *(insane society)*, que ignora la muerte y oculta la finitud del ser humano asignando a los hombres y a las mujeres ideales puramente terrenales. Asistimos a una crítica en toda regla del movimiento de liberación de la mujer, que ignora que la emancipación femenina significa el sometimiento de la mujer a un sistema industrial moderno, que no podría funcionar con eficacia sin enrolarla a su servicio. Del mismo modo, la sociedad americana está marcada por una muerte lenta vinculada a su desintegración bajo los contradictorios empujes del sionismo, de la francmasonería y de sus adeptos. América está dominada por medios de comunicación que manipulan a la población y están al servicio del sionismo que gobierna los Estados Unidos y Palestina. Los fenómenos de dominación mundial son posibles porque la religión de lo verdadero *(din al-haqq)*, que es el islam, se desconoce, una religión que, en cambio, tiene en cuenta nuestra naturaleza mortal.

El islam es la respuesta global a un mundo desquiciado en el que la ocultación de la muerte, la dominación política y económica de las élites depravadas y la pérdida del sentido de la vida son un estado de cosas crónico. En efecto, advierte el autor, el islam es, sin clero, sin ritual, sin magia, sin figura mística, una religión racional que se concentra exclusivamente en la adoración del Creador y nada más. Hay que romper con el modo de dominación mundial de América y reanudar con el islam. Éste engendra una sociedad unificada y orgánica que sustituirá, por fin, al caos de la civilización occidental donde el asesinato, la ruptura mental, la inmoralidad y la creciente criminalidad caracterizan la vida cotidiana. La *neo-umma* que el dirigente de los Murabitun ansía se inspira, vagamente, en la comunidad islámica original, sencilla, moral, sin disparidad de clases, donde cada cual podía encontrar la plenitud en su vida y aspiraciones modernas a las que la religión de Alá debiera dar una respuesta, como la soledad, el miedo a morir, el sentimiento de abandono y desamparo así como el sentimiento de inseguridad ante la criminalidad de los grandes centros urbanos.

Esta religiosidad islámica elaborada en Occidente combina consideraciones subjetivas modernas —ocultación del miedo a morir, consumismo desenfrenado, sociedad desprovista de normas y de sistemas de valores espirituales— y un militantismo que mezcla registros de la extrema izquierda y de la extrema derecha, para el que el enemigo es el sionismo, la masonería mundial y la élite corrupta de una América depravada que manipula a los individuos engañándolos con ideologías alienantes. Ese tipo de organización, de origen puramente occidental, se suma a las que, como Al Qaeda, son originarias de Oriente Medio y mantienen un vínculo muy fuerte, a pesar de su expansión mundial, con el país de origen.

La comunidad orgánica que el autor reclama con sus votos presenta unos rasgos fascinantes que coinciden con las ideas de otro converso, Ahmad Thomson. El autor de *Dayyal, the Antichrist*[26] distingue dos sistemas, el de los herejes, «el sistema kafir», y «el camino de Mahoma». El primero, el de Dayyal (el equivalente islámico del Anticristo), está dominado por la masonería mundial, contra la que Hitler y Ezra Pound intentaron luchar, sin conseguirlo. La razón es que no conocían la verdadera naturaleza de la existencia, a saber, que nada existe al margen de

Alá. Todo lo que no sea Él no tiene más que existencia aparente. Es preciso regresar a Alá y alejarse de la herejía *(kufr)* para poder combatir eficazmente el dominio mundial por un Occidente impío. Eso puede lograrse tanto más fácilmente cuanto el sistema se encuentra en un estado de avanzada disgregación. Esta idea del profundo declive de Occidente y de la regeneración del mundo por medio del islam está en la base de la ideología de los Murabitun, que la tomaron de la visión pesimista de la «decadencia de Occidente» en Spengler. El remedio es una religión orgánica que pueda dar origen a una *neo-umma* que pondría fin al malestar de la anomia, de la desorientación mental y de la pérdida de sentido, identificando al enemigo que debe derrotarse y lo sagrado que debe abrazarse.

Existen otras formas asociativas, cuya idea central es reinstaurar el califato, abolido por Kamal Ataturk en 1924, en el mundo islámico, esta vez a partir de Occidente. En el mundo suní —pero no en el shií—,[27] el califato representaba la unificación de los musulmanes bajo la égida de un poder único. Aunque la realidad del califato haya sido, desde el final de los abasíes, la de un poder muy limitado y dominado por dirigentes en los cuatro rincones del mundo islámico, dejó el recuerdo de un poder que realizaba la unidad del islam dentro de una institución política, como se consideraba que el Santo Imperio Germánico encarnaba la unidad simbólica del cristianismo en Occidente, mucho tiempo después de su eclipse real. Lo cierto es que la idea del califato da sentido a la unidad política y religiosa del islam y realiza, para sus adeptos, la identidad de la comunidad y de la política en el seno de una institución única, a imagen de la unicidad de Alá. Este mito ha recuperado, en los tiempos modernos, un nuevo sentido, sobre todo con la constitución de importantes minorías musulmanas, en los países occidentales, a partir de los años setenta. Así ocurre con asociaciones como Hizb al Tahrir en Inglaterra o Kaplan en Alemania.

El sirio Omar Bakri, que desempeña un papel dirigente dentro de Hizb al Tahrir,[28] pertenece a la generación de los islamistas que pretenden instaurar el califato en los países musulmanes y, luego, en el mundo entero, a partir de Occidente y no de los países musulmanes donde reina la *yahiliya*. Muy cercana a esos objetivos, la comunidad de Cemaleddin Kaplan, en Alemania, aboga como Hizb al Tahrir por la instauración del califato, primero en Turquía y, luego, a escala mundial a partir de Alemania, a la que emigró a comienzos de los años ochenta. La comunidad de Kaplan se formó en Alemania por una escisión del Milli Görüs. Al comienzo, la mayoría de sus miembros estaba constituida por trabajadores turcos.[29] A continuación, los jóvenes turcos de la segunda generación, mucho más educados y pertenecientes a menudo a la clase media, se convirtieron en sus adeptos. Kaplan llegó a declarar, en 1991, la guerra santa, luego reivindicó la constitución de un gobierno en el exilio, en 1992, y, por último, se designó califa en 1994. Antes de su muerte, en 1995, designó a su hijo Metin para sucederle. Por ello se produjo una escisión en el seno del movimiento, el médico Ibrahim Sofu fue designado califa por los oponentes a Metin. Metin Kaplan fue detenido por la policía alemana en 1999 por incitación a actos criminales. Los años noventa vivieron la radicalización del movimiento con un cambio de la estructura social en sus adeptos. La segunda generación, que se adhirió en Alemania a la comunidad, tuvo, como hemos dicho, una formación claramente superior a la de sus mayores. Muchos de ellos estudiaron en las universidades alemanas y se dejaron seducir por el papel de élite que se les ofrecía para constituir la vanguardia de la nueva comunidad islámica extendida a todo el mundo por el renacimiento del califato.

El papel de la diáspora turca de la segunda generación, profundamente aculturada en Alemania, se encuentra en Hizb al Tahrir, en Inglaterra, con los jóvenes anglo-paquistaníes de la segunda generación, que suelen tener un alto nivel de instrucción y están fascinados por el papel esencial que la asociación les confiere, como vanguardia de un nuevo mundo islámico en gestación. Se sienten, de ese modo, investidos de un papel profético en la sociedad de origen de sus padres y recuperan, por ello, gran parte de la dignidad perdida en unas sociedades occidentales donde se sienten objeto de un desprecio y un racismo más o menos tangible. Sin estar excluidos, estos jóvenes sienten un profundo malestar por las discriminaciones de las que son objeto y que les impiden acceder a los puestos y a las oportunidades que corresponden a su nivel de educación y a su capacidad. Se sienten, por otra parte, abrumados por una difusa sensación de culpabilidad frente a las sociedades de sus padres, sobre todo cuando éstas viven una crisis como ocurre en Paquistán, en la mayoría de los países árabes o también en Afganistán, pashtúfono como ellos. El islam, del que se convierten en los actores mundiales gracias a estas asociaciones, les aporta ese sentimiento de reanudar relaciones con los países islámicos de los que estaban separados, al mismo tiempo que la impresión de ser unos actores más importantes de lo que reconocen las sociedades occidentales que les estigmatizan.

En el caso del Hizb al Tahrir, un elemento suplementario acrecienta la cólera de sus miembros contra el reino británico. Contrariamente a la mayoría de los súbditos británicos que apoyan a los americanos contra los talibán afganos,[30] una parte de la comunidad paquistaní de Inglaterra, de origen pashtu, defiende a los talibán, en su mayoría pashtus como ellos. Hizb al Tahrir dispone, según su dirigente Bakri,[31] de sucursales en veintiún países, incluidos los Estados Unidos, mientras que Kaplan, salvo por su implantación en Turquía, se limita sobre todo a Alemania. Las asociaciones islamistas turcas en Alemania están interesadas, sobre todo, en Turquía, donde intentan combatir el laicismo y han preservado, hasta hoy, su carácter turco-alemán. En cambio, las asociaciones como Hizb al Tahrir, aunque estén especialmente vinculadas a los contextos anglo-paquistaníes, están en condiciones de extender sus ramificaciones a otros países occidentales en los que existe una diáspora paquistaní. Explotan también el malestar vinculado al problema de Cachemira así como la estrecha asociación de Paquistán a los asuntos de los talibán en Afganistán.

LOS DISTINTOS TIPOS DE ACTORES

En una red como la de Al Qaeda se encuentran cinco tipos de actores. El primer tipo lo forman los peces gordos del islamismo radical en el entorno de Bin Laden, donde se encuentran miembros de origen egipcio, árabes de la península Arábiga, palestinos y demás, conectados con las redes argelina, afgana e incluso filipina. Un segundo núcleo agrupa a los combatientes de origen árabe que optaron por la guerra en Afganistán y, luego, de regreso a su casa, por la *yihad* en nombre de una versión radicalizada del islam. Una parte de ellos se vio, a continuación, implicada en actividades violentas en Occidente. A su lado, existe un tercer tipo que agrupa a aquellos que, de origen árabe, se marcharon a Occidente y se han adherido al radicalismo islámico. Su rasgo distintivo es haber sido adoctrinados, en su gran mayoría, en el propio Occidente. El cuarto grupo está formado por jóvenes europeos —más raramente americanos— de origen inmigrante pero que han sido escolarizados en Europa y se adhieren a Al Qaeda tras un adoctrinamiento en el país o tras su largo contacto con la organización y algunas estancias en Paquistán o en Afganistán. Por último, el quinto grupo lo forman conversos europeos (también aquí más raramente americanos) al islam. Las motivaciones de estos diferentes grupos coinciden en varios puntos, pero no por ello dejan de ser distintos.

Para el primer grupo, en el entorno inmediato de Bin Laden, una abundante literatura proporciona indicaciones bastante precisas.[32]

Son los otros cuatro grupos los que nos interesan en la perspectiva de una visión de la modernidad radicalizada e invertida. El estudio de estos grupos muestra, en efecto, que no son en absoluto tradicionales, que han estado expuestos a una modernización más o menos intensa, que muchos de ellos tuvieron acceso a la escuela y a la universidad, que una fracción importante habla varias lenguas y que muchos han vivido en Occidente, a menudo durante largas temporadas. Por ello, en lo que concierne a los tres primeros grupos, hay que buscar las causas subjetivas y las circunstancias efectivas de su adhesión a organizaciones radicales en las modalidades de su modernización. Por lo que se refiere a los dos últimos, los europeos de origen inmigrante y los conversos, las raíces de su radicalización se explican por las modalidades de su vida en el propio Occidente. El grupo de los jóvenes de los países árabes que se unieron a Al Qaeda durante la guerra contra los soviéticos en Afganistán presenta afinidades electivas con la juventud palestina, marcada porque se les niega el acceso a la modernidad y por la imposible constitución de una nación autónoma. Quedan los otros tres grupos, los musulmanes no occidentales que se adhirieron a la organización islamista en Europa y en los Estados Unidos, la juventud occidental de origen inmigrante y los conversos.

La nueva diáspora de Oriente Medio

Los jóvenes de origen inmigrante nacidos en Francia o en Inglaterra abrazan un islam activista porque no encuentran su lugar en la sociedad, según lo que dicen muchos de ellos. Están allí sometidos al racismo y a la estigmatización. Intentan evitarlo exiliándose a otros países europeos o a otra parte, a los Estados Unidos y, como última etapa, a Afganistán junto a los talibán. En cambio, quienes salieron de Oriente Medio y se encuentran en Occidente forman una diáspora que presenta rasgos específicos.

De las diecinueve personas implicadas en los secuestros de aviones del 11 de septiembre de 2001, quince eran de Arabia Saudí y no tenían preocupaciones financieras. Habían recibido una enseñanza moderna y, en su gran mayoría, habían vivido largo tiempo en Occidente, en Alemania, en Inglaterra o en los Estados Unidos. Para ellos, el motivo de la acción no era la mala vida de los jóvenes nacidos en la diáspora de Europa, gran parte de los cuales se encuentra en una situación de exclusión económica y estigmatización racial. Su adhesión a la versión *yihadista* del islam no se explica pues por su sentimiento de paria. ¿Cómo comprender, en ese caso, que tomaran ese camino cuando buena parte de ellos habría podido integrarse en Occidente y gozar del nivel de vida de las clases medias y, para algunos de ellos, superiores? ¿Por qué optaron por Al Qaeda?

Al Qaeda agrupa, como hemos visto, gran diversidad de militantes. Según las modalidades de su adhesión y las de su estancia en Occidente, pueden distinguirse tres. Están los que combatieron el régimen comunista de Afganistán en los tiempos de la luna de miel entre Al Qaeda y los Estados Unidos y luego se dispersaron tras la caída del régimen para regresar a sus casas. Algunos difundieron la buena nueva de la *yihad*. Eso sucedió especialmente en Argelia, donde los «afganos» —es decir, los argelinos que habían combatido en Afganistán contra el régimen comunista— pasaron a engrosar las filas del FIS y, tras el golpe de Estado militar, las del GIA. Está también el grupo de militantes que se instaló en Occidente tras su salida de Afganistán, sin dejar de ser miembros de la red. Un tercer grupo se adhirió a la organización tras su estancia en Occidente, en la década que siguió al final de la guerra en Afganistán, sin haber tenido antes relaciones con Al Qaeda.

El primer tipo de adeptos se constituyó, sobre todo, en relación con la lucha contra el régimen comunista de Kabul en los años ochenta. En 1981, los Estados Unidos de Reagan pusieron en marcha, con Paquistán y Arabia Saudí, una alianza para entrenar y armar a los muyahidín. El grupo Al Qaeda, que en árabe significa «base», debe su nombre a los voluntarios que se habían unido a los muyahidín afganos por Paquistán, o por otro lugar, y cuyo rastro habían perdido las familias. Para poder identificarlos, se creó en 1988 una base de datos informática que, luego, dio su nombre a la red Bin Laden.[33] Éste pretende movilizar a los musulmanes en la lucha contra los comunistas en Afganistán. De 1980 a 1990, los voluntarios musulmanes, entrenados en Paquistán por instructores occidentales, contribuyeron a la guerrilla contra los rusos. Los llamaban los «afganos-árabes» o simplemente «afganos».[34] Bin Laden formó así su Legión islámica. El número de «afganos» que la constituyen es importante, tal vez decenas de miles. El consulado de Paquistán en Argelia expidió, tras la invasión soviética, unos 2.800 visados a jóvenes argelinos que iban a combatir el régimen comunista en Afganistán. Muchos partieron sin ser censados, pasando por Irán o por Jordania. La revista británica de defensa *Jane's* evalúa su número en 14.000, de ellos 5.000 saudíes, 300 yemeníes, 2.000 egipcios, 2.800 argelinos, 400 tunecinos, 370 iraquíes, 200 libios y unas decenas de jordanos.[35] Entre estos jóvenes, la mayor parte proceden de las capas populares de los países de origen. En Afganistán, se reúnen, aprenden los dialectos pashtu y el dari (el persa de Afganistán), y sobre todo, entran en contacto unos con otros. Antaño, la gente de África del norte sólo se conocía a través de Francia, y los de Oriente Medio a través de los Estados Unidos e Inglaterra. Dos siglos antes, mantenían entre sí estrechos contactos a través del islam. Con el dominio colonial y las modernizaciones nacionales por Estados laicos calcados sobre el modelo occidental, tras las independencias, el punto de mira de las sociedades musulmanas se desplazó hacia Occidente y las relaciones entre los distintos países musulmanes quedaron más o menos marginadas.

El Afganistán y el Paquistán de los años ochenta y noventa sirven pues de crisol en el que musulmanes de distintas partes del mundo se encuentran sin la presencia de los occidentales y animados por un mismo deseo: combatir el Mal. Estos dos países desempeñan en este momento un papel crucial en el mundo suní, hasta cierto punto como el que había desempeñado Irán en los años ochenta. Por aquel entonces, su mensaje, shií, no había podido tener el eco deseado por sus protagonistas, dado el carácter minoritario del shiismo en el islam. Mientras el régimen comunista hacía estragos en Afganistán, el vínculo se había establecido con la bendición de Occidente y, en especial, de los americanos. Éstos no eran conscientes del hecho de que, más allá de la lucha contra el enemigo comunista, los vínculos se establecían sobre la base de un islam que defendía lo contrario a una modernidad concebida como pecadora y antiislámica por la mayoría de ellos. En Paquistán, la versión deobandí del islam (por el nombre de una aldea paquistaní), modelándose de acuerdo con el wahabismo que preconiza Arabia Saudí, obtuvo el favor de los emigrantes. Los protegía de una modernidad viciada por la presencia de un Occidente corruptor cuyo rechazo entre los muyahidín quedaba enmascarado por su odio al régimen comunista y ateo de Kabul.

Si los años ochenta fueron aquellos en los que Al Qaeda movilizaba y entrenaba a jóvenes de origen modesto procedentes, en su mayoría, de los países árabes o de Paquistán, en los años noventa la organización se hace cargo de un nuevo tipo de recluta, más limitado en número, pero mejor educado. La guerra del Golfo puede percibirse como punto de ruptura. Al autorizar a las tropas americanas que se instalaran en su suelo, Arabia Saudí daba, según los salafíes, la posibilidad a Occidente de profanar el país que albergaba el lugar más santo del islam, la Meca. Esta reacción, por lo demás, fue similar a la que engendró en Irán la instalación de unos cuarenta mil soldados americanos. Situación que Jomeini había explotado como una señal más de la servidumbre del régimen del sha con respecto a los Estados Unidos, denunciando la supuesta voluntad de los infieles de profanar el islam. Así pues, la oposición explícita a los Estados Unidos y, más generalmente, a Occidente es lo que atrae al nuevo grupo.

Los de la diáspora de América

Quienes operaron en América y tomaron parte en los atentados contra el World Trade Center son, en su mayoría, árabes de la península Arábiga, proceden de Oriente Medio, de Europa o también, aunque más raramente, han vivido en los Estados Unidos, como el saudí Hani Hanjur, que vivió gran parte de la década de los noventa en América.[36] Tienen una imagen de sí mismos y del mundo que no está muy alejada de los jóvenes europeos de origen inmigrante. Las entrevistas realizadas con algunos de ellos en la cárcel ponen de relieve un rasgo que no se encuentra, con la misma intensidad, en los partidarios europeos de Al Qaeda. El carácter pernicioso de Occidente en su cultura, al menos como en sus formas de dominio sobre el mundo exterior, les parece esencial. La sexualidad desenfrenada, la promiscuidad contra natura, unas relaciones hombre/mujer sin control alguno, la homosexualidad masculina y femenina, la inestabilidad familiar y la pérdida de la autoridad masculina, en resumen, la inmoralidad y la depravación les parecen insoportables. A ello se suma un trauma suplementario, la hegemonía que ejerce Occidente sobre los musulmanes, ya indirectamente y recurriendo a regímenes musulmanes corruptos, ya por el recurso directo a las armas. El dominio israelí sobre los palestinos con la activa complicidad de Occidente revela el carácter perverso de éste. Las quejas contra Occidente son numerosas y duraderas. Se ha constituido una memoria obsidional que, en cada país musulmán, se expresa según las circunstancias particulares propias. En Irán, el golpe de Estado americano contra Mosadeq en 1953, luego el infalible apoyo al régimen del sha y, por último, la ayuda al régimen iraquí en su guerra contra Irán (1980-1988), son sus momentos clave. En los países árabes, el trauma de la formación de Israel y el apoyo indefectible del que éste ha gozado en los planos militar, económico y político por parte de América forman la trama de fondo de la memoria antiamericana, que es alimentada, en su oposición a los Estados Unidos, por los sucesivos fracasos de los ejércitos árabes y, especialmente, el de 1967. La cuestión palestina alimenta, a su vez, el antiamericanismo que se hace cada vez más constitutivo de las sociedades árabes y, luego, de las musulmanas, a través de la televisión, que difunde diariamente las imágenes de la humillación palestina por todo el mundo. La influencia de la televisión sustituye progresivamente a la de las comunidades concretas que modelaban una visión del mundo homogénea de sus miembros. Hallándose éstas en un avanzado estado de desestructuración, las fuentes de construcción de la imagen del mundo se transfieren a los medios modernos de información y, muy especialmente, a la televisión. Una «comunidad televisiva» sustituye a las comunidades desamparadas y eso es lo que moldea, cada vez más, la memoria de la sociedad, sobre todo en los grupos sin raíces que se instalan en ellas. En las prisiones francesas, a lo largo de los dos últimos años, la televisión ha originado la reacción «judeófoba» de 2002 en algunos presos musulmanes que forman, a veces, hasta el 80% de la población reclusa.[37]

Lo que perturba a quienes fueron a instalarse en Occidente para proseguir sus estudios o salir de sus países de origen, víctimas de la crisis, es que buscaban una bocanada de aire fresco, querían adoptar esa modernidad de la que tan injustamente se sentían excluidos. Una parte importante de estos jóvenes se integra en esas sociedades, pero algunos no encuentran la respuesta a sus interrogantes y a sus angustias. La tan deseada modernidad les parece, una vez a este lado de la barrera, como el rey desnudo. Pierde progresivamente el prestigio que tenía cuando la imaginaban en sus países de origen. Es sólo el acceso al consumo, en ausencia de cualquier sentido «noble» que pudiera insertarlos en un tejido social «cálido» y provisto de significados a la altura de los ideales acariciados. En el día a día, el Occidente con el que tanto soñaban es sólo un conjunto de pequeños ajustes a una vida diaria de la que se expulsa cualquier significado elevado. No hay nada sagrado; ni siquiera tiene sentido una vida que se acompasa al ritmo de un consumo y de una mediocridad desprovistos, a menudo, de horizonte y de futuro.

Las relaciones sexuales que muchos de estos jóvenes acaban manteniendo con mujeres suelen desembocar en la evidencia de una imposibilidad. La fidelidad de la mujer es imposible en este Occidente, en donde las categorías de la vida se han nivelado y en el que la diferencia entre hombres y mujeres ha perdido cualquier pertinencia a su modo de ver. Se es afeminado, la virilidad masculina no está en boga, la vida se expresa en un mundo cerrado donde la comunicación es con frecuencia imposible. Muchos de estos jóvenes viven en islotes urbanos que favorecen la búsqueda de sentido fuera de los circuitos habituales de sociabilidad occidental. La promiscuidad en esta parte del mundo y el feroz individualismo que en ella reina acaban convenciendo a esos marginales de la inmoralidad fundamental de esta civilización que pretende regir el mundo y que es incapaz de constituir una vida «sana» para unos y otros.

Por un lado, un prestigio peligrosamente mermado por la vida en el mundo occidental; por el otro, la viva sensación de una intolerable iniquidad con respecto al mundo musulmán. En tercer lugar, un racismo más o menos difuso que se ejerce incluso con respecto a aquellos que no son, económicamente, unos excluidos. Estos tres aspectos hacen imposible, para esta minoría de jóvenes, la conciliación con ese mundo que une la arrogancia a la impostura y la inmoralidad. Se desarrolla una reacción casi sectaria: rechazo de la sociedad occidental en su totalidad, voluntad de combatirla, negativa a considerar Occidente como un conjunto no monolítico y autónomo de países y culturas y su identificación con una unidad mítica que legitima el uso, para con él, de la violencia ciega. En los actos de los miembros de Al Qaeda no hay un sentimiento de culpabilidad hacia las víctimas inocentes de los atentados porque no hay, en esta parte del mundo, inocentes propiamente dichos. Son «culpables» en el sentido de una totalidad orgánica cuyos miembros no son individuos sino parcelas estrechamente vinculadas unas a otras. Se responde al individuo occidental con la negación de la individualidad de las sociedades que se combaten. No hay individuos, sólo hay un orden inhumano que oprime a los musulmanes y merece ser tratado como un todo indisociable en el que cada cual es sólo un nudo en un conjunto finamente tejido y solidario. La realidad individual de Occidente desaparece así y se abre un abismo entre la realidad tal como se vive por el occidental y la visión unificadora y totalizadora que el islamista pone encima.

La experiencia de un mundo virtualizado y opaco, en donde todo se interpreta de forma antagónica, hace posible la unificación mítica de Occidente bajo una figura demoníaca. Esta experiencia es distinta de la de los jóvenes iraníes de los años ochenta o de la de los palestinos de la segunda Intifada. Para ellos, la experiencia concreta de una utopía rota (la nación islámica en el primer caso, una nación palestina en el segundo) y la identificación de un adversario real (aunque su diabolización se deba a una construcción mitificada) es el punto de partida. En el caso de las personas que viven en Occidente y que se inscriben en una acción terrorista, la causa es menos un dominio directamente percibido —están fuera desde hace mucho tiempo y viven como la mayoría de las clases medias occidentales— que un odio sentido hacia un Occidente ignominioso y difícil de determinar. En efecto, en sociedades complejas donde los modos de inserción en la realidad social se hacen cada vez más difíciles y exigen una revisión y una readaptación constante, la realidad se ofrece como un todo opaco y a menudo ilegible. Para quienes proceden de otro mundo, no sólo es incomprensible sino también demoníaca. La opacidad es interpretada como un intento deliberado de rechazar el acceso a la transparencia a esos musulmanes en busca de calor humano y de hospitalidad. Mundo extrañamente inamistoso, en donde el anonimato y la frialdad se conjugan con el carácter indescifrable de las actitudes, con la «reflexividad»[38] de esos occidentales que desconfían de los demás y cuya negativa a abrirse es percibida como signo de arrogancia y de desprecio. Del lado occidental, la desconfianza es un modo de protegerse de esos extranjeros cuyas intenciones nada permite descifrar exteriormente. Al distanciarse de ellos, se protegen, levantan una barrera entre uno mismo y el otro para neutralizar sus posibles intenciones agresivas o malévolas. Este distanciamiento se ha generalizado en el mundo occidental, sobre todo en los grandes centros urbanos donde cada cual está diariamente expuesto a una multitud de personas pertenecientes a culturas distintas. Esta «reflexividad» es interpretada por los musulmanes como un signo más de desprecio. No sólo no son acogidos como ellos esperaban, sino que los marginan, no establecen con ellos ningún vínculo social, pues el islam da miedo y la desconfianza de la gente se acentúa, además, proporcionalmente a las fechorías que se atribuyen al islamismo en los medios de comunicación occidentales.

La reacción de estos inmigrados ante la frialdad de las sociedades modernas es similar a la de muchos occidentales que deciden adherirse a sectas para constituir grupos «cálidos» donde lo unísono de los cuerpos cimente la moralidad conjugada en un sentido nuevo. Pero en estos musulmanes se suma el hecho angustioso del malestar de las sociedades de las que provienen. Malestar multiplicado, ya lo hemos dicho, en su dimensión simbólica, por los medios de comunicación a los que tienen un acceso mucho más fácil que en su sociedad de origen. Es una reacción de repliegue que se acentúa con la toma de conciencia de la «vacuidad occidental», de la inmoralidad y la inestabilidad afectiva a este lado de la barrera y, en último término, la imposibilidad de encontrar un *modus vivendi* en este mundo regido por las potencias del mal.

Hay un hecho importante en este multiculturalismo invertido, donde el acceso a otras culturas desemboca en la radicalización y en un repliegue, mezclados con el rechazo del otro. Es el sentimiento de un mundo caótico en el que la familia está disgregándose, en el que los hombres se han convertido en esclavos de las mujeres, en el que esta sexualidad contra natura y detestable que es la homosexualidad está desalojando las formas normales y divinamente avaladas de sexualidad, donde todo se conjuga bajo el régimen de lo inestable y lo precario. En Occidente, donde la liberación sexual se produjo históricamente por la denuncia del puritanismo cristiano, la homosexualidad ha ido dotándose de normalidad con la pérdida de las normas centrales y, en particular, de la familia patriarcal, así como por los movimientos de las mujeres que han roto el modelo disimétrico de familia dominado por la figura agobiante del marido y del padre. En esta otra parte del mundo que es el islam, la sexualidad normal de los hombres nunca se vio acompañada por el sentimiento de culpabilidad que infundía el puritanismo cristiano. La normalidad de la sexualidad masculina se expresaba mediante la poligamia que autorizaba, en teoría, su satisfacción por el matrimonio contraído con cuatro mujeres legales y varias más en uniones temporales. Ciertamente, la poligamia ha sido siempre privilegio de un grupo muy restringido de hombres que tenían los necesarios medios financieros pero, en el imaginario musulmán, mantiene una pregnancia y da un sentido de profunda disimetría a la relación entre hombres y mujeres, puesto que el primero puede tener varias mujeres mientras lo inverso está prohibido. Estos hombres que se encuentran en contacto con la promiscuidad occidental se convencen de la superioridad del islam en materia sexual.

En resumen, a diferencia de una mayoría que se adapta, la experiencia de vida en Occidente prueba a una minoría de inmigrantes la naturaleza diabólica de este mundo desquiciado. Si, en el siglo XIX, la colonización se llevó a cabo y fue interiorizada en la conciencia de una parte de los colonizados a partir del postulado de la superioridad intrínseca del hombre blanco, los hijos y nietos de los colonizados que se instalan hoy en Occidente repudian este sentimiento de superioridad de los excolonizadores hasta en su propia casa. Más aún, se encuentran ante un mundo informe y diverso, demasiado diverso para que encarne plenamente una superioridad moral, bastante diabólico para ocultar su carácter maléfico tras esta fachada de diversidad salvaje. Hay un proceso de nivelación del Occidente en la conciencia de esos neomusulmanes que llegan allí y hace tanto más humillante e incomprensible su supuesto prejuicio contra el islam cuyas peripecias les parece vivir por televisión. Es decir, que la humillación se ve multiplicada al comprobar el caos y la depravación sexual que allí encuentran. No sólo no se integran sino que tienen mil razones para rechazarlo, esta vez a partir de una experiencia vivida y concreta. El islam les proporciona sencillez y transparencia. Donde nada está claro y todo está sometido a debates y agotadoras negociaciones, el veredicto islámico goza de una innegable univocidad, de una transparencia que rompe con la impenetrabilidad de las normas de vida en esta parte impía de la tierra.

El Occidente es impío, incomprensible, arrogante y depravado. Es inaprensible porque, a pesar de su corrupción moral, ha progresado mientras que los musulmanes se encuentran en lamentable estado. Sabemos, por boca de numerosos pensadores musulmanes radicales, cómo explicar el declive de éstos. Su estado de dependencia y subdesarrollo es la consecuencia de su desviación del camino recto *(sirat mustaqim)* prescrito por Alá. Se encuentran en un estado de idolatría y de ignorancia, la *yahiliya* en la que se hallaba la sociedad árabe antes de su conversión al islam por el Profeta. Estas ideas circulan abundantemente en los medios de los musulmanes radicalizados de Occidente. Sin embargo, aunque el desviarse del islam verídico explique la decadencia de los musulmanes, el progreso material de este Occidente perverso sigue siendo un enigma para esos musulmanes de la diáspora, convencidos de su perfidia. Una explicación encuentra el favor de los activistas en busca de racionalización. Occidente hace progresos esclavizando a los musulmanes y a los demás, con su imperialismo que se plasma en un idioma islámico con el término de *istikbar* (de *mustakbar,* arrogante, opresor, de la raíz *kbr,* orgullo, presunción). La expresión, modernizada, se aplica tanto a los musulmanes ávidos de confort individual como a los cómplices del Occidente, tanto dentro como fuera del mundo islámico.

La experiencia concreta de Occidente entre esos musulmanes da otra coloración al hecho. El mundo occidental es perverso y atractivo, su riqueza y sus mujeres fascinan, su naturaleza transgresora de las normas divinas horroriza. No sólo debe ser proscrito, sino también expulsado de la interioridad del creyente, infectado por el virus de la «occidentalidad». Algunos intelectuales iraníes, en contacto con el mundo americano, lo han teorizado en forma de «enfermedad occidental» *(qarb zadegui),* «de occidentalidad».[39] Es preciso combatir el cáncer occidental persiguiéndolo primero en el propio fuero interno, lo que da la clave de esa *yihad* interior *(yihad akbar, yihad* mayor entre los sufíes) que los adeptos toman de la mística islámica. Eso explica también el odio inextinguible a ese Occidente, cuya población anónima puede matarse en actos violentos porque cada uno de ellos desempeña un papel, por mínimo que sea, en esta fascinación que siente el nuevo adepto del islam radical. Para extirpar el mal del interior de sí mismo, una solución idónea consiste en desarraigarlo en sus soportes físicos, esos miles de hombres y mujeres occidentales que introducen, voluntariamente o no, el virus de la occidentalidad en el alma de los musulmanes contaminándolos desde el interior. La lucha interior no puede, pues, limitarse, como en el pasado, a la guerra contra sus promotores directos, militares directamente implicados en la lucha. Se prolonga en la guerra abierta contra todo el mundo.

Se buscan —y se encuentran, claro— justificaciones en los pensadores islámicos, entre ellos Ibn Taymiya, teólogo musulmán del siglo XIV. Éste vivía una época en la que el conflicto entre mamelucos y mongoles hacía ya caduca la guerra clásica entre musulmanes, por un lado, y no musulmanes por el otro. Había, tanto en el bando mameluco como en el mongol, musulmanes y no musulmanes en los ejércitos. La prohibición tradicional de matar musulmanes, incluso en la guerra contra otros musulmanes, dificultaba ese tipo de guerra mixta. Taymiya invalidó el argumento que pretendía prohibir el asesinato de los musulmanes por sus correligionarios en la guerra para legitimar teológicamente la guerra mixta. Pero se refería a quienes estaban directamente implicados en la guerra y no a la población civil.[40] Se sobrepasa, pues, su veredicto al extenderlo a la población civil. Si se puede matar a musulmanes en la guerra, *a fortiori,* puede masacrarse a los no musulmanes. Y si se mata a algunos que no estaban directamente implicados en las hostilidades, ello queda autorizado por los superiores intereses del islam. Del lado occidental, este fenómeno se traduce en términos técnicos y no religiosos como «daños colaterales» —algo que ponen de relieve los islamistas encarcelados,[41] que no dejan de afirmar que la muerte de inocentes se practica también, hipócritamente, por los occidentales en sus enfrentamientos con los musulmanes.

Se combinan así varios registros para esbozar la imagen de un Occidente demoníaco. Para construir una imagen unificada, se invierte la complejidad en una transparencia diabólica ocultada por las artimañas de los occidentales. En resumen, la evidencia de un trato injusto con respecto a los países musulmanes por ese Occidente destronado de su prestigio de antaño la tienen los musulmanes de la diáspora que allí viven y que comparten sus preocupaciones cotidianas al igual que los demás.

Estos militantes se radicalizan, por otra parte, para distinguirse de las mayorías musulmanas que viven en Occidente. A diferencia de la gran mayoría de todas ellas, que se adapta a los usos y costumbres occidentales, preconizan una estrategia de ruptura. Por ello deben oponerse no sólo a Occidente sino también a esos musulmanes entibiados y refractarios a su versión maniqueísta de los hechos. La diabolización de Occidente sirve así a grupos de la diáspora muy minoritarios para tomar posición tanto contra el enemigo occidental como contra las mayorías musulmanas que están apaciblemente instaladas allí.

La juventud francesa de la diáspora: el multiculturalismo invertido

Los datos disponibles y las entrevistas realizadas en la cárcel durante los cinco primeros meses de 2002 permiten identificar algunos rasgos sobresalientes de esta juventud. La mayoría de los presos son de padres argelinos o marroquíes y eligieron Inglaterra como lugar de residencia. Hay también, entre ellos, algunos franceses conversos. Lo que caracteriza ante todo a éstos es la sensación de fracaso en Francia, la relación antagónica mantenida con el país de adopción de sus padres, cuya nacionalidad tienen en su mayoría, un nivel intelectual superior a la media y una gran familiaridad con las nuevas técnicas, como la informática, la aeronáutica o el comercio. Varios hicieron estudios universitarios, aunque no los aprobaran forzosamente. Pertenecen a esas clases medias que, entre el éxito relativo y el fracaso parcial, tienen un problema real de identidad. Sienten un profundo malestar en una Francia que, a su modo de ver, les ha privado de todo arraigo en el país de origen de su familia sin integrarlos plenamente en su suelo.

Su estancia en Inglaterra no les ha abierto, por ello, el camino a la integración en este país. Sin embargo, encontraron allí una «comunidad musulmana» que les da la sensación de pertenencia a una *umma* mucho más amplia, en un sentimiento de exterioridad con respecto al Reino Unido. La partida de Francia y la estancia, de varios años a veces, en Inglaterra fortalecen en ellos el sentimiento de ser apátridas. Se identifican tanto más fácilmente con una *neo-umma* ampliada cuanto que han perdido su sentimiento nacional. La nueva identidad les da la posibilidad de hacerse, a su modo, ciudadanos del islam, rompiendo más fácilmente con un mundo francés que se vive como opuesto a su integración. Inglaterra es el lugar de la doble no pertenencia: ni a Francia, ni al Reino Unido. Este país, tolerante hasta el punto de aceptar que se predique la *yihad* y poco riguroso con los manejos de los grupos no ortodoxos, siempre que no pongan directamente en peligro su seguridad, refuerza en ellos esta marginalidad desdoblada que les hace rechazar a Europa y, más globalmente, a Occidente.

Su experiencia de los Estados Unidos, en donde pasan varios meses, corrobora a su vez ese estado de cosas. La acumulación de esas estancias en una multitud de países occidentales acrecienta su sentimiento de diferencia. En adelante, el vínculo indefectible con un país determinado queda roto por la multiplicación de estancias en varios de ellos. Haber vivido en Inglaterra les da esa identidad que se desprende de cualquier pertenencia nacional, antes incluso de fijarse en el islam. La partida de Francia tenía su origen en un malestar de identidad agravado aún por uno o varios fracasos y en la voluntad de aprender inglés para acceder más fácilmente a un trabajo mejor remunerado. Antes de su marcha al extranjero, las dificultades comienzan con su exclusión de cierto tipo de empleos, en especial los vinculados a las relaciones públicas, mejor remunerados. Un racismo a veces difuso, otras mucho más explícito, les impide el acceso a los mismos empleos que los franceses «de pura cepa» con igual cualificación.[42] Luego, se produce el repliegue, algo que puede suceder a cualquier joven y, en particular, a los «árabes», por razones a menudo específicas de cada individuo y por su sensibilidad particular, pero cuyo telón de fondo es el sentimiento de rechazo y de estigmatización. Así sucedió con Jaled Kelkal, que no pudo hacer estudios normales en la escuela porque era árabe y no le querían y se sumió, en 1995, en el terrorismo.[43] A ello se suma el hecho de que trabajar para «franceses» reaviva el recuerdo de la explotación de sus padres, transposición, a la situación presente, de las relaciones coloniales que habían sufrido las antiguas generaciones de magrebíes frente al colonizador francés. El conjunto de estos datos les coloca en una situación financiera y mental frágil antes incluso de haber atravesado la Mancha.

Aunque han tenido ya contacto, en Francia, con un islam rigorista, suele ser en Inglaterra donde acaban recobrando una nueva identidad. No tiene como finalidad europeizarlos y abrirles al mundo por medio de la lengua de Shakespeare, que acaban aprendiendo, sino islamizarlos en organizaciones que les permiten vivir modestamente en el plano financiero, al tiempo que se asignan una vocación sagrada al servicio de la religión de Alá.

La multiplicidad de los rostros de Occidente que esta generación de jóvenes desarraigados —ni franceses ni magrebíes— descubre al recorrer las abigarradas tierras que van de Inglaterra a España y a los Estados Unidos engendra en ellos un multiculturalismo a la inversa. No se abren a las demás culturas con una sensación de euforia y de mestizaje, sino que se distancian de toda cultura como de un conjunto artificial y se identifican firmemente con el mensaje de Alá que les trasciende y propone, en su lugar, un código rigorista de buena conducta, más allá de la contingencia humana. Los derechos del hombre, que promueven una visión de la humanidad y de sus derechos inalienables más allá de toda cultura específica, los adoptan en parte predicando un islam transcultural que no reconoce cultura particular alguna y se asigna como vocación propagar el mensaje de Alá independientemente de las sociedades, los países, las naciones o los pueblos. Su experiencia de la pluralidad de culturas en Occidente les hace tomar una aguda conciencia de su naturaleza artificial e imperfecta que no podría resistir ante el mensaje de Alá, transcultural por esencia. Se elevan así por encima de cualquier particularismo de cultura identificándose con un islam metacultural y puramente escriturario, en el que la palabra del Profeta no sufre determinación histórica y cultural alguna.[44]

La familiaridad con diversas culturas occidentales engendra también en ellos un sentimiento de rechazo a un Occidente que no les deja espacio alguno de autoafirmación. Eso es lo que sucede con los excluidos pero, también, en cierto modo, con quienes han sabido integrarse social y económicamente. El menor rasgo que remite a un origen distinto y estigmatizado por el racismo cotidiano se convierte en lancinante y adopta dimensiones simbólicas desmesuradas con respecto a las actitudes a menudo anodinas que lo han engendrado. Hay desproporción entre el «pequeño racismo» que se burla de los «árabes» y los convierte en el blanco de sus chanzas, y el sentimiento, paranoico a veces, que sienten ante esa actitud degradante. La gran mayoría de los inmigrados de origen magrebí no se deja escandalizar exageradamente por ese tipo de racismo burlón e irónico que no llega muy lejos, al decirse que, a fin de cuentas, la integración en la sociedad bien vale ciertas bromas hirientes, aunque sin graves consecuencias. Pero otros pasan a engrosar las filas de quienes, excluidos, tienen muchas razones objetivas para hacerle reproches a una sociedad que les ha dejado al margen, a causa de su origen. La suerte está echada; están fuera de juego. Desde entonces, la identificación con una *neo-umma* particularmente rigorista invierte las bases del problema: si no tienen su lugar en este mundo inhóspito, es que está corrompido. De una visión de sí mismos que pertenece a un fuera de juego trágico en la indiferencia y la despreocupación de los demás, pasan a la percepción de éstos como enemigos que les impiden acceder al islam auténtico. Se oponen, entonces, a esa promiscuidad, a esa mezcla de cosas y a la ausencia de normas que hacen que no se sepa ya quién es una mujer y quién un hombre; quién es grande y quién pequeño; quién es adulto y quién menor; quién es probo y quién libertino; quién es virtuoso y quién licencioso. Occidente es ese lugar de indecisión y de mezcla que, antes de la conversión, resultaba opaco y que, ahora, cuando han descubierto la verdadera fe, se les revela en su naturaleza insidiosamente diabólica.

La informática, sector en el que muchos de ellos encuentran un empleo precario, acaba corroborando el carácter abstracto del mundo en el que viven. En este caso, la abstracción informática no es una palabra vana, tanto más cuanto que muchos de ellos se han dedicado a ella y conocen distintas manipulaciones a través de los programas. Los procedimientos actuales, entre ellos, por ejemplo, la práctica llamada de «defleshisación», pueden servir de hilo conductor para dar idea de su percepción de las cosas. Se empobrece progresivamente la imagen para poder almacenarla en sus caracteres esenciales en el disco duro, comprimiéndola y utilizando una fracción del espacio que ocuparía la imagen completa.[45] Aquí, la materia es, propiamente hablando, inexistente. O, con más exactitud, no es otra cosa que las modalidades de composición de las distintas formas. Como lo real, la materia es sólo una abstracción. Al igual que la puesta en forma da una libertad casi absoluta, lo real puede, a su vez, ser moldeado *ad libitum*. Basta, para ello, con reducirlo al estado de la imagen sobre la que el imaginario ejerce ahora un poder total. Una sociedad abstracta despliega su espectáculo en un mundo destinado a una virtualidad que la gente «normal» domina mal que bien pero que aquellos que se sienten excluidos o malquistos pueden tomar al pie de la letra y, por la magia de un imaginario dominio sobre la realidad, tender a «virtualizarla» literalmente.

El caso de esos jóvenes doble o triplemente «diasporizados», que han perdido el sentimiento de pertenencia a una nación o a un país mucho antes de haber adquirido la tranquilizadora certeza de ser miembros de la *umma,* es sintomático. A falta de una comunidad europea auténtica que los insertara dentro de ella tras el fracaso de su integración en Francia, el Reino Unido les ha dado la posibilidad de constituir una *neo-umma* en lucha contra Occidente. Descubren allí la comunidad dentro de un islam ampliado que no conoce confines. El hecho de que esta religión sea también la de los paquistaníes y los indios la realza, a los ojos de esos franco-magrebíes que residen en Inglaterra, como la encarnación de una verdad más allá de toda cultura. Integración nacional rechazada, europeísmo negado, islam adoptado: ésa es la fórmula adecuada para expresar el estado de ánimo de estos exiliados de la diáspora cuyo malestar es multiplicado por las reiteradas negativas que se les oponen a insertarse en las mallas de una inaccesible modernidad. Europa sólo es, en este caso, una vasta supercheria para ellos, que reproduce a gran escala el rechazo que sufren en el seno de la nación. Esta incomprensión, de la que se sienten víctimas, es el cemento de su *neo-umma* en ruptura con el país de acogida.

Al Reino Unido le reservarán un trato menos hostil, no por una particular ternura sino por simple cálculo, fríamente realizado. Al revés que en Francia, los dejan tranquilos y por eso no cometen actos violentos. Siguen en eso la *maslaha*, según las palabras de los imanes radicalizados de las mezquitas inglesas, como la de Finsbury Park, al norte de Londres, en donde oficia Abu Hamza al-Mazri, o, también, la mezquita Piety de Leicester. Esta *maslaha* es la oportunidad, para el islam y su comunidad, de prosperar a la sombra protectora de su majestad en una especie de alto-el-fuego necesario de momento, que podrán romper cuando llegue el caso para hacer progresar la causa de su religión en un país impío. Algunas ciudades inglesas como Bolton, en donde vive Abu Qatada, el clérigo islamista sospechoso de haber sido el embajador de Bin Laden en Europa; Birmingham, en donde vivió Omar al Bayumi, estudiante de doctorado en la Universidad Aston y a quien los servicios americanos acusan de haber participado en la destrucción parcial del Pentágono el 11 de septiembre de 2001; Manchester, donde vivía Anas al Liby, que al parecer tomó parte en el atentado contra la embajada americana en Nairobi, en 1998; Slough, cerca de Londres, en donde vivía Lofti Raisi, el piloto argelino acusado, sin pruebas convincentes al parecer, por la CIA, de participar en los atentados del 11 de septiembre. Estas ciudades británicas fueron el foco de la constitución de redes y de la *neo-umma* islamista mucho más que la cuna de formación de futuros ciudadanos europeos. Aunque los hechos que se les reprochan están muy lejos de haberse probado y la suspicacia que gravita sobre ellos es, en parte, el resultado del temor a nuevos atentados en Occidente, no deja de ser cierto que la *neo-umma* es el principio de identificación de una minoría activista de musulmanes europeos que no han sabido encontrar en la nación o en Europa el cimiento de un vigoroso principio de adhesión.

La estancia de estos jóvenes de la diáspora en los Estados Unidos se efectuó, en la mayoría de los casos, cuando habían ya pasado al otro lado y adoptado la causa de una *yihad* sin cuartel. Algunos, sin embargo, se adhirieron a grupos islámicos radicales tras su experiencia americana, no antes. Éste es, especialmente, el caso de un libanés, Wadih al Hage. Lo cierto es que la diversificación de las experiencias multiculturales dentro de las sociedades occidentales tuvo por efecto el repliegue de algunos grupos minoritarios frente a este mundo que hubiera debido ser, en teoría, el suyo, si hacemos abstracción del origen de sus padres al sur del Mediterráneo.

Una perniciosa dialéctica se pone en marcha. A la inversa de la experiencia de la diversidad enriquecedora de los usos y las costumbres, cantada por humanistas como Erasmo y Montaigne, oponiéndose a formas de mestizaje y multiculturalismo que liberalizan las sociedades, haciéndolas receptivas a otras concepciones, asistimos a un repliegue cultural, incluso a la negación del derecho a la cultura como forma legítima de experiencia humana. Para ser auténtica, la religión debe ser transcultural, más allá de toda cultura, debe estar sometida a un código riguroso que es el de un islam desculturalizado. Es un sentimiento religioso sin referente concreto, sin arraigo tangible en la vivencia humana, vinculado únicamente a un texto sagrado, el Corán, y a los relatos del Profeta (los hadices).

Esta religiosidad conscientemente desencarnada, que se inscribe en el imaginario de estos jóvenes emigrados convertidos en apátridas del alma, encuentra una legitimidad suplementaria al oponerse a un mundo caótico al que habría que imponer un nuevo orden. Éste no se realiza por la pasión del mártir iraní del Basiye o de la «bomba viviente» palestina, que son seres en carne viva comparados con la frialdad de estos nuevos adeptos de Alá. El nuevo orden islámico desprovisto de arraigo en el seno de una nación se engendra ante la gélida mirada del informático y del manejador de redes que procede por cortes y pegados, compresión y descompresión, por la intervención casi quirúrgica sobre la imagen que es el lugar desencarnado de una experiencia del mundo sin orientación ni significado existencial. En su contenido antropológico, los muertos, tal como los imaginan los jóvenes de la diáspora exiliados en Inglaterra, en Alemania o en América, son distintos de los que tienen en mente las «bombas vivientes» palestinas o los mártires iraníes en pos de una desaparición violenta. En estos últimos casos, salvo en los más radicalizados, el enemigo tiene un rostro particular: es iraquí para el iraní, israelí para el palestino, ruso para el checheno. En cambio, entre los de la diáspora, los muertos son un signo en una semiología abstracta, sin rostro específico. Su único carácter identificable es el de ser «occidentales», por la simple razón de que viven en Occidente. El atentado contra el World Trade Center se produjo en Nueva York, estaba dirigido contra América, pero Al Qaeda intentó organizar otros, en Europa. Y en Nueva York, ciudad cosmopolita, entre los muertos, muchos eran extranjeros. Las dos torres gemelas eran el símbolo de una América arrogante y «mundializada».

En el mundo de los arrabales, pueden verse a veces jóvenes de origen no magrebí que adoptan las maneras de ser, el acento, la indumentaria y la gestualidad de los jóvenes «árabes», es decir, de los franceses de origen magrebí. Y es que, al compartir las condiciones de vida de éstos, los primeros acaban identificándose con ellos hasta el punto de que el mimetismo de los demás se convierte en un modo de ser legítimo. Actúan entonces con los mismos tipos de comportamiento respecto a las muchachas que los jóvenes de origen magrebí, dándoles los mismos apelativos y excluyéndolas de los estrechos círculos de su intimidad. En estos barrios, el islam se vuelve atractivo por las mismas razones: es la religión de aquellos con quienes se vive, de aquellos a quienes se trata y cuya suerte, gustos y modos de ser se comparten. En una parte delincuente de la juventud arrabalera que vive de pequeños latrocinios y del tráfico de drogas, el islam no es una religión entre otras sino la única y la sola que, llegado el caso, podría adoptarse, la que no está mancillada por las fechorías de la dominación.[46] Algunos franceses de origen católico acaban adhiriéndose a ella porque en ese mundo selectivamente multicultural sólo pueden ser musulmanes. El fenómeno se encuentra también en Inglaterra, donde el islam es vivido como la religión preferida por los *underdogs*, los débiles y los desamparados.

Eso crea las condiciones necesarias, aunque no suficientes, para la adhesión a los grupos radicales. El hecho de pertenecer a una banda o a una asociación que rechaza explícitamente a una sociedad vivida como excluyente reconforta a quienes se adhieren con esa identidad antifrancesa o antiinglesa que esta filiación les proporciona. Si la red se establece y burla la vigilancia policial, la adhesión puede convertirse entonces en activismo, en terrorismo incluso.

La juventud anglo-asiática desconcertada

Si Francia ha tenido sus jóvenes nacidos de la inmigración magrebí, los ingleses tuvieron los suyos, de padres de origen indo-paquistaní musulmán. La estructura comunitaria, mucho más reconocida en Inglaterra, permite en principio atenuar el choque vinculado a la estancia de unas poblaciones frágiles en el territorio de la corona. Puesto que se reconoce la existencia de las comunidades y se las ayuda, incluso, con subsidios específicos, éstas pueden, por regla general, lograr la integración con una fase intermedia, aquella en la que los inmigrados recientes no se hunden y encuentran apoyo en sus compatriotas, antes de emanciparse en la segunda o tercera generación. Esta visión, mucho menos restrictiva que el modelo de integración francés, que niega el reconocimiento del hecho comunitario, tiene sus ventajas pero presenta también problemas específicos. Si los franceses rechazan el comunitarismo en nombre de la adhesión individual del ciudadano a la única comunidad legítima, que es la nación, los ingleses pretenden, en cambio, que una integración lograda exija una fase intermedia en la que los individuos pueden fracasar, entregados a una sociedad individualista en la que no se les reservaría lugar alguno. Según esta percepción, gran parte de la tarea de integración corresponde a las comunidades, y éstas aseguran, como contrapartida, la sumisión a la ley de sus miembros, a quienes aceptan controlar más o menos indirectamente, aunque cada cual sea directamente responsable, a título individual, ante la ley. Sin embargo, el control y la interiorización de las normas no funcionan para aquellos que, por una razón u otra, se encuentran fuera de la comunidad o se niegan a plegarse a sus normas. Estos individuos, a menudo jóvenes nacidos en familias inmigradas, son, según se dice, unos *disaffected young Muslins*.[47] Las comunidades no consiguen integrarlos, ni la sociedad amansarlos. Entre ellos se cita, de buena gana, el caso de Richard Reid, pero también otros que se habían unido a la asociación Al Muhayirun, como Afdal Munir o Aftab Manzur.

De los cuatro ingleses muertos en Afganistán, combatiendo junto a los talibán, uno al menos, Afdal Munir, habría sido miembro de Al Muhayirun. Munir tenía veinticinco años; había hecho estudios de informática en la Universidad de Luton, antes de encontrar un empleo en una empresa.[48] Otro joven de la misma edad, Manzur, vivía también en la ciudad de Luton, a menos de dos kilómetros de la casa de los padres de Munir. La comunidad musulmana de la ciudad está bien estructurada. Éste había obtenido el equivalente al bachillerato. Su padre había llegado unos veinte años antes de Paquistán y el hijo compartía su tiempo entre ambos países.

La asociación Al Muhayirun expresa directamente el sentimiento de algunos estudiantes anglo-paquistaníes que se encuentran entre dos culturas, pero experimentan también una sensación de desapego con respecto a las comunidades paquistaníes de Inglaterra. Estas personas sufren, además, por la estrecha cooperación entre Estados Unidos e Inglaterra en la represión de los musulmanes, ya sea en Iraq o, más especialmente, en Afganistán. La asociación nació de una escisión del partido islámico Hizb al Tahrir. Al Muhayirun radicaliza muchas temáticas de Hizb al Tahrir y tiene una implantación casi exclusiva en la universidad. Explota este sentimiento y lo amplifica con referencia a una concepción *yihadista* del islam. Este tipo de asociación, al igual que la franja de jóvenes que se encuentran rechazados fuera de las comunidades, muestra los límites del modelo inglés, lo mismo que la no integración de los jóvenes de origen magrebí en Francia revela los del modelo francés de integración.

Para los jóvenes que se adhieren a esta asociación, la inserción de los paquistaníes en la sociedad inglesa es un engaño. Se sienten rechazados, no sólo porque los tratan como inferiores, sino también a causa de la poca consideración que sienten por los miembros de su comunidad, demasiado «corruptos» y «comprometidos» con los ingleses para poder representar sus auténticos sentimientos. Se produce entonces una doble marginación: con respecto a su comunidad, pero también con respecto a la sociedad inglesa. En Francia, en ausencia de una comunidad real que pueda protegerlos contra la marginación, buena parte de los jóvenes de origen norteafricano de condición modesta se convierten en desviacionistas y se encuentran entre barrotes.[49] Algunos eligen el exilio (Reino Unido, Estados Unidos o Canadá) como solución a ese malestar. Los anglo-paquistaníes, por su parte, cuando pueden se marchan a América. Además, hasta fecha muy reciente, podían beneficiarse de la tolerancia inglesa y expresar su desacuerdo con respecto a la Inglaterra oficial profesando opiniones islámicas radicales que habrían provocado el encarcelamiento de sus correligionarios franceses si hubieran tenido la audacia de expresarlas públicamente en territorio francés. El que Francia pudiese sufrir el terrorismo islamista en los años noventa, y en especial en 1995, se debió a que el Estado francés aprobase la represión de los islamistas por los militares argelinos, pero también al hecho de que Francia no intentó encontrar un *modus vivendi* con los islamistas. La represión acabó con su voluntad de autoafirmación en la escena pública francesa. Inglaterra llevó a cabo un juego distinto y, al tener pocos árabes en su territorio, las consecuencias del islamismo argelino no la afectaron directamente, salvo por la instalación de una minoría de islamistas que no encontraban lugar en París y eligieron Londres como tierra de asilo. Lo cierto es que una libertad de expresión más amplia en el Reino Unido permitió a los jóvenes de origen paquistaní, que se sentían alienados por una Inglaterra demasiado sometida a América en su política exterior y, por ello, opuesta a la causa de los musulmanes en Afganistán y en Oriente Medio, expresar su malestar con palabras y formas asociativas que no se habrían tolerado en Francia.

El sentimiento de ultraje no fue menor entre esos grupos minoritarios que se agrupan en asociaciones como Al Muhayirun. Para ellos, el islam es un principio de identificación mucho más poderoso que la nacionalidad inglesa que vilipendian simbólicamente al reclamar la participación de los musulmanes en la guerra santa contra las tropas anglo-americanas en Afganistán. El mismo sentimiento de rechazo, de inferioridad, de no pertenencia a la nación y de estigmatización en Inglaterra y en Francia se encuentra en una minoría de jóvenes de origen inmigrado que se siente herida en su dignidad y ve en el islam un signo de dignidad superior, que le restituye el honor perdido y la desliga simbólicamente de una nacionalidad que nunca se ha logrado salvo en el papel. La religión de Alá opera como un rechazo simbólico del *britishnes*, de lo que sería el equivalente del sentimiento de ciudadanía en Francia. Tanto si se opta por el exilio real, como en los islamistas franceses, como si se elige ser simbólicamente extranjero en Inglaterra, adoptando un islam de combate, como entre los anglo-paquistaníes, el resultado es el mismo: ruptura simbólica con un mundo en el que nunca se había tenido la impresión de ser recibido con los brazos abiertos. Sin embargo, entre los musulmanes radicalizados franceses de origen magrebí y los ingleses de origen paquistaní existe una diferencia notable. En el primer caso, el paso al activismo se efectuó a partir de los años noventa, especialmente con el terrorismo del año 1995. En el caso inglés, se asiste de hecho a una radicalización del lenguaje mucho más que a una puesta en acción de lo que se expresa. Algunos deslices, pero nada comparable con lo que ocurrió en Francia, donde hubo una real implicación de las organizaciones vinculadas a los grupos islamistas radicales afiliados al GIA con jóvenes de origen magrebí y con algunos conversos. La proximidad de Argelia y la posición política de Francia, opuesta a los islamistas argelinos, al igual que el número comparativamente más elevado de inmigrantes musulmanes (unos cuatro millones en Francia frente a un millón y medio en Inglaterra), explican en parte este hecho. El concepto del derecho tal como se practica a ambos lados de la Mancha interviene también: en el caso francés, un derecho democrático influido por el pasado jacobino. En Inglaterra, un derecho que concede libertades mucho más extensas a las afiliaciones políticas y al radicalismo, siempre que no pongan directamente en cuestión las libertades fundamentales.

Los conversos

La conversión ha existido siempre. Donde hay religión hay conversión. Ésta puede ser espontánea o forzada. El caso de conversiones más o menos forzadas en las sociedades occidentales (durante la Reconquista española) o musulmana (la conversión permitía escapar a un impuesto, la *yizya,* y no pertenecer ya a una comunidad dominada) ha sido recurrente a lo largo de toda la historia. Las nuevas formas de conversión de los cristianos al islam, al menos en Occidente, se basan por lo general en una voluntad individual de abrazar esta religión, en ausencia de coerción institucional. Los motivos pueden ser numerosos, aunque algunos rasgos son comunes. La conversión puede significar incorporarse a la modernidad: al elegir determinada religión, el individuo deposita en la religión así elegida su huella personal. Su fe es ahora estrictamente individual y no la que le han legado sus padres y que habría podido ser asimilada a mecanismos impersonales de transmisión. Los nuevos tipos de conversos remiten a ese bricolaje moderno en el que el individuo reconstruye su relación con lo sagrado seleccionando su comunidad e insuflándole un sentido que no se le da de antemano.[50]

La figura del converso se expresa de dos maneras autónomas: aquellos que, con su conversión, ponen orden en su vida interior sin que ello cambie en nada su relación con lo político o aquellos que, con su conversión, se adentran en una redefinición de sí mismos que implica una nueva toma de posición política. Esta nueva categoría es la que aquí nos interesa. Estos conversos son, por lo general, de origen cristiano, preferentemente católicos en Francia, protestantes en Europa del norte. En los Estados Unidos, serían más bien protestantes. Hasta hoy, sólo algunos americanos parecen haberse visto directamente implicados en la *yihad.* Hay uno de origen árabe cristiano (Wadih al Hage) que abrazó el islam en los Estados Unidos y parece haberse lanzado a actividades de *yihad* adhiriéndose a Al Qaeda. Otro, John Walker Lindh, se había unido a los talibán y fue detenido en Afganistán.

Entre los conversos *yihadistas,* algunos de ellos entrevistados en cárceles francesas, surge especialmente el sentimiento de una *umma* musulmana maltratada por Occidente. Entre los jóvenes palestinos de la segunda Intifada o los iraníes del Basiye, la *umma* designa un conjunto que es la extensión de la «mal-vida» cuya experiencia hace uno mismo. En cambio, en el caso de los conversos *yihadistas* la *umma* es una comunidad a la que te adhieres tras la conversión y en la que proyectas un sufrimiento que sólo se siente por delegación, por la voluntad de ser una sola cosa con los demás musulmanes, sin que esta experiencia tenga necesariamente por base un sustrato concreto. La *neo-umma* así caracterizada es una comunidad abstracta a la que se intenta irresistiblemente pertenecer. Es tan virtual como la de la totalidad abstracta que uno adopta para existir colectivamente, para perder el sentimiento de soledad y de ausencia de grupo de pertenencia. Hay una frialdad en el individualismo y, sobre todo, en la ausencia de pertenencia que se vuelve angustiosa.

En las entrevistas con los conversos, aparecen ciertas características recurrentes. Para empezar, el islam es adoptado por una decisión individual, es al mismo tiempo una religión que permite descentrar al individuo de modo original. En un mundo moderno donde todo se le remite, donde el individuo sigue siendo la piedra angular del acontecer, la individualidad es una carga abrumadora. Está en todas partes, en todo, todo depende de ella, todo se construye a su alrededor, nada sagrado se le resiste. Las antiguas formas de lo sagrado, como la nación, la ciencia, el progreso o, también, la lucha de clases o las formas más o menos comprometidas del cristianismo, salen debilitadas de ello. Ahora bien, el islam descentra al individuo al poner el peso de la vida en una instancia trascendente que lo supera y lo libera de la abrumadora carga de ser el origen de todo. Esta actitud es sensible en algunos voluntarios occidentales que fueron a Chechenia, a Bosnia o a Afganistán en los años noventa y comienzos de 2000 y algunos de los cuales dejaron testimonios escritos, como el del noruego converso que se alistó en la guerra contra los rusos en Chechenia.[51]

Por la conversión al islam, se sale de una sociedad abstracta a fuerza de complejidad, sociedad marcada por un angustioso anonimato, mundo del cada cual para sí, en donde la imagen del otro se desvanece progresivamente a medida que la de uno mismo se hace cada vez más introvertida, más narcisista incluso. Por la adhesión al islam, se alcanza una nueva humanidad, con nuevos derechos y obligaciones y sobre todo, para los idealistas, una humanidad doliente que es la de los desamparados y los oprimidos, maltratados por ese Occidente maléfico al que se pertenece. Estar en Afganistán, en Bosnia o en Chechenia es un testimonio concreto de adentrarse en el camino de esta nueva humanidad que no está marcada por el pecado del consumismo, del egoísmo y del materialismo excesivo. La fracción idealista que, en la primera mitad del siglo XX, se adhería al comunismo para realizar la utopía de una sociedad nueva liberada de los pecados capitales del capitalismo abraza ahora el islam, para dotarse de una utopía que dé sentido a la vida en el compromiso por una causa «noble» que trasciende al individuo al tiempo que está basada en su decisión soberana. Ahora bien, abrazar el islam puede llevar a la constitución de una comunidad restringida a la paz del alma (las formas sufí o neomística que proliferan en Occidente) o también en el encuentro de unos modos de compromiso activos dentro de una comunidad que abarca a más de mil millones de hombres y mujeres que se encuentran bajo el yugo del imperialismo y a cuya liberación se contribuye con la *yihad* y el martirio. El malestar de la nivelación, como el de un hiperindividualismo angustioso, se ve superado de esta manera. Dentro de la *yihad,* el martirio es vivido como el testimonio más sincero frente a la insinceridad que rige la vida en un Occidente desencantado, donde reinan la anomia y la ausencia de vocación «noble». El islam es considerado, entonces, como una religión transparente y coherente, a diferencia de la religiosidad difusa y relajada de un cristianismo diluido. Es altruista por oposición al egoísmo reinante, espiritual a diferencia del materialismo y del consumismo dominantes. Dentro de una *neo-umma* fraternal, se realizan los nuevos valores que dan un renovado sentido a la vida sometiéndola a la prueba de la muerte.

La adhesión al islam obedece también a la voluntad de recuperar una distinción clara de los papeles que corresponden al hombre y a la mujer. Al adherirse al islam, los hombres (y también una minoría de mujeres) recuperan una definición de sí mismos que evita el igualitarismo y da un especial relieve a un yo «masculino» o «femenino». Eso no significa un retorno al pasado y a la tradición islámica ancestral, sino un modo sacralizado de plantear el problema de la identidad masculina y femenina que aclara los papeles de cada cual. A menudo, las nuevas exigencias feministas aparecen entre las mujeres musulmanas en términos de «complementariedad» de los papeles y de reivindicación de una mayor justicia. Los conversos occidentales intentan menos «dominar» a las mujeres que librarse del malestar de la no distinción de los papeles y de la agotadora necesidad de negociar constantemente, tanto en la familia como en el exterior, la propia identidad. Con el islam, adoptan, en su imaginario, una versión de la identidad masculina y femenina sustraída a la contestación y a un constante cuestionamiento. Esto les conforta en su sentimiento de superioridad con respecto a las mujeres, porque pueden enrolarse en la *yihad* hasta el martirio mientras que a las mujeres se les niega aún esta capacidad. Al islamizarse, se desposan con musulmanas que son, a su modo de ver, menos reivindicativas y más «dóciles» que las occidentales. La necesidad que tienen de ponerse el *hiyab* (el velo) subraya más aún la distinción de los papeles y las identidades. Por otra parte, los conversos que intentan enrolarse en la *yihad* optan a menudo por una versión rigorista y puritana del islam que subraya más aún la separación entre ambas identidades y devuelve la confianza a una masculinidad acorralada al no poder inscribirse, en Occidente, en el campo de disparidad de papeles marcada por la hegemonía explícita del hombre sobre la mujer.

El cristianismo, se afirma por otro lado, no es capaz de constituir una comunidad fuerte. Es la religión de los débiles. ¿Acaso no pide que se ponga la mejilla izquierda cuando es abofeteada la derecha? Cierto preso señala con el dedo esa debilidad de la religión cristiana a la que no puede uno sentirse orgulloso de pertenecer. Y, además, esta religión está demasiado embrollada en distinciones que explican lo oscuro con algo más oscuro aún, especialmente el concepto de la Trinidad, que hace imposible una comunidad concreta en torno a ella. Se adopta esta religión para tener una evidencia irrefragable, para romper con un mundo desprovisto de orientaciones y de sentido. El islam proporciona esta certeza que, en su misma sencillez, tiene algo de sublime: un libro, el Corán, indica lo que es cierto y designa, al mismo tiempo, lo que es falso; una persona, el Profeta, servidor de Dios, indica el recto camino *(sirat mustaqim)* e invita a los musulmanes a tomar el Camino de Dios *(fi sabil al-lah)*. No es, como Jesús, Hijo de Dios con una forma enigmática que introduce la turbación en el espíritu y hace difícil la comprensión de la fe. La sencillez del islam va a la par con su racionalidad: la distinción entre lo que está permitido y lo que está prohibido, entre lo lícito *(halal)* y lo ilícito *(haram)*, traza una línea de demarcación entre el Bien y el Mal que no existe en el cristianismo, donde es borrosa, a menudo está ausente y cuyo carácter difuso se vive como angustioso. Diciendo con claridad lo que está autorizado y lo que está prohibido, el islam, para estos conversos, aporta una clarificación de naturaleza apaciguadora. El islam es transparente donde el cristianismo es opaco, es sencillo donde el cristianismo es complejo, en resumen, el islam es la religión de la «naturaleza humana» en la medida en que aporta remedio a los males de la vida. Esta visión del islam no es nueva. Ya en el siglo XVIII, algunos intelectuales occidentales, y no de poca importancia, como Lessing, lo identificaban con la «religión natural», la de la sencillez,[52] por oposición a las religiones que dan versiones demasiado complicadas de la fe. Pero el contexto de una modernidad sin orientación y sin evidencia compartida da a esta visión del islam un especial relieve.

La religión de Alá afirma la unicidad divina y la unidad de la comunidad a su alrededor: claridad y transparencia van a la par y el rechazo de la injusticia recurriendo a la violencia legítima da lugar a un orgullo y una virilidad que no se encuentran en las demás religiones. Al sentimiento de soledad y de abandono, el islam responde con la unidad indefectible de una *umma* basada en la unicidad divina. Al sentimiento de nivelación y de pérdida de uno mismo en una delicuescencia general que caracteriza la experiencia cotidiana en las democracias desencantadas, responde con el recurso a una fuerza y una potencia capaces de aceptar el desafío de la guerra y combatir de modo frontal todos los males contra los que sólo suelen tenerse soluciones a medias, marcadas a menudo por la negativa a decidir.

Los conversos *yihadistas* pueden proceder de medios modestos. En el caso francés, suelen vivir en los arrabales. Están rodeados de jóvenes resentidos con una sociedad que les ha excluido y experimentan un intenso sentimiento de victimización.[53] La islamización se convierte en sinónimo de legitimación de la revuelta contra los «incluidos», y la sacralización del sentimiento de pertenencia a los «excluidos». El odio se dota de atribuciones religiosas para legitimarse en lo absoluto. Entonces, se instaura un proselitismo que puede arrastrar al converso a un vértigo de violencia. En efecto, por un racismo invertido, los jóvenes de origen magrebí contemplan con desconfianza a esos franceses que adoptan su religión, a veces para poder burlarse de ellos y aplastarlos más aún en su propio terreno, en el islam que dominan mal, pues hablan mal el árabe y su idioma suele ser el árabe dialectal, muy alejado del islam cuyo modo de expresión es el árabe literal que, a menudo, ellos no saben descifrar. Sabiéndose frágiles y poco instruidos en el islam, los jóvenes de origen magrebí son mucho más susceptibles con respecto a los franceses que se convierten a su religión y que, con ello, parecen querer darles lecciones de moral y humillarlos incluso en lo que pertenece a sus propias raíces. Para combatir esta tendencia inscrita en sus relaciones con los jóvenes de confesión musulmana, los conversos se ven a menudo obligados a un exceso de celo. Deben probarse a sí mismos, y a los demás, que son auténticos musulmanes y pueden llegar hasta el final por su fe. La *yihad* reviste así el sentido de un enfrentamiento simbólico con los musulmanes de origen, con el fin de rescatar una honorabilidad religiosa. El malestar sentido en los arrabales se transcribe en un simbolismo religioso que se refuerza en sus tendencias radicales, para convencer a aquellos que se sintieran escépticos, si no suspicaces, de la sinceridad de los nuevos caballeros de la fe. El islam se convierte en *yihad,* en parte porque se sublima, en él, el malestar de la exclusión y se transforma en lugar de enfrentamiento con los demás musulmanes. La adhesión al islam de los nuevos conversos «blancos» (es decir, de origen no inmigrado) en los arrabales franceses reviste a menudo otro significado, el de unirse con los desfavorecidos, los desamparados, esa juventud de barrio, en paro y delincuente en una proporción mucho más importante que en los barrios «normales». La reacción puede desarrollarse de dos modos diametralmente opuestos. O se llega a aborrecer a esos jóvenes de padres inmigrados que «ensucian» la reputación del barrio y dan una imagen degradada de la ciudad —entonces uno puede adherirse a grupos de extrema derecha—; o se desarrolla una actitud de empatía con ellos y, entonces, uno puede convertirse para llevar hasta el fin la lógica de identificación, de acuerdo con un objetivo altruista, de sacrificio incluso.

Por otra parte, la imagen negativa del islam como religión de violencia y de lucha encarnizada propalada por los medios de comunicación durante las dos últimas décadas tiene como consecuencia realzar su prestigio ante una parte de la población que intenta adoptar los contravalores de la sociedad. Ésta está movida por el sentimiento de ser rechazada y alimenta la esperanza de tomarse una violenta revancha contra la violencia institucionalizada que se ejerce insidiosamente contra ella. La versión violenta del islam se convierte, vista de ese modo, en el islam viril. Por una mutación de sentido sintomática, su versión agresiva se convierte, a su vez, en la religión de una justa retribución. El rígido islam que prohíbe la libertad de la mujer se muda en religión que reparte, de acuerdo con un orden natural e inmutable, el papel del hombre y de la mujer y reintroduce la moral en el hogar. El islam hecho arcaico por una interpretación regresiva se convierte en el de la edad de oro, el del amanecer de una humanidad feliz que no ha sufrido los estragos del tiempo ni las deformaciones del cristianismo. Finalmente, el islam que se ha hecho más puritano aún que el de la tradición se convierte en religión del consuelo contra los males de una depravación sexual que feminiza a los hombres y pervierte a las mujeres en el mundo moderno, robando a los primeros su honor y arrebatando a las segundas su pudor. En resumen, en esos grupos que aspiran a encarnar los contravalores de la sociedad, un islam de mala fama y desprestigiado se convierte en religión de una dignidad ofendida y de una virilidad herida cuyo adepto acentúa sus rasgos en el sentido de una mayor inflexibilidad y rigidez.

El agudo deseo de pureza se exacerba en las sociedades modernas, tentadoras por esencia. ¿Cómo resistir el atractivo de la mujer cuando las relaciones amorosas no están sometidas ya a normas rígidas? Eso es también cierto para las mujeres que abrazan el islam según esta versión y que rechazan una sociedad de licencia sexual. Éste es el caso de uno de los islamistas interrogados cuya mujer, una francesa convertida mucho antes de su boda, sólo le aceptó tras haberse asegurado de que rechazaba la licencia sexual y desenfrenada de Occidente. La guerra contra las tentaciones corruptoras se convierte, ella misma, en parte integrante de una fe que sólo puede sobrevivir en su versión integralista si promueve una constante lucha contra la depravación sexual y la corrupción de las costumbres.

En la conversión, personalidades carismáticas desempeñan un papel importante. El imán de la mezquita o también grupos de jóvenes del Tabligh, multinacional islámica que convierte el *da'wa* (invitación a unirse a la religión de Alá) en el motivo esencial de su salida *(juruch)* se encargan de convencer a los demás de lo bien fundado de la religión del Profeta. Mientras el converso siga enmarcado dentro de estos grupos, las posibilidades de deriva son escasas, aunque sólo sea porque esas asociaciones intentan implantarse duraderamente en las sociedades occidentales y, para ello, necesitan honorabilidad. Tras su salida de esos grupos religiosos, el adepto puede optar por un camino radical. Para ello, necesita la ayuda de una organización o un grupo y, si la encuentra, puede embarcarse en una experiencia cuyo fin puede ser la muerte. Sea como sea, el converso está a menudo dispuesto a experiencias extremas, destinadas a probarle, y también a los demás, la sinceridad y la autenticidad de su fe.

Los conversos no son todos de origen modesto. A veces, miembros de las clases medias se unen a los adeptos de Alá por distintas razones. Encuentran, primero, una solución a preguntas que habían quedado sin respuesta en su vida de todos los días. La «desinstitucionalización» de las relaciones sociales,[54] la pérdida del papel central del Estado en el moldeamiento de la vida de los individuos, el debilitamiento de valores como la ciudadanía y, en el caso francés, la laicidad, hacen que el individuo sienta una vacuidad que engendra el vértigo, y ello independientemente de su posición en el mundo económico. La pertenencia a las clases medias agrava el malestar. Si pertenece a las clases inferiores o populares, el individuo puede atribuir sus fracasos o sus problemas a la doblez de las clases dirigentes o a la corrupción de las élites políticas. Pero si es miembro de las clases medias, éstos adquieren un relieve distinto. No son de naturaleza económica, no exigen una solución tangible y concreta, se convierten en «metafísicos». Asistimos a una globalización del malestar que se expresa proporcionalmente a la incapacidad de las élites políticas para insuflar un alma a la ciudadanía y de los dirigentes para constituir un campo social en el que la pertenencia a la misma nación pueda revestir un significado noble. Todo ocurre como si el laicismo se hubiera extinguido tras su pírrica victoria sobre la Iglesia católica y su triunfo hubiera sido su canto del cisne. En un mundo sin alma, donde el sentimiento de pertenencia a la misma nación más allá de las diferencias culturales y económicas está perdiendo fuerza, nace la idea de salvación por lo religioso a falta de lo político. El islam es una de las posibilidades en una vasta gama que va del budismo a una multiplicidad de sectas, a cada cual más variopinta. Lo que da un relieve particular a esta religión es no eludir la cuestión de la violencia, recurrir a ella allí donde esté comprometida la justicia y dar un sentido a la rectitud que no admite ambigüedades. La violencia como modo legítimo de gestión de la sociedad, avalada por el recurso a lo sagrado, aporta un bálsamo a la herida simbólica que se siente, en la vida cotidiana, ante problemas que instintivamente se saben desprovistos de solución por las vías habituales que adoptan los políticos. A la creciente complejidad de una sociedad a la que todo contribuye a hacer una especie de esfinge cada vez más enigmática en su naturaleza y su devenir, el islam aporta respuestas de una cándida sencillez. El cristianismo —y especialmente el catolicismo— complica inútilmente la vida: entre Dios y los hombres se interpone un Hijo que, a su vez, está representado por la Iglesia, dicen los detenidos conversos. Y eso hace a Dios algo más ajeno a los hombres, rompiendo la relación directa con Él. En cambio, en el islam, la relación directa con Alá no sufre la interposición de un clero ni la mediación de un Hijo: sencillez, transparencia, univocidad, racionalidad y, sobre todo, una visión del cuerpo y de la sexualidad desprovista de culpabilidad o de sentimiento de pecado. Religión de la naturaleza humana, el islam es el remedio a la agotadora vida en una sociedad donde no exista ya norma central alguna y donde todas las normas parecen reducidas a la impotencia por esa tolerancia que pone en el mismo plano lo verdadero y lo falso, lo justo y lo injusto. Una sociedad de tolerancia absoluta excluye cualquier norma y la equivalencia de todos los principios normativos significa la evacuación de la verdad del campo de la vida. Ahora bien, uno de los principios negativos en los que cree la modernidad tardía es el del rechazo de la violencia. La reintroducción de ésta en su versión legítima y divinamente avalada es una de las causas de la naturaleza tranquilizadora que reviste la religión de Alá en un mundo sin alma que vive de la nostalgia de su alma perdida.

Queda el inigualable prestigio de la muerte. Ésta es lo contrario de la edulcorada modernidad que caracteriza el final del siglo anterior y los comienzos de éste. La muerte tiene un carácter paradójico. Se ve constantemente encubierta por el culto a la eterna juventud que obsesiona a nuestra modernidad tardía. Pero la muerte es al mismo tiempo como la capacidad demiúrgica del sujeto para dominar la vida hasta su límite extremo, allí donde se convierte en su contrario o, al menos, se vuelve una insuperable alteridad. La búsqueda del poder y del saber absolutos, llevados a su límite extremo, significa la exaltación *en* y *por* la muerte. Es la fascinación postrera, en la que «convertirse en dueño y poseedor de la naturaleza» puede metamorfosearse en «convertirse en dueño de su propia muerte» al intentarlo, agotando la vida en la propia tentación de superarla y convertirla en su contrario: la muerte, como límite de la vida, se convierte en superación de la vida por la exaltación de su dominio.

A esta embriaguez de la muerte, el islam *yihadista* puede aportar una respuesta satisfactoria para unos conversos hastiados de las apáticas aproximaciones a la vida cotidiana. Antaño, los nietzscheanos buscaban soluciones en la guerra, donde la capacidad de decisión del individuo transformado en superhombre imprimiera un postrer sentido por el sobresalto en lo desconocido de la muerte. El islam se convierte en un nietzscheísmo de un género nuevo, en ausencia de una guerra sinónimo de conflagración general. Morir por la sagrada causa es una estratagema que permite superar la sensación de vacío que invade a las clases medias de las sociedades occidentales, en donde la perspectiva de una guerra generalizada se aleja de los espíritus y en donde ninguna solución heroica asoma por el horizonte. En ausencia de lucha importante que pueda galvanizar los espíritus, queda el espectáculo irrisorio de una vida cotidiana que nada enardece salvo sucesos desprovistos de sentido o lejanas guerras que se viven por delegación, en la pantalla, en una irrealidad que contrasta con el tedio de lo real conjugado en el modo de la repetición.[55] La *yihad* sirve de un apocalipsis que tarda en llegar. En otros términos, los últimos tiempos se transforman insensiblemente en tiempos de crisis continua y sin fin. A este precio, la trascendencia del apocalipsis y su ruptura con el tiempo se transforma en la inmanencia y la continuidad de un final al que uno se acerca sempiternamente sin alcanzarlo nunca.[56] Ahora bien, la *yihad* rompe esta crisis que no cesa de propagarse sin producir un verdadero apocalipsis, digno de ese nombre.

La adhesión de los conversos a una visión *yihadista* da sentido a la vida asignándole un final tangible, una forma de desafío que consuma en la muerte este sentimiento de un tiempo casi inmóvil y de una inmanencia que lo nivela todo. Se empieza por el apocalipsis virtual, el simulacro de la catástrofe. Enrolarse en los grupos *yihadistas* puede parecer un acto ligero al principio, una distracción dentro de una organización que reproduce, apenas ampliándola, la energía que se gasta para otras organizaciones: simple manipulación del cursor y transmisión de informaciones y datos que convierten la adhesión al grupo en inofensiva e, incluso, lúdica. Ésta remite al «engranaje» en un sentido que escapa, la mayoría de las veces, a quienes se introducen en el grupo ignorando las últimas consecuencias de su compromiso. Una vez dentro, es difícil, imposible incluso, salir de él y, sobre todo, pasado el primer instante, el sentido lúdico puede agudizarse con la salida intermitente del espacio de virtualidad en busca de una realidad que anuncia la inminencia de la catástrofe venidera. En adelante, el apocalipsis no tiene ya lugar de modo exclusivamente electrónico, sino en un espacio real cuyo alcance supera el de la ficción. A esa incómoda relación entre realidad y ficción, entre lo que depende de la inmanencia de la lid electrónica, en donde la ruptura es sólo virtual, a un tipo de discontinuidad que, por su parte, se desarrolla en una temible realidad que engendra muerte y destrucción a escala de una gran ciudad, es a lo que asistimos. De un modo abstracto, esta mutación es sólo un juego más en un simulacro[57] generalizado. Pero hay cambio de escala y quienes participan en ello no son siempre conscientes de sus implicaciones, tan prisioneros están de esta visión de crisis sin fin en una virtualidad inmutable que les hace desear la salida al tiempo que les hace creer la extremada improbabilidad, la imposibilidad incluso de su transcripción en la realidad exterior. Los conversos que participan en ese peligroso juego se ven atrapados entre lo irreal, por un lado, y la voluntad de trascendencia recurriendo a la *yihad* en nombre de Alá, por el otro. Sueñan con un mundo nuevo que les haga salir de esa sensación de crisis continua sobre un fondo de virtualidad y de inmanencia hacia la fuerte vivencia de un Dios trascendente que imprima su marca en letras de fuego a un mundo injusto para con los musulmanes, desprovisto de consistencia y vaciado de lo sagrado. El advenimiento de lo sagrado con los rasgos de un Dios irascible y vengador da sentido a una guerra santa que se expresa con los rasgos de la catástrofe, del apocalipsis conjugado con la destrucción masiva de un Occidente impío. El registro del *Tremendum*,[58] de lo que engendra temor y estremecimiento que la modernidad ha excluido del sentimiento religioso, retorna, entonces, con una visión que pretende instaurar el apocalipsis más que asistir pasivamente a su advenimiento. La modernidad de esa expectativa reside en la actividad febril para hacer que ocurra la catástrofe y no esperarla entre el quietismo y el espanto. Este último sentimiento se engendra por el propio espectáculo de la destrucción masiva que se crea en nombre de un Dios del que te conviertes en implacable lugarteniente, con una cólera que se expresa en términos puramente virtuales pero cuyos efectos son terriblemente reales.

LAS MUJERES EXCLUIDAS DE LA MUERTE SAGRADA

Aunque se encuentran entre los palestinos algunas mujeres que han participado, en los últimos años, en el kamikaze islámico, no ocurre así con los mártires iraníes ni con los miembros de Al Qaeda. Se trata de una exclusión impuesta a las mujeres mucho más que aceptada por ellas. Pero esta exclusión suele ir acompañada del asentimiento tácito de éstas en una relación con el sexo que se expresa de un modo original. Los partidarios de Al Qaeda que han vivido varios años en las sociedades occidentales modernas han podido adoptar la tecnología de punta, como la informática, y el aprendizaje de la ingeniería moderna, especialmente en Hamburgo, pero a nivel de las relaciones hombre/mujer están retrasados con respecto a un Occidente del que desean distinguirse en este plano. La familia es uno de los lugares de esta identidad islámica que pretende ser profundamente distinta de la de los occidentales. Ambos sexos son complementarios, no iguales; la mujer tiene la misión de asegurar la perpetuación de la familia, al hombre le corresponde asegurarle una vida materialmente decente y una existencia digna y al abrigo de la necesidad; a la mujer, el hogar, al hombre, el espacio público; a la mujer la castidad y el pudor, al hombre la virilidad y la preservación del honor de la familia. Esta ideología, vieja como el mundo, nada tiene en sí de específicamente islámico. Su originalidad estriba en su mantenimiento en un contexto en el que, por lo demás, la modernización ha trastornado los ambientes de vida y la estructura mental incluso de quienes reivindican el islam.

¿Cómo, en este torbellino que lleva a la transformación política de las sociedades musulmanas, ha permanecido inmutable la relación con la mujer? De hecho, se trata de una falsa inmutabilidad. Estamos ante una regresión pura y simple, una crispación de la identidad, un rechazo y una mayor rigidez mucho más que ante un mantenimiento de la postura tradicional. La mujer es el talón de Aquiles de las civilizaciones musulmanas en vías de transformación. El ideal cultural del islam ha sido el de una civilización de cobertura, de la no promiscuidad, de la separación entre hombres y mujeres. La realidad práctica de numerosas sociedades musulmanas se ha apartado, en todo tiempo, de ese ideal, por ejemplo en las zonas tribales donde la necesidad del trabajo femenino hacía la segregación mucho más difícil en los desplazamientos y la transhumancia. En el horizonte, el islam ha mantenido siempre, sin embargo, el ideal del pudor femenino y del honor masculino en forma de separación y cobertura de ésta.

La relación entre hombres y mujeres en las sociedades musulmanas contemporáneas depende de una dialéctica en la que la mujer, antaño madre, hermana, hija o esposa, se individualiza progresivamente y cuestiona el estatuto del hombre como actor social exclusivo en el espacio público. Por otra parte, la evolución de las sociedades musulmanas y su intensa urbanización llevan a la necesidad del trabajo femenino para garantizar a la familia unos ingresos decentes. La destrucción de comunidades concretas y el anonimato de las grandes ciudades debilitan los mecanismos de protección del pudor femenino. El contacto de las clases medias con Occidente introdujo aspiraciones y reivindicaciones nuevas en las mujeres y su acceso a la enseñanza superior modifica su mentalidad y sus aspiraciones. La crisis de modernización conduce a un patriarcalismo de nuevo tipo. Cuanto más problemáticos resultan en la sociedad el lugar del hombre y de la mujer y su respectivo estatuto, más tiende el primero a endurecer los papeles dentro de la familia, para compensar la crisis global del lugar del individuo en un mundo cada vez más anónimo donde son inoperantes los estatutos comunitarios de antaño. Frente a ello, la actitud de las mujeres suele ser ambivalente. Participan en la crisis de los papeles dentro de la sociedad con su voluntad de intervenir en el campo social y político, pero como miembros de la sociedad experimentan también la pérdida de los referentes tradicionales. El nuevo patriarcalismo en la familia se enuncia de acuerdo con la ideología de la preservación de los valores familiares y hace vibrar en ellas una cuerda sensible. Resulta de ello una gran debilidad de los movimientos feministas que planteen la cuestión en términos explícitos y frontales y el desarrollo de movimientos de mujeres que intentan establecer un compromiso entre sus aspiraciones y una situación social marcada por la emergencia de movimientos neopatriarcales impulsados por conservadores religiosos o neofundamentalistas.

Uno de los campos que se niega a las mujeres en las sociedades musulmanas en vías de modernización es el acceso al martirio. Al prohibir a las mujeres que pongan su vida en la balanza, de hecho se les niega la individuación por el bautismo de fuego. Sacrificar la vida por una causa noble implica el reconocimiento, por los demás, de la preeminencia social. Es la irrupción en el campo social del «individuo heroico» antes de que, con la secularización, éste se convierta en individuo a secas. Ahora bien, en este plano, el acceso al martirio sigue negándose a las mujeres menos por motivos políticos que por un tabú cultural que se considera intocable.

En los actos de *yihad*, el martirio de las mujeres no desempeña todavía papel alguno y esto las convierte en ciudadanos de segunda clase. A falta de poder poner en cuestión su vida, se ven colocadas «bajo la protección» de los hombres que, al hacerlo, les niegan así el derecho a la autodeterminación en el ámbito de lo sagrado y, por extensión, en el profano. Ya sea en Irán, en Argelia, en Egipto o en Afganistán, la negativa a dejar acceder a las mujeres al martirio significa que no pueden disponer de su vida y de su muerte como los hombres, siendo en este plano mantenida la asimetría social, acentuada incluso. Muchas son, sin embargo, las que quisieran ocupar su lugar en el panteón de los mártires y acceder así a un reconocimiento colectivo de su ciudadanía y de su igual dignidad en la sociedad. En Irán, una de las consignas del Hezbolá era: «El pudor de la mujer es avalado por la sangre de los mártires». En otros términos, la negativa al acceso de la mujer al espacio público y su colocación bajo la tutela de los hombres son avaladas por la sangre que éstos vierten como mártires. Adquiere un estatuto de legitimidad que la mujer no podría alcanzar, al faltarle el acceso a la muerte sagrada.

EL NUEVO IMAGINARIO GLOBALIZADO

Mucho antes del advenimiento de una globalización desenfrenada sobre las ruinas del imperio soviético, el mundo islámico participó en un imaginario mundializado por la magia del petróleo. Un subsuelo mítico permitía a las élites enriquecerse sin mesura, por la magia del oro negro que vertía miles de millones de dólares en las arcas de Estados patrimoniales y desprovistos de legitimidad democrática. No es indiferente que la primera revolución islámica se produjera en el Irán petrolero o que el grupo Al Qaeda fuese fundado por un opulento saudí cuyo padre se había enriquecido con fructíferas inversiones, tras el aumento de los beneficios petroleros en los años setenta. Esta visión de las cosas fue la primera manifestación de un imaginario mundializado que suponía la liberación con respecto a las dificultades de lo real con el espectáculo de una opulencia que nada debía al esfuerzo sino que era fruto de un milagro petrolero, en el que la participación humana era casi nula. Esta desconexión de lo real, junto a otros fenómenos más clásicos (como la creciente arbitrariedad del Estado, la lucha contra las instituciones religiosas y una autocracia cada vez más acentuada), estuvo en los orígenes de la revolución iraní. Sus efectos se ampliaron, a continuación, con las revoluciones tecnológicas e informáticas. El «petro-islam» engendra una mentalidad que impulsa a formas de delirio que pueden adoptar las de la virtualidad informática y el imaginario globalizado, sin que los mecanismos que contienen ese desenfreno en Occidente puedan operar.

Si el petróleo ha atizado la avidez de unos, ha acentuado también el sentimiento de injusticia de quienes encuentran inicuo el enriquecimiento de ciertos principados y una Arabia Saudí a sueldo de América junto al espectáculo desolador de la pobreza en el resto del mundo árabe y musulmán. Que la invasión de Kuwait por Sadam Husein en 1999 no engendrara una oleada de indignación masiva en el mundo árabe se debió a esa riqueza ilegítima de una pequeña población que había olvidado que el islam significaba, ante todo, justicia y reparto, por medio de los impuestos islámicos como el *jums* o la *zakat*. El imaginario de quienes prosperaron gracias a las rentas petroleras engendró un imaginario agraviado en quienes, dentro de estas mismas sociedades, se vieron excluidos de la opulencia y asistieron, como espectadores impotentes, al enriquecimiento de los *happy few* arrogantes y opuestos al pudor y a la beneficencia islámicos.

La riqueza procedente del petróleo ha marcado duraderamente a los súbditos de Arabia Saudí como a la mayoría de los países de Oriente Medio, ya sea por la participación en el maná petrolero o por la exclusión de éste. A través del imaginario petrolero, quienes van a Occidente no son ajenos a su mentalidad consumista. Pueden a menudo vivir allí de su trabajo y, para los más acomodados, acceder a los beneficios de la vida moderna. Pero el sentimiento de ser extranjero o despreciado no desaparece por ello. Muy al contrario. Incluso en quienes consiguen vivir como las clases medias, superiores incluso, existe esa impresión de un desprecio apenas velado por parte de los occidentales. En el caso de los mártires de la diáspora, la «comunidad cableada», virtualizada, la misma que sólo tiene una consistencia puramente numeral, transmitida por la televisión y por Internet, es la que prevalece. Esta *neo-umma* es vivida, dramáticamente, como violentada, maltratada, llevada a la muerte por medio de sus adeptos, al modo de ver de las personas de la diáspora. Esta visión de las cosas no tiene por qué encontrar un contrapeso importante en lo real para resultarles creíble. Basta que existan huellas, vestigios, un tejido de hechos dispares que vayan en esa dirección y de formas inéditas de identificación para que la *neo-umma* islámica pueda ser deseada y convertirse en principio de acción y motor de movilización. En una organización a lo Al Qaeda, que sin duda no será la última que aparezca, la *neo-umma* imaginaria y virtual es tan fundamental como las quejas reales o imaginarias contra Occidente.

El lugar que ocupa el imaginario se traduce hasta en la experiencia antropológica de la muerte. En el caso del mártir nacional, la muerte sagrada procede, como hemos visto, por una triple ruptura: entre la vida y la muerte, entre el presente y el futuro, entre el mundo de aquí abajo y el paraíso en el más allá. En el mártir de la *neo-umma* esas tres rupturas quedan atenuadas, ocultas incluso, por la especificidad de su universo mental. Hay una semicontinuidad entre la vida y la muerte, al igual que hay casi continuidad entre lo virtual y lo real. Del mismo modo, presente y futuro se viven con una especie de ingravidez en el seno de las ciudades modernas que perturban el sentido del tiempo rompiendo las categorías «naturales» del espacio y el tiempo y haciendo que el pasado y el futuro se interpreten en un presente artificialmente extendido. Todo se expresa en forma de presente actualizado o de ausencia de temporalidad. La virtualización de lo real logra que aquél sea evacuado, a medias, en un mundo semionírico donde prevalecen las formas catódicas o electrónicas. El paso de la vida a la muerte pierde gran parte de su aspereza en este mundo que tiende a anular la diferencia fundamental entre lo irreal y lo imaginario.

El sentimiento de ruptura entre la vida y la muerte está mucho menos acentuado cuando falta muy poco para pasar del polo de lo real al de lo irreal, del de lo concreto al de lo abstracto numerado. El miedo a morir se ve metamorfoseado. En el caso del mártir nacional, para superar el miedo a morir se necesita una organización experimentada, como el Basiye en Irán, el Hamas en Palestina, el GIA en Argelia, para acompañar al mártir en sus últimas semanas o en sus últimos días.

En el caso de la muerte sagrada al servicio de la *neo-umma* de la diáspora, la tarea es, en este sentido, mucho más fácil. Se necesita, sin duda, una organización, pero ésta es más flexible, más embrionaria que en el primer caso. Es una organización que se acomoda con la tarea y los propios miembros son, con formas de autosugestión y escritura, los elementos esenciales. Puesto que la ruptura entre lo real (la vida) y lo virtual (la muerte) se ve muy atenuada, el paso de lo uno a lo otro es mucho más fácil y no exige una estructura y un acompañamiento tan elaborados como en el otro tipo de mártir. Este mundo de virtualidad extendida al conjunto de la experiencia antropológica de los adeptos de la diáspora debe ser tomado en serio. Es, primero, el de la construcción electrónica, campo de acontecer de lo posible, en donde no se ejercen las coerciones del mundo real y en donde la comunicación convierte a los participantes en semidioses, si conocen las reglas de intervención en la red. La imagen de la interactividad es adecuada: eso permite moldear lo real a medida, interviniendo según normas dadas de antemano sobre este real numerado. Ello introduce una distancia con respecto a la realidad de carne y hueso en donde no existen reglas dadas de antemano que la moldeen y le arrebatan su imprevisibilidad fundamental y su heterogeneidad. En el campo numérico, lo real se convierte en virtual complejidad y manipulable hasta el infinito, lo que, tomado al pie de la letra, altera el propio sentido de la realidad vivida en su irreductibilidad. Algunos adeptos franquean el límite, lo que les permite hacer abstracción de la realidad concreta identificándose con su versión empobrecida y virtualizada en un juego informático que puede convertirse en temible por sus consecuencias, tanto para sí mismos como para los demás. Lo que contribuye enormemente a la expansión de esta visión virtualizada de lo real no es sólo la especificidad del juego electrónico o las prestidigitaciones dentro de las redes informatizadas. Pasa a tomarse en cuenta otro componente que acusa sus consecuencias. Es el mundo cotidiano de las sociedades contemporáneas, en especial en las grandes ciudades mundializadas. Se asiste allí a la opacificación de los significados en medios multiculturales, en los que el propio acto puede revestir una diversidad de significados heterogéneos según dependan de esa o aquella comunidad. La pérdida de visibilidad y de univocidad de los significados y su inefabilidad refuerzan la sensación de virtualidad y de distanciamiento de lo real. El conjunto de estos fenómenos da lugar a un nuevo tipo de anomia que podríamos denominar, a falta de algo mejor, «el an-hylia»: no hay ya *hylè,* contenido específico, y éste adopta los difusos contornos de la pluralidad de formas posibles que definen una realidad ausente a fuerza de ser plural en sus significados. El contenido *(hylè)* se convierte en la potencialidad de una pluralidad de formas cada una de las cuales puede considerarse como transformación de la otra, en una arborescencia y una modificación continuas. La materia se disuelve entonces en la forma, como un principio de su multiplicación hasta el infinito. Dicho de otro modo, la materia, lo real en su sustancia, se convierte en la potencialidad de una infinidad de formas manipulables. La red opera del mismo modo. El mundo se convierte en un avatar de la «forma», lo real es sólo una «señal» no numerada aún, se disuelve en ella como una virtualidad suplementaria.

Las nuevas tecnologías, unidas a la experiencia de la ciudad moderna, operan en dos frentes. El de la creación de un nuevo mundo numerado que engendra uno «real a la medida», vivido, a su vez, como un nivel intermedio, provisto de sentido y autonomía, con respecto a la realidad y el de virtualidad puramente numérica. El nivel de lo real virtualizado es el que está allí donde la interactividad constituye los rudimentos de una gramática dotada de léxico. De lo virtual como pura gramática abstracta se pasa al nivel intermedio así constituido, a una lexicalización que engendra un real *sui generis*. Pero este nivel intermedio sería sólo un puro lugar lúdico si no existieran en la realidad contemporánea los elementos que dan consistencia a ese tipo de imaginario. El mundo de las grandes metrópolis modernas comunicadas por múltiples redes lleva a su vez a la evanescencia de lo real. Éste es sólo, en último término, una red aún no codificada explícitamente. Tanto en las redes de carreteras como en las relaciones de trabajo a distancia o los modos de acceso a la televisión, en adelante, el formalismo y la pobreza de contenidos caracterizan en una parte importante nuestras experiencias cotidianas. De ahí la turbadora convergencia entre la experiencia de interactividad dentro de un mundo intermedio puramente numerado y la de un creciente empobrecimiento de lo real en la vida de todos los días. Acabamos en una *networkización* de lo real, en el sentido de pérdida de su sustancia.

Cuando se vive en grandes ciudades donde lo real es evanescente y se está socialmente (pero no forzosamente en lo económico) marginado, entonces es fácil dar el paso. La «arrogancia occidental» tan criticada por los islamistas de la diáspora tiene como corolario la pérdida de la propia realidad de este Occidente en lo extraño de unas experiencias cada vez menos conectadas con lo real y más marcadas por el sello de lo virtual, de lo numérico y de lo abstracto precisamente entre quienes lo denuncian. La *umma* dolorida que se extiende hasta perderse de vista en las pantallas de la televisión, la *neo-umma* que tanto anhelan para poner fin a este humillante sufrimiento, se alimentan de este empobrecimiento de lo real en contacto con un mundo cada vez más abstracto e inaccesible. Los contornos de la *neo-umma* son tan difusos porque tiene su arraigo en un mundo donde las formas concretas de experiencia humana se ven cada vez más suplantadas por tipos complejos y abstractos de relaciones formalizadas y numeradas. El apocalipsis que tanto desean está conchabado con esas nuevas formas de sociabilidad donde lo impersonal, lo formal, lo numérico y lo abstracto acaban por poder prescindir de la referencia a lo real y dan una sensación de vacuidad a las relaciones humanas.

Mientras que el mártir nacional vive por sí mismo la tragedia, el de Al Qaeda hace la experiencia a través de las redes, los cables, la televisión, lo numérico. Está conectado a esta realidad por el sistema electrónico en sentido lato. Su sufrimiento es el de un *pathos* que se alimenta de imágenes y se transmite por delegación, en una *neo-umma* donde nadie, sin embargo, le ha designado como delegado. Se trata de una representación autoproclamada en una comunidad fantaseada donde cada cual se pone en el lugar de las víctimas con un acto cuyo arraigo se encuentra en las ciudades globales de Nueva York, París o Londres y en las formas numéricas ultramodernas tanto, al menos, como en los arrabales pobres de Argel, las superpobladas colectividades de Gaza o los barrios contaminados de El Cairo.

CONCLUSIÓN

Se han podido identificar dos tipos de martirio. El primero, bastante clásico, se refiere a los que aspiran a la construcción de una colectividad soberana y que, ante la imposibilidad de lograrlo, adoptan la muerte sagrada, para aportar así su contribución a la edificación de una nación *después de ellos,* es decir, para suprimir *con ellos* al mayor número de enemigos. Así pretenden hacer compartir su profundo desamparo con aquellos a quienes perciben como un obstáculo para la edificación de la colectividad nacional que anhelan.

Junto a ese martirio clásico, existe otro, más desconcertante en sus aspiraciones. Reivindica la realización de una comunidad mundial encarnada por el universalismo islámico, que destruya la potencia del Mal que a ello se opone: el Occidente personificado por América pero también, en menor medida, por las demás sociedades occidentales. Este segundo tipo de mártir tiene su origen en la desaparición del antiguo mundo que modelaba el orden mundial a partir de una dicotomía entre Este y Oeste y en el debilitamiento del imaginario nacional, a causa de la crisis de las fidelidades y los principios de identificación dentro de las naciones constituidas, como resultado de la globalización. El islam reúne todas las condiciones para asumir el papel de polo de fidelidad y convertirse en el principal portavoz, aunque no el único, de este malestar. En efecto, numerosas sociedades musulmanas se encuentran en un estado crítico. En ciertos casos, la independencia fue acaparada por un Estado que se convirtió en un orden patrimonial, como en Argelia. En otros, el conflicto de Oriente Medio reaviva el sentimiento de humillación del mundo islámico por Israel, percibido a su vez como agente del imperialismo occidental. Un tercer orden de causas tiene su origen en la emergencia de nuevos países musulmanes, tras el derrumbe del imperio soviético, a los que les cuesta construirse sin efusión de sangre, en parte a causa del imperialismo de la nueva potencia colonial, Rusia.

La multiplicidad de estos fenómenos y la especificidad de cada caso son ocultadas, en parte, por el recurso a dos temáticas principales del islam: la *yihad* y el martirio. El recurso a estas representaciones da una universalidad al sufrimiento de los unos y los otros y puede hacer creer en un solo y único móvil. De hecho, hay todo un mundo de diferencias entre el palestino que reclama una nación, el checheno que desea independizarse de Rusia, el bosnio que exigía la retirada del ejército serbio por una parte y, por la otra, los partidarios de Al Qaeda que pretenden destruir el imperialismo occidental. Quieren la destrucción de Occidente no para sustituirlo por un orden tangible, como sucedía con la izquierda revolucionaria, sino para hacer añicos un mundo pervertido y arrogante sin ser por ello capaces de reemplazarlo por otro principio de orden universal.

La concomitancia en el tiempo de ambos fenómenos —nacional uno, transnacional el otro— engendra vínculos entre ellos. Pero siguen siendo distintos en su naturaleza y aunque el primer caso pertenezca al mundo de las naciones, el segundo remite a un nuevo orden global en gestación, cuyos inesperados efectos se manifiestan en este tipo de martirio. En el hueco dejado por las naciones y por el desmoronamiento de un antiguo orden, se constituye un nuevo mundo donde se expresa lo que no funciona, lo que algunos no desean, sin que puedan conocerse sus aspiraciones y su solución de recambio. En cierto sentido, las muertes del segundo tipo son trágicas e inútiles: trágicas porque se trata de la muerte de varios miles de personas sin participación directa en una guerra no declarada y no definida explícitamente por retos claramente delimitados. Inútil porque la destrucción de la totalidad occidental reclamada por estos movimientos es imposible sin el derrumbamiento del mundo a secas, pues lo que se denomina inapropiadamente Occidente forma ya parte del acervo de la humanidad hasta el punto de que su propia extensión afecta al imaginario y las condiciones de vida no sólo de sus protagonistas sino también de sus adversarios. Consignas como «el Corán es nuestra constitución» o «el islam es un sistema completo» o «la *shari'a* de Alá en tierra» *(shari'at al-lah fi-l ard)* pueden revestir un sentido en una nación y, en caso de éxito del movimiento que las apoya, dar lugar a una teocracia islámica. Pero a escala del mundo, ese tipo de consigna carece de sentido, salvo el del apocalipsis que es, precisamente, lo que buscan los protagonistas del islam globalizado.

La pregunta es, entonces, la siguiente: ¿cómo comprender ese impulso hasta la muerte de grupos de hombres que se dan muerte y pretenden también hacer que mueran los demás?

La ciudad moderna, sobre todo las grandes ciudades que son «ciudades de acceso», *gateway cities,* son metrópolis inmensas y anónimas en donde el sentimiento de pérdida de sí mismo y de desamparo provocado por el frenesí global y la ausencia de puntos de referencia, incluso allí donde existen comunidades especialmente visibles (como las *Chinatown*), produce vértigo. Son ciudades monstruosas aunque sólo sea por la licencia sexual y la promiscuidad e «inmoralidad» que las convierten tanto en Sodomas y Gomorras como en Babilonias para numerosos emigrantes, pero también para quienes se sienten superados por una modernización desenfrenada y diabólica. En estas ciudades nace el sentimiento de una *neo-umma* mucho más que en las tierras de origen donde el individuo se encuentra con harta frecuencia aprisionado en la camisa de fuerza de las constricciones del Estado y, también, sociales. Es posible rebelarse en El Cairo, en Teherán, en los barrios pobres de Argel (la Casbah) o también en la franja de Gaza (Palestina), pero el resultado es un tipo de movimiento vinculado a la nación musulmana mucho más que al mundo en su globalidad. Incluso la revolución iraní que pretendía exportar el islam a todos los confines del mundo se plegó muy pronto a la evidencia de su carácter nacional y sólo en el Líbano, en un país sin Estado y en crisis, ejerce una influencia real, a través de la comunidad shií y la ayuda financiera y material al Hezbolá. Tras algunos años, el fantasma de una revolución con vocación mundial ha muerto y lo urgente ha sido defenderse del enemigo iraquí y de los contrarrevolucionarios del interior, como los Muyahidín del Pueblo. Para tomar conciencia de la universalidad del mensaje islámico y entregarse a una *neo-umma* global, es preciso estar en el propio corazón de Occidente, en sus ciudades mundializadas, en las *global cities* donde todo está presente, pero donde todo se encuentra, en cierto sentido, en un estado de profunda inestabilidad, de mutuo rechazo y de malentendidos culturales. En ciudades como Nueva York, París, Londres, Madrid, Hamburgo, Roma, Los Ángeles o sus arrabales, es donde el proyecto de un islam mundializado vinculado a una *neo-umma* que trasciende las fronteras nacionales puede ver la luz. Esta idea no podría germinar en otro lugar que en el propio corazón de Occidente, en sus megalópolis más modernas, y no en las aldeas o ciudades poco modernas de los países musulmanes. Los miembros de Al Qaeda que originaron los atentados del World Trade Center no son gente ajena a la vida en Occidente o poco al tanto de la modernidad. Están, muy al contrario, sobradamente al tanto del mundo occidental para creer en su superioridad intrínseca o no entablar el combate por sentimiento de inferioridad y pavor. Esa explosiva mezcla de participación en la modernidad y de negativa a reconocer el islam en el mundo es, a su modo de ver, lo que da lugar a su revuelta y alimenta su odio. Sienten que el islam es maltratado y los musulmanes reprimidos. Sienten también que el islam que estaba antaño en el centro del mundo civilizado, dominador y seguro de sí mismo, sólo es ahora una periferia manipulada y marginada de un Occidente truculento e inmoral que intenta ofenderlo y humillarlo para destruir la dignidad de sus adeptos y derribar la última muralla que se opone a su legítima hegemonía. Sienten dolorosamente el hecho de que un país escasamente poblado como Israel (menos de diez millones de habitantes) pueda burlarse de mil millones de musulmanes en cuyos portavoces se convierten, autoproclamándose sus representantes. El islam, antaño uno de los amos más temidos del mundo, está hoy dominado por un Occidente sin consideraciones y sin el menor sentimiento de compasión por sus penas y por las aflicciones de sus autoproclamados representantes. Sin embargo, quienes emiten este veredicto están, en cierto modo, profundamente influidos por Occidente. No están submodernizados, la mayoría de ellos no son maltratados ni marginados en el plano económico (numerosos son, en el propio Occidente, los que son mucho más pobres y están mucho menos integrados social y económicamente que la mayoría de ellos).

El islam que intentan oponer a Occidente no es una civilización distinta sino, más bien, la cara oculta de la nueva civilización mundial cuyo mascarón de proa es el Occidente.[1]

Los mártires y su islam radical son cosa de una ínfima minoría en las sociedades occidentales. Pero es una minoría activa y por eso es grande la tentación de endosar al conjunto de los musulmanes las fechorías atribuidas a esta minoría. El islam, según algunos, no puede adaptarse al mundo moderno, al individuo, a sociedades de derecho y a la igualdad que implican, especialmente la de hombres y mujeres, lo que supone la participación de todos en una concepción política pluralista y democrática. Estas cuestiones, así formuladas, se plantearon también, hace apenas medio siglo, con respecto al catolicismo.[2] Ahora bien, éste integró la representación democrática en sus aspectos esenciales. No hay razón alguna para que el islam no siga el mismo camino. Para ello, necesita teólogos que den una interpretación jerarquizada e histórica de los textos sagrados y de los grupos que adoptan los hábitos y las costumbres de la vida moderna. El primer componente está todavía en la fase de balbuceo, aunque nuevos intelectuales, en Irán, en Egipto, en el Magreb, en Francia, en Inglaterra, en Turquía y en muchos otros países intentan renovar el pensamiento islámico y mostrar su compatibilidad con el pluralismo democrático. El segundo componente está en el buen camino, el de la adaptación a la vida moderna de la diáspora islámica. En las propias sociedades musulmanas, ambos componentes están en gestación. Ya sea en Irán, en Egipto o en Marruecos, la reflexión sobre el islam y la referencia democrática ponen en cuestión el prestigio del islamismo radical. Lo que en adelante hace difícil la apertura democrática de las sociedades musulmanas son los conflictos en Oriente Medio, el de Cachemira y el de Chechenia, así como la presencia en ellos de clases dominantes clientelistas, corruptas incluso, que monopolizan el poder y reprimen la demanda democrática de las nuevas clases emergentes. Su imperio sobre los resortes económicos y políticos de estas sociedades es un obstáculo para la penetración de la democracia en esta parte del mundo.

El martirio no es la enfermedad infantil del islam sino el medio de elevarse a la dignidad en situaciones en las que ésta se niega a los musulmanes, renunciando al mismo tiempo a las dificultades y ocultando la huida en la muerte, con el magro y peligroso consuelo de arrastrar a los enemigos a ella, al igual que a uno mismo. Habrá siempre candidatos a la muerte sagrada mientras los problemas importantes subsistan. Si se resuelven, no por ello desaparecerán, pero su número disminuirá hasta volverse marginal. Las sociedades serenas no suelen incitar a la gente a abrazar la muerte sagrada. Quienes lo hacen constituyen una pequeña minoría, una secta de exaltados. En esta forma marginal, no podrán nunca ser eliminados por completo, porque son ocultados o silenciados por nuestras sociedades modernas y dinámicas pero desiguales e inicuas, en donde los desequilibrios sociales son estructurales.

Hegel pensaba que la lucha por el reconocimiento implicaba el enfrentamiento entre el amo y el esclavo, pero no la muerte. En efecto, muerto el esclavo no quedaría nadie sobre quien ejercer la hegemonía y el dominio. El martirio moderno abre un nuevo espacio de inteligibilidad, la lucha por el reconocimiento puede pasar por la muerte, recurriendo a lo sagrado. El siglo que se inaugura puede ver la generalización mimética de esta forma de muerte sagrada.

ANEXOS

SEMBLANZAS

Harun Fazil, designado por los servicios americanos como el principal responsable de los comandos que cometieron los atentados del 8 de agosto de 1998, en África oriental, contra los americanos, está acusado de doce asesinatos. Era experto en explosivos, tenía entre veinte y treinta años y hablaba varias lenguas: el francés, el swahili, el árabe y el inglés entre otros. No tiene en absoluto el perfil del musulmán tradicional o desprovisto de contactos con Occidente (al contrario de los talibán y de gran parte de su dirección política).

El doctor Ayman al Zawahiri nació en 1951 en El Cairo, en una familia de notables musulmanes. Termina sus estudios de cirugía en la Universidad de El Cairo, en 1978. Se instala en Afganistán en 1985, tras ser condenado a tres años de prisión, en 1981, en el proceso por el asesinato de Sadat. Se convierte en jefe de la Yihad islámica egipcia. En 1985, conoce a Bin Laden, a quien sigue hasta Sudán, en 1992, y ve en él a un nuevo Che Guevara. Recibió una educación moderna y conoce el inglés.

Muhammad Atta es hijo de un conocido abogado egipcio y nació en una familia musulmana piadosa, sin ser radical. Hace estudios de arquitectura en El Cairo, aprende inglés y alemán y va a Hamburgo en 1992 para estudiar urbanismo.[1] En 1997, desaparece de la escena uniéndose al grupo Bin Laden. Se vuelve cada vez más piadoso y obtiene el diploma de la Universidad de Hamburgo. A partir de 1999 prepara los atentados. En mayo de 2000, se dirige a los Estados Unidos para seguir allí, con sus amigos de Hamburgo, cursos de pilotaje en Florida. El 11 de septiembre, emprende el vuelo, sólo de ida, hacia la muerte, a la edad de 33 años.

Ramzi Yusef, autor del atentado contra el World Trade Center de 1993, nació en 1968 en Kuwait, en una familia originaria del Beluchistán paquistaní. Desde 1998 hasta su condena a prisión perpetua en los Estados Unidos, se mueve en la Fraternidad Bin Laden.

Wadih al Hage, libanés nacionalizado estadounidense, nació en 1960 en una familia cristiana de Sidón, en el Líbano. Pasa parte de su vida en Kuwait, donde su padre trabaja para una compañía petrolera. Contra la opinión de su familia, se convierte al islam cuando es sólo un adolescente. Un cheij kuwaití se hace cargo de él en los Estados Unidos. A partir de 1978, acude a la Universidad Lafayette de Luisiana, donde estudia urbanismo mientras se gana la vida en un *fast-food*. En 1979, vuela a Paquistán y toma parte en la *yihad* contra Kabul. Está en contacto con el cheij Azzn, el palestino jefe de reclutamiento de la oficina de ayuda a los muyahidín. Conoce a Bin Laden. Regresa en 1985 a los

Estados Unidos, donde se casa con una joven musulmana americana de 18 años, April. Tendrán siete hijos. Regresa a Paquistán con su mujer y su familia política. Juntos, contribuyen a la *yihad*. Vuelven a los Estados Unidos en 1989 y Wadih se nacionaliza estadounidense. En 1998 es detenido y acusado de conspiración para matar americanos.

En 1997, Jalil Deek, informático árabe nacionalizado estadounidense, nacido en los territorios palestinos ocupados por Israel, había ido a Paquistán. En el CD que se le encontró encima, había una enciclopedia de la guerrilla. Estaba vinculado a la Fraternidad Bin Laden.

Richard Reid nació en Bromley, al suroeste de Londres, en 1973, de padre jamaicano y madre inglesa. Se lanza a pequeños latrocinios, vende droga y es encarcelado. Abraza el islam, como muchos jóvenes de origen magrebí, en Francia. Frecuenta la mezquita de Brixton, que era también la de Zacarias Musaui. Cabe mencionar que el número de presos musulmanes en las cárceles inglesas se duplicó entre 1993 y 2000.[2] Cambia su nombre por el de Abdel Rahmin y se une a los grupos islámicos radicales. Visita Paquistán, donde acude a campos de entrenamiento y hace su aprendizaje dentro del grupo Al Qaeda. Es detenido en el avión hacia los Estados Unidos cuando intenta hacer estallar una bomba oculta en la suela de uno de sus zapatos.

Lionel Dumont, benjamín de una familia de ocho hijos, nacido en 1971 en el norte de Francia, abrazará la causa de la *yihad* tras su conversión al islam en 1992. Entre 1993 y 1995, va regularmente a Bosnia, donde parece haber puesto en marcha una organización de tráfico de armas. Combate contra los serbios en batallones de la legión islámica encuadrados por «afganos». Convertido en bosnio por matrimonio, se llama ahora Abu Hamza.[3]

Yamel Loiseau murió de frío en las montañas de la región Tora Bora de Afganistán, a la edad de 28 años.[4] Era de padre cabila y madre francesa. Durante su servicio militar se hace practicante, a comienzos de los años noventa. Sigue en ello a los demás jóvenes de esta época que tienen un primer contacto con el islam, ya en la cárcel, ya en el ejército, como reclutas. Según su entorno, antes tenía una amiga, frecuentaba las discotecas y le gustaba la música pop. Tras su conversión a un islam puro y duro, se levantaba a las cinco de la madrugada para hacer sus oraciones. En casa, su comportamiento se había vuelto el de un puritano. Arrancaba las fotos y desmontaba los cuadros que le parecían indecentes. Su padre acabó expulsándolo. Vivió entonces algún tiempo en Londres, al igual que Zacarias Musaui. En 1998, va a Arabia Saudí y, desde entonces, su familia deja de tener noticias suyas. Según su padre, fueron los religiosos integristas a los que frecuentaba en Belleville quienes le llevaron por ese camino. Como otros muchos adeptos era «influenciable». Ése es también el caso de Richard Reid, del que se ha dicho que era «impresionable»,[5] o de Mohamed Atef. El 11 de marzo de 2001, toma el avión en el aeropuerto de Heathrow, cerca de Londres, hacia Lahore, en Paquistán, verosímilmente para unirse a Al Qaeda.

El retrato de Zacarias Musaui[6] tiene parecido con el de Yamel Loiseau. Nació en San Juan de Luz el 30 de mayo de 1968, de madre soltera, marroquí. A la edad de 19 años se siente atraído por un islam estricto. Hace un bachillerato comercial en ingeniería eléctrica en Perpiñán y trabaja como vigilante en Narbona. Decide marcharse a Londres en 1992, para mejorar su inglés. Frecuenta allí los medios islamistas. En la Universidad de South Bank, obtiene una licenciatura en comercio internacional. Parece haber recibido el adoctrinamiento del cheij Omar Abu Omar, apodado Abu Qatada, de origen palestino, en la mezquita de Baker Street, al sur de Regent Park, frecuentada por medios islamistas. Inglaterra y, en especial, Londres parecen lugares ideales para el adoctrinamiento en una versión salafista especialmente rigorista del islam. Parte luego a los Estados Unidos, en donde, teniendo en cuenta su nacionalidad francesa, no necesita visado (puede permanecer allí 90 días). Se matricula en la escuela de pilotaje Norman, en Oklahoma. Pero resulta un mal alumno y no obtiene la licencia. Es detenido el 17 de agosto de 2001 por una historia de visado caducado. Según las autoridades americanas, habría podido ser el vigésimo piloto.

Kamel Daudi nació en 1974, en Argelia, de padres argelinos y llega a Francia a la edad de cuatro años.[7] Viven primero en el distrito V de París. Es brillante y obtiene su bachillerato con apenas diecisiete años, en el instituto Lavoisier. Pero en 1993 abandona sus estudios en el segundo curso de universidad. Se matricula en una licenciatura de informática en Jussieu, en 1995, pero abandona los estudios antes de haber obtenido el diploma. En 1996 y 1997, pasa varios días a la semana fuera de su casa. Hace un primer viaje a Inglaterra en 1999 y encuentra un empleo para jóvenes en el ciberespacio de Athis-Mons, en marzo de 1998. Pero se ausenta cada vez más y por fin es despedido en 2000.

En marzo de 1999, se casa con una mujer húngara de Rumanía y viven algún tiempo juntos, pero él va a Inglaterra, a Leicester, desde donde escribe a su mujer que su matrimonio no puede seguir dada su negativa a convertirse al islam. Es detenido el 25 de septiembre, en el centro de Inglaterra, y entregado a la policía francesa. Se sospecha que es uno de los representantes de Bin Laden en Europa.

NOTAS

INTRODUCCIÓN

[1] De cada diez musulmanes en el mundo, nueve son suníes y pertenecen a una de las cuatro escuelas oficiales del sunismo, uno sólo es shií. Los shiíes se distribuyen en varios grupos, los principales de los cuales son los shiíes duodecimanos (de doce imanes) y los ismailíes. Véase Muyan Momen, *An Introduction to Shi'i Islam,* New Haven, Yale University Press, 1985; Yann Richard, *L'Islam chi'ite,* París, Fayard, 1991.

[2] Véase Pierre Centlivres (dir.), *Saints, sainteté et martyre,* Neuchâtel, París, Éditions de l'Institut d'Ethnologie, Éditions de la Maison des Sciences de l'Homme, 2001.

[3] Véase Galia Baltchinova, «Post-communiste et prémoderne: actualité du culte de sainte Petka dans les Balkans, une étude de cas en Bulgarie occidentale», en Pierre Centlivres (dir.), *Saints, sainteté et martyre, op. cit.*

[4] Véase G.W. Bowersock, *Rome et le martyre,* París, Flammarion, 2002 (edición original inglesa en 1995).

[5] Quiero dar las gracias a Marcel Swyngedauw por su ayuda bibliográfica con respecto a los mártires cristianos.

[6] Véase G.W. Bowersock, *op. cit.*

[7] Véase Eusebio de Cesarea, *Histoire Ecclésiastique III.*

[8] Eusebio de Cesarea, *op. cit.*

[9] Es la expresión que atribuye Eusebio de Cesarea *(op. cit.)* a Pánfilo.

[10] San Agustín, *La Ciudad de Dios.*

[11] Véase Louis E. Fennec, *Martyrdom in the Sij Tradition,* Oxford, Oxford University Press, 2001.

I. EL ISLAM

[1] Véase *Le Saint Coran et la traduction en langue française du sens de ses versets,* el año 1410 de la hégira.

[2] Véase Mark Huband, *Warriors of the Prophet, The Struggle for Islam,* Colorado, Westview Press, 1999.

[3] Véase Reuben Fierske, *Jihad, The Origins of Holy War in Islam,* Oxford University Press, 1999.

[4] Los shafiíes forman una de las cuatro escuelas suníes, las otras tres son los hanbalíes, los malekíes y los hanafíes.

[5] Véase Rudolph Peters, *Islam and Colonialism, The Doctrine of Jihad in Modern History,* La Haya, Países Bajos, Mouton Publishers, 1979.

[6] El caso del místico Hallach se ha convertido en paradigmático en Occidente, gracias al magistral trabajo que le consagró Louis Massignon.

[7] Véase Murtada Mutahari, *Achenai ba uor'an, yahad ajlaq e yensi (Conocimiento del Corán, yihad, la moral sexual),* Ediciones Sadrâ, sin fecha, Teherán.

[8] Véase, en el caso de Francia, Farhad Josrojavar, *L'Islam des jeunes,* París, Flammarion, 1997. Nancy Venel, *Musulmans et citoyennes, appropriations, usages et agencements des appartenances chez de jeunes Français d'origine maghrébine,* Tesis, Universidad Lille-II, 2002. Insiste con razón en la pérdida de centralidad de la fidelidad nacional en la identidad de los nuevos ciudadanos, sin que ello dé lugar a una relación conflictiva con la sociedad global.

[9] Véase Yann Richard, *L'Islam chiite,* París, Fayard, 1991.

[10] Esta versión modernizadora ha sido sistematizada por Shariati. Véase Alí Shariati, *Entezar, mazabe e'teraz* (*La espera, religión de protesta*) en *Hoseyn, vares e adam (Husain, heredero de Adán),* Ediciones Qalam, 2.ª edición, aban 1361 (1982-1983), Teherán, Irán.

[11] Para muchas de estas interpretaciones, véase Bajsh Alí Qanbari, *Falsafe ye achurna az didgah e andichmandanemosalman (La filosofía de achura desde el punto de vista de los pensadores musulmanes),* Daftar barresi haye eslami, 1379 (1991-1992), Teherán.

[12] A partir de los años noventa, el martirio se convierte cada vez más en marginal en Irán y su marginación se presenta como el rechazo de la ideología «aguafiestas» y represiva de los conservadores iraníes por una nueva juventud que no siente ya atracción por el martirio, a diferencia de la generación de sus padres, dos décadas antes.

[13] Véase Tawfiq abu Alam, *Abu al shuhada al Husain ibn Alí,* Matabi-l-ahram al Tiyariya, El Cairo, 1974.

[14] Véase Yalal ed-Dine Homai, *Asrar o asar e vaqe'e ye karbela (Secretos y signos del Acontecimiento del Kerbala),* ediciones Dehjoda, 1355 (1976-1977), Teherán.

[15] Véase Jaled Muhammad Jaled, *Farzandan e payambar dar karbela (Los hijos del Profeta en Kerbala),* traducción persa, Ediciones Ibn Sina, 1347 (1968-1969), Teherán.

[16] Véase Murtada Mutahari, *Shahid (Mártir),* Ediciones Sadrâ, Qom, sin fecha, Irán.

[17] Véase Sayid Alí Farahi, *Bar resi va tahqiq piramun e nehzat e Husaini (Estudio e investigación sobre el movimiento de Husain),* Daftar nashr farhang eslami, 1370 (1991-1992), Teherán.

[18] Véase Sayid Mohsen Amin, *Sire ye ma'suman (La espiritualidad de los inmaculados),* traducción al persa, Ediciones Sorush, 1373 (1994-1995), Teherán.

[19] Véase Sayid Hoeyn Ya'fari Hendi, *Tashayyo' dar masir e tarij (El* shiismo *en el camino de la historia),* traducción persa, Daftar nashr farjang eslami, 1359 (1980-1981), Teherán.

[20] Véase Abdalá Alayeli, en Bajsh Alí Qanbari, *op. cit.*

[21] Véase *Qiam e achura dar kalam o payam e emam Jomeyni (El movimiento de achura en las palabras y el mensaje del imán Jomeini),* Daftar e nashr e asar e emam, 1375 (1996-1997), Qom, Irán.

[22] Véase Bernard Lewis, *Les assassins,* París, Complexe, 1982.

[23] Véase, para las formas cismáticas y sectarias del islam en la edad premoderna, Henri Laoust, *Les Schismes dans l'islam,* París, Payot, 1965.

[24] Véase Alexandre Popovic y Gilles Veinstein (dir.), *Les Voies d'Allah,* París, Fayard, 1996.

[25] En cambio, en las sectas modernas no islámicas como el Templo del Sol o Aum el ideal de un nuevo mundo, al expresarse de acuerdo con las líneas esenciales del milenarismo, se deja ver.

[26] Véase Henri Laoust, *op. cit.*

[27] Véase Patrick Michel, *Politique et religion, la grande mutation,* París,

XXX, 1994. Véase también Olivier Roy, *L'Échec de l'islam politique,* París, Seuil, 1992.

[28] Véase S.V.R. Nasr, *Mawdudi and the Making of Islamic Revivalism,* Oxford University Press, 1996.

[29] Véase Gilles Kepel, *Le Prophète et le Pharaon,* París, La Découverte, 1984.

[30] Véase Olivier Carré, *L'Utopie islamique dans l'Orient arabe,* París, Presses de la FNSP, 1991.

[31] Véase Sayyid Qutb, *Ma'alim fil tariq,* 1964 (traducción americana, Milestones).

[32] Véase Mawdudi, «Revolutions are never brought about by Cowards and the Imbecilic», en *West versus Islam* en Adam Parfrey, *Extreme Islam,* Feral House, 2001, USA.

[33] Véase Said Amir Aryomand, *The Shadow of God and the Hidden Imam: Religion, Political Order and Social Change in Shiite Iran from the Beginning to 1890,* Chicago University Press, 1984.

[34] Véase Abdulaziz Abdulhusein Sachedina, *The Just Ruler in Shi'ite Islam: the Comprehensive Authority of the Jurist in Imamite Jurisprudence,* Nueva York, Oxford University Press, 1988.

[35] Véase Jomeini, su discurso sobre «El nido de los espías» del 5 de noviembre de 1979, *Keyhan.*

[36] Véase Jomeini, el 7 de noviembre de 1979, *Keyhan.*

[37] Véase Olivier Roy, *L'Échec de l'islam politique,* París, Seuil, 1992.

[38] Representativa de esta tendencia es, por ejemplo, la obra colectiva bajo la dirección de Gilles Kepel y de Yann Richard, *Intellectuels et militants de l'islam contemporain,* París, Seuil, 1990.

[39] Véase Malika Zeghal, *Gardiens de l'islam, les oulémas d'Al Azhar dans l'Égypte contemporaine,* París, Presses de Sciencies-Po, 1996.

[40] Véase Malika Zeghal, *op. cit.,* pág. 337 y *passim.*

[41] Véase Aziz al-Azmeh, *Islams and Modernities,* Londres y Nueva York, Verso, 1993.

[42] Véase el artículo de Salehi Nayaf Abadi en *Chechme ye nur (Fuente de luz)*, Ediciones Daftar nashr Asar Emam, págs. 381-382, 1374 (1995-1996), Teherán.

[43] Véase Alí Shariati, «Shahadat» («Mártir») en *Husain, Vares e adam (Husain, heredero de Adán)*, obras colectivas, tomo XIX, Ediciones Qalam, 1361 (1982-1983), pág. 187 y *passim.*

[44] Véase Murtada Mutahari, *Shahid (Mártir),* Ediciones Sadrâ, Qom, Irán, sin fecha.

[45] Véase cheij Abás Qomi, *Montahi ol amal,* Ediciones Heyrat, 1365 (1986-1987), primer tomo, Qom, Irán.

[46] Véase Éric Butel, *Le Martyre dans les mémoires de guerre iraniens, guerre Iran-Iraq 1980-1988,* INALCO, París, 2000 (tesis); Farhad Josrojavar, *L'Islamisme et la mort, le martyre révolutionnaire en Iran,* París, L'Harmattan, 1995.

[47] Véase Shariati, *Husain, Vares e adam (Husain, heredero de Adán),* obras colectivas, tomo XIX, ediciones Qalam, 1361 (1982-1983).

[48] Véase Alí Shariati, «Shahadat» («Mártir»), en *Husain Vares e adam (Husain, heredero de Adán),* obras colectivas, tomo XIX, Ediciones Qalam, 2.ª edición, 1361 (1982-83), Teherán, pág. 187.

[49] Shariati, *op. cit.*, pág. 217.

[50] Shariati, *op. cit.*

[51] Shariati, *op. cit.*, pág. 189.

[52] Shariati, *op. cit.*, pág. 195.

[53] Shariati, *op. cit.*, pág. 155.

[54] Shariati, *op. cit.*, pág. 155.

[55] Distintas categorías de la población estaban implicadas en el movimiento revolucionario y tenían otras exigencias y otras aspiraciones, como los campesinos exiliados, las capas tradicionalmente vinculadas al bazar y al clero, y una parte radicalizada del clero así como los grupos de extrema izquierda, próximos en parte a las aspiraciones de la juventud modernizada y desestructurada de las zonas urbanas. Véase Farhad Josrojavar, *l'Utopie sacrifiée, sociologie de la révolution iranienne,* Presses de la FNSP, 1993.

[56] Véase Farhad Josrojavar, *L'Islamisme et la mort, le martyre révolutionnaire en Iran, op. cit.*

[57] Anderson trata de esas comunidades imaginarias que son las naciones. También pueden ser comunidades supranacionales mitificadas, como en el caso de Al Qaeda. Véase Anderson, Benedict, *Imagined Communities,* Verso, Londres-Nueva York, 1991.

[58] Véase Sayyid Qutb, *Fi dilal al-Qur'an (A la sombra del Corán),* 1952-1956, El Cairo, y su resumen *Ma'alim fil Tariq (Los postes en el camino),* 1964, El Cairo. Véase en especial Charles Tripp, «Sayyid Qutb: The Political Vision», en Alí Rahnema (dir.), *Pioneers of Islamic Revival,* Zed Books, Londres y Nueva Jersey, 1994.

[59] Véase Louis Dumont, *Essais sur l'individualisme,* París, Seuil, 1983.

[60] Véase Olivier Carré, *Mystique et Politique: lecture révolutionnaire du*

Coran par Sayyid Qutb, frère musulman radical, París, PNSP y Cerf, 1984; S. Kotb (*sic*), *Social Justice in Islam,* American Council of Learned Societies, Nueva York, Octagon Books, 1970; Charles Tripp, *op. cit.*

[61] Véase Claude Lefort, *L'Invention démocratique,* París, Fayard, 1981; *Essais sur le politique,* París, Seuil, 1986.

[62] Véase Amir Nikpey, *Politique et Religion en Iran contemporain,* París, L'Harmattan, 2001.

[63] Véase Alí Rabnema, *An Islamic Utopian. A Political Biography of Alí Shariati*, I. B. Tauris, Londres, Nueva York, 1998.

[64] Véase Friedrich Nietzsche, *La genealogía de la moral* (traducción de Andrés Sánchez Pascual), Alianza Editorial, S.A., Madrid, 1996.

[65] Véase Max Scheler, *L'Homme du ressentiment,* Ediciones Gallimard, 1958 (1.ª edición alemana, 1912).

[66] Kant muestra que la relación con la ley moral no debe convertir a los demás en un medio con vistas a un fin distinto. Por eso, cuando se habla de la espontaneidad en términos nietzscheanos revisados y corregidos por Max Scheler, se trata de los modos de constitución de la afectividad, de la relación consigo mismo, con los demás y con el mundo mucho más que de un rechazo cualquiera de la reflexión.

[67] Véase, para un desarrollo de esta temática, Farhad Josrojavar, *L'Instance du Sacré*, París, Cerf, 2001.

[68] Véase Samuel Huntington, «The Clash of Civilisations?», *Foreign Affairs*, 72, n.º 3, 1993.

[69] Véase Francis Fukuyama, *The end of History and the last Man,* Nueva York, Free Press, 1992.

[70] Así, el mártir Anuar Sukar, de Gaza, escribe a su padre: «Por favor, olvida todos los horrores que he cometido, nuestras disputas. Eres un hombre educado y sabes que los mártires actúan por el bien de sus familias, para que vayan al paraíso». A su mujer, le escribe: «Olvida todo el mal que te he hecho. Deseo que Dios te dé hijos». Véase Agnès Pavlowsky, *Hamas ou le miroir des frustrations palestiniennes*, París, L'Harmattan, 2000.

[71] Véase Gilles Kepel, *Le Prophète et le Pharaon, op. cit.*

[72] Véase Farhad Josrojavar, *L'Islamisme et la mort, op. cit.*

[73] Véase *Le Monde,* «"Le dernier soir" avant le 11 septembre», 2 de octubre de 2001.

[74] Véase *The Observer,* «You have to kill *in* the name of Allah until you are killed», *The Observer,* 27 de enero de 2002.

II. LA IMPOSIBLE COMUNIDAD NACIONAL

[1] Las estadísticas deben tomarse con prudencia. Se estiman en unas 500.000 las pérdidas iraníes (125.000, las del ejército, procediendo las demás del Ejército de los Pasdaran y de los voluntarios del Basiye) y en más de 100.000 los inválidos de guerra. Véase Mehdi Amani, *Les Effets démographiques de la guerre Iran-Iraq sur la population iranienne,* Instituto Nacional de Estudios Demográficos, París, agosto de 1992. Estas cifras fueron revisadas más tarde a la baja.

[2] Los hechos se desarrollan ampliamente en Farhad Josrojavar, *L'Anthropologie de la révolution iranienne, op. cit., L'Islamisme et la mort, le martyre révolutionnaire en Iran, op. cit., L'Utopie sacrifiée, sociologie de la révolution iranienne, op. cit.* Véase también Jean-Pierre Digard, Bernard Hourcade, Yann Richard, *L'Iran au XXe siècle,* París, Fayard, 1996.

[3] Otras personas, como Taleghani, Jomeini, Banisadr, Mutahari, etc., desempeñan un papel importante en otras capas de la población, pero entre la juventud urbana, el papel de Shariati es incomparablemente mayor. Para una antología de sus textos, véase Mahmud Taleqani, Murtada Mutahari & Alí Shari'ati, *Jihad and Shahadat. Struggle and Martyrdom in Islam,* Texas, Institute for Research and Islamic Studies, 1986.

[4] Véase Mary Hegland: «Two images of Husain: Accomodation and Revolution *in* an Iranian village», en N.R. Keddie (dir.), *Religion and politics in Iran,* Londres, 1983; *Le Discours populaire de la révolution iranienne, op. cit.*

[5] Véase Alí Shari'ati (Shariati), *Histoire et destinée,* textos escogidos, París, Sindbad, 1982.

[6] Véase *infra.*

[7] Así ocurre en especial con los escritos de Hamid Algar, *Religion and State in Iran,* 1785-1906, Berkeley, University of California Press, 1969; *The Islamic Revolution in Iran*, Londres, Open Press, Muslim Institute, 1980, que da una visión tendenciosa del shiismo iraní.

[8] Eso no impedía la constitución de movimientos de protesta. Pero éstos solían expresar objetivos locales y pocos de ellos conseguían poner en cuestión al régimen. Las crisis se producían en los intermedios de reinado o, también, en la lucha de los distintos pretendientes al poder tras el fallecimiento del rey.

[9] Salvo el intermedio de Nader Sha, en el siglo XVIII, que deseaba devolver Irán al sunismo, si era necesario decretando que el shiismo era la quinta escuela suní, lo que provocó la partida de los ulemas shiíes hacia Iraq.

[10] Sobre las relaciones entre la «hierocracia» shií y el poder político hasta finales del siglo XIX, véase Said Amir Aryomand, *The Shadow of God and the Hidden Imam: Religion, Political Order and Societal Change in Shi'ite Iran from the Beginning to 1890,* Chicago, The University of Chicago Press, 1984. Para el período Pahlavi, véase Chahruj Ajavi, *Religion and politics in contemporary Iran,* Albany, Suny Press, 1980.

[11] Ciertamente, numerosos grupos de clase media, formados por intelectuales (como la Asociación de escritores iraníes, *kanune nevisandegane Iran*), por juristas (como la Asociación de abogados, *kanune vokala*) o por organizaciones autónomas como la Liga de los derechos humanos (*yam'iyate hoghughe bachar*) o la Organización nacional de profesores de universidad (*sazemane mellie daneshgahiane Iran*) desempeñaron un papel importante en la movilización contra el despotismo imperial. Estas acciones culminaron, en octubre de 1977, en las Diez Noches de Poesía en el Instituto Goethe de Teherán, donde intelectuales y poetas denunciaron la represión y el régimen imperial. Pero estos grupos eran, en el mejor de los casos, minoritarios en el proceso revolucionario que contribuían a desencadenar, y su fragilidad y el poco apoyo de que disponían en la sociedad se reveló en las primeras movilizaciones callejeras contra el régimen del sha. Para el papel de los intelectuales a comienzos de la revolución, véase Naser Pakdaman, *Dah shabe she'r, bar resi va arzyabie yek tayrobeh (Diez Noches de Poesía: análisis y evaluación de una experiencia),* 26 de enero de 1988, París.

[12] Véase Homa Katuzian, *Political economy of Modern Iran, 1926-1979,* Nueva York, New York University Press, 1980. Robert E. Looney, *Economic Origins of the Iranian Revolution,* Nueva York, Pergamon Press, 1982. Muhammad H. Malek, *The Political Economy of Iran under the Shah,* Londres, Croom Helms, 1986. Éric Hooglund, *Land and Revolution in Iran.* Austin, University of Texas Press, 1982.

[13] Sobre esta dimensión de la alianza entre estas capas más o menos tradicionales de la sociedad iraní, véase Ahmad Ashraf, «Bazar-Mosque alliance: the social basis of revolts and revolutions», *International Journal of Politics, Culture and Society,* 1 (4), 1988.

[14] Sobre esta dimensión del movimiento revolucionario, véase Paul Vieille, Farhad Josrojavar, *Le Discours populaire de la révolution iranienne,* Contemporanéité, París, 1990 (2 tomos).

[15] Véase Mehdi Bazargan, *Enghelade Iran da do harekat (La revolución iraní en dos movimientos),* en donde analiza el cambio de la situación poco

después de la revolución, sobre todo el poder del Hezbolá y de Jomeini sobre el Estado posrevolucionario. Véase también Abulhasán Banisadr, *L'Espérance trahie,* París, Papyrus, 1982.

[16] Para todos estos problemas, véase Shaul Bajash, *The Reign of the Ayatollahs. Iran and the Islamic Revolution,* Londres, Tauris, 1985; Alí Rahnema, Farhad Nomani, *The Secular Miracle,* Londres, Zed Books, 1999; *L'Utopie sacrifiée, sociologie de la révolution iranienne, op. cit.;* Nikki R. Keddie (dir.), *Religion and Politics in Iran. Shi'isme from Quietism to Revolution,* New Haven-Londres, Yale University Press, 1983.

[17] La expresión completa era: «*Basiye arteche bist meliuni*», movilización para un ejército de veinte millones (de miembros), es decir, casi todos los jóvenes iraníes que podían ser llamados a defender el poder revolucionario.

[18] Durante la guerra contra Iraq, hubo dos cuerpos de ejército, el ejército de la República Islámica de Irán y el ejército de los Pasdaran, en cuyo seno el Basiye preservó su especificidad.

[19] Véase *L'Islamisme et la mort, le Martyre Révolutionnaire en Iran, op. cit.* Paul Vieille, «L'institution chiite, la religionité populaire, le martyre et la révolution», *Peuples Méditerranéens,* 16, 1981. H.G. Kippenberg, «Jeder Tag 'Ashura, Jedes Grab Kerbala: Zur Ritualisierung der Strassenkämpfe im Iran», en Kurt Greusig (dir.), *Religion und politik im Iran,* Frankfurt del Maine, 1981.

[20] Las organizaciones de extrema izquierda (los muyahidín y, en menor medida, la extrema izquierda laica y marxista) quedan marginados tras la ruptura frontal con el régimen en 1981; por lo que a los monárquicos se refiere, su suerte quedó sellada en los primeros meses de la revolución, con la depuración del ejército y la huida de sus líderes al extranjero, antes incluso de la revolución. Las organizaciones políticas de las clases medias (*Nehzate azadi* de Bazargan, *Yebhe ye melli,* Frente nacional de los mosadeghistas) están muy debilitadas, pues la represión por el sha les arrojó a una marginalidad de la que no pudieron salir durante la revolución.

[21] El Basiye tiene unos cuatrocientos mil afiliados, el ejército de los Pasdaran otros tantos y el ejército tradicional casi lo mismo. El conjunto forma el cuerpo de batalla de la República Islámica en la guerra contra Iraq.

[22] Véase Farhad Josrojavar, «Le Pur et l'Impur», en *Peuples Méditerranéens,* n.º 50, 1990; «Chiisme mortifère: les nouveaux combattants de la foi», en *L'Homme et la Société,* n.º 107-108, 1993; «Le martyre révolutionnaire en Iran», *Social Compass,* volumen 43, n.º 1, marzo de 1996.

[23] Se les paga de cinco a ocho mil tumanes. En una economía con varios

tipos de cambio, es imposible evaluar con exactitud el equivalente en euros de esta cantidad. Aproximadamente, podemos afirmar que corresponde al sueldo mensual de un funcionario medio durante la guerra.

[24] La Fundación de los Mártires es uno de los pilares financieros del Basiye y del conjunto de las organizaciones que financian la guerra. Los medios financieros de los que dispone la convierten en un coloso económico. Tiene 55 unidades, 5 de ellas en las industrias, 11 en la ganadería y la agricultura, así como 14 sociedades de construcción de edificios y carreteras y 26 sociedades financieras. Desde su creación, la rama económica ha puesto a disposición de la Fundación 12.000 millones de riales (algo más de mil millones de francos franceses al cambio oficial). En la rama financiera, fueron distribuidos 12.000 millones de riales de productos y de piezas médicas, de cirugía dental, de laboratorios, de medios de calefacción y de piezas sueltas para camiones Mack y coches japoneses. (Véase *Ettelaat*, el 20 de diciembre de 1365, 1987.)

[25] Véase Bernard Hourcade, «Vaqf et Modernité en Iran: Les agro-business de l'Astan-e qods de Mashad», en *Entre l'Iran et l'Occident,* bajo la dirección de Yann Richard, París, Ediciones de la Maison des Sciences de l'Homme, 1989.

[26] En una familia popular (véase tesis doctoral, *op. cit.,* EHESS, París, 1992) el hijo se afilió al Comité y la hija, dos o tres años mayor, a los muyahidín. Numerosos ejemplos parecidos se pudieron encontrar durante la revolución.

[27] Véase Paul Vieille, *Féodalité et État en Iran,* París, Anthropos, 1975.

[28] Eso cuestiona la tesis del tradicionalismo o del neotradicionalismo del movimiento revolucionario, para la categoría de los jóvenes que participaron en él. Véase en especial Said Amir Aryoman, *The Turban for the Crown. The Islamic Revolution in Iran,* Nueva York, 1988, para quien la revolución islámica habría sido neotradicional: habría sido dirigida como reacción contra la modernización pahlavi por unos actores tradicionales radicalizados (el clero y los grupos asociados, el bazar y otras capas urbanas tradicionales) cuyo modo de vida habría sido puesto en peligro por la modernización.

[29] Véase Farhad Josrojavar, «Le quasi-individu: de la néo-communauté à la nécro-communauté», en *Penser le Sujet, Autour d'Alain Touraine,* Coloquio de Cerisy, bajo la dirección de François Dubet y Michel Wieviorka, Fayard, 1995.

[30] Para el caso de una ciudad media y la transformación del Comité en organismo de represión estatal, véase Farhad Josrojavar, «Le Comité dans la

révolution iranienne: le cas d'une ville moyenne, Hamadan», *Peuples Méditerranéens,* n.º 9, 1979.

[31] Véase Ian Brown, *Jomeini's Forgotten Sons, The Story of Iran's Boy Soldiers,* Grey Seal Books, Londres, 1990; Werner Schmucker, «Iranische Märtyrertestamente», *Die Welt des Islams,* 27, n.º 4, 1987; Farhad Josrojavar, «Bassidje auxiliaires juvéniles de la révolution iranienne», *Cultures & Conflits,* n.º 18, 1995.

[32] Así ocurre con apartamentos baratos, viajes a Siria y a Libia, donde se paga en dólares que valen varias veces su precio oficial en el mercado. Adviértase que el precio oficial del dólar fue mantenido artificialmente bajo durante la guerra, pero que su obtención estaba restringida a oficiales cuidadosamente seleccionados, que se enriquecieron así rápidamente. Los demás debían aprovisionarse en el mercado libre. A finales de la guerra, el dólar valía veinte veces más que su cotización antes de la revolución.

[33] Véase Bernard Hourcade, «Vaqf et Modernité en Iran: les agro-business de l'Astan-e qods de Mashad», *op. cit.*

[34] Véase *infra,* la sección sobre la neomística mortífera.

[35] Los testamentos de los «basiyi» están llenos de estas consideraciones. Se publican a lo largo de toda la guerra con el apoyo activo de la prensa y de numerosas publicaciones del Basiye y de los organismos afiliados, pero el fondo de desesperación que denotan es auténtico y pudo observarse sobre el terreno. Véase *L'Islamisme et la mort, op. cit.;* Éric Butel, *Le Martyre révolutionnaire: stratégies et discours néo-communautaires de la jeunesse populaire iranienne,* DEA, INALCO-EHESS, 1995; Alain Chaouli, *Un groupe minoritaire d'adolescents révolutionnaires iraniens: les Bassidji,* memoria para el diploma de la EHESS, 1996.

[36] De ahí los numerosos relatos de la vida de los mártires o cuentos redactados por ellos donde se ve aparecer, en el frente de guerra, a un anciano iluminado que puede ser indistintamente el imán del Tiempo o Jomeini, su representante. Véase para estos ejemplos *L'Islamisme et la mort, op. cit.;* Éric Butel, tesis, *op. cit.*

[37] El imán Husain, el tercer imán shií, es el parangón del mártir: Príncipe de los Mártires. Véase Mahmud Ayub, *Redemptive Suffering in Islam,* La Haya, 1978; Jean Calmard: «Le patronage des ta'ziéh: Éléments pour une étude globale», en Peter J. Chelkowski (dir.), *Ta'zieh, Ritual and Drama in Iran,* 1979, New York University, Nueva York. George Thaiss, «Religious symbolism and social change: The Drama of Husain», en Nikki R. Keddie (dir.), *Scholars, Saints and Sufis,* University of California Press, Los Ángeles, 1972.

[38] Olivier Roy analiza, de acuerdo con una perspectiva comparatista, el fracaso de los movimientos islamistas. Véase Olivier Roy, *L'Échec de l'Islam politique,* París, Seuil, 1992.

[39] Véase Fatima Mernissi, *El harén político: el profeta y las mujeres* (traducción de Inmaculada Jiménez Morell), Madrid, Ediciones del Oriente y del Mediterráneo, 1999.

[40] Véase *Le Discours populaire de la révolution iranienne,* tomo II, *op. cit.,* las entrevistas, especialmente con Sakine, hija de campesino exiliado, y Hasán K., campesino exiliado.

[41] Numerosos casos se mencionan en los medios de comunicación, como el de esa familia, natural de Arak, pero domiciliada desde hacía una generación en los arrabales de Teherán. De los cinco hijos, dos murieron como mártires y los otros tres fueron gravemente heridos en el frente: uno se rompió el hombro, el otro la columna vertebral y quedó paralizado para el resto de sus días, el tercero quedó amputado de ambas piernas. El padre, por su parte, en 1987, se encuentra en el frente como voluntario. En los periódicos abundan estos ejemplos, véase por ejemplo *Resalat,* 28 de enero de 1987, págs. 1 y 2, que se refiere a cuatro hijos de una sola familia, muertos como mártires (uno de ellos fue dado por desaparecido).

[42] La familia «martirópata» debe compararse con las sectas que intentan a veces cometer un suicidio colectivo, como Waco en los Estados Unidos (1992) o la secta del Templo del Sol en Suiza (1994). Este tipo de estructura está destinado a multiplicarse en el futuro, dentro de una modernidad desestructuradora.

[43] No disponemos de estadísticas fiables sobre el número de los mártires por regiones, departamentos y ciudades, el análisis sólo puede entonces basarse en la observación individual y en datos cualitativos.

[44] Véase *L'Utopie Sacrifiée, op. cit.,* la sección sobre Jomeini.

[45] Véase Alí Farasati, «Kizeche haye se sale gozachteye Iran, marhaleye bolughe mobarezate mardomi» (en persa, *Los movimientos de los tres últimos años en Irán, la etapa de madurez de las luchas populares*), *Navide Moghavemat,* n.º 7, primavera de 1996, París.

[46] Véase Mohsen Mottaghi, «Rowshanfekran e eslah talab e didni va yamee ye madani» («Los intelectuales reformadores religiosos y la sociedad civil»), *Iran Nameh,* volumen 19, n.º 4, otoño de 1380 (otoño de 2001), Bethseda, Estados Unidos, y el conjunto de este número, sobre las reformas en Irán, bajo la dirección de Farhad Josrojavar.

[47] Véase Farhad Josrojavar, Olivier Roy, *L'Iran: comment sortir d'une révolution religieuse?,* París, Seuil, 1999.

[48] Véase Pénélope Larzillière, «Construction nationale et construction de soi: l'évolution de la contestation politique des jeunes Palestiniens de la première à la deuxième Intifada», *Égypte-Monde Arabe,* El Cairo, CEDEJ, otoño de 2002.

[49] Véase Agnès Pavlowsky, *Les Femmes palestiniennes entre soumission et émancipation,* tesis en curso en la EHESS, París.

[50] Véase Läetitia Bucaille, *Gaza, la violence de la paix,* París, Presses des Sciences-Po, 1998.

[51] Véase, para una justificación teórica de esta cuádruple dimensión, Farhad Josrojavar, *L'Instance du sacré,* París, Cerf, 2001.

[52] Véase Zéev Schiff, Ehud Ya'ari, *Intifada,* París, Stock, 1991.

[53] Véase Läetitia Bucaille, *Générations Intifada,* París, Hachette, 2002.

[54] Así ocurre, especialmente, con un kamikaze de 46 años, Daud Alí, que tenía terrenos cerca de una de las colonias pero no podía explotarlos. Véase «Un kamikaze très ordinaire», *Le Monde,* 18 de enero de 2002, *op. cit.*

[55] Esta parte se inspira en discusiones con Agnès Pavlowsky y Pénélope Larzillière.

[56] Cada palestino dispone allí, *grosso modo,* de unos 70 litros de agua al día, cuando incluso los judíos de las colonias (no son simplemente israelíes, sino judíos, los demás, como los árabes o los drusos israelíes, no tienen derecho a residir en las colonias) reciben 350 litros.

[57] Véase Jean-François Legrain, «Palestine: les Bantoustan d'Allah», *Cahiers de Cermoc Palestine,* n.° 17, 1997; Alain Diecjoff, *La Nation dans tous ses états,* París, Flammarion, 1996.

[58] En los testamentos de los mártires se encuentran a menudo estas quejas patéticamente plasmadas en un lenguaje que pretende ser religioso pero cuyo contenido es determinado por la situación concreta de los palestinos y sus condiciones de vida. Véase la página web *www.palestine-info.org,* donde están los testamentos. Uno de ellos, de Edna Yaghi, «You have made me your human bomb» («Me habéis convertido en una bomba humana»), resume bastante bien estas quejas que, en sí mismas, nada tienen de religiosas.

[59] La expresión «apartheid» es empleada por personalidades como el escritor Grossman o el juez Michael Ben Yair. Véase Michael Ben Yair, «Non à l'apartheid, pour sauver le sionisme», en *Le Monde,* 10-11 de febrero de 2002. Personalidades como el pacifista Uri Avneri, el general de reserva Dov Tamari

o, incluso, el presidente de la Kneset, Avraham Burg, señalan este estado de cosas. El último afirma: «La ocupación corrompe; más exactamente, nos ha corrompido ya. La discriminación se convierte en nuestra norma y la insensibilidad en un modo de ser». Para Ehud Barak, sin la retirada de los territorios ocupados, «eso será Bosnia o África del Sur». Véase *Le Monde,* «La montée d'un camp moral humaniste (en Israël)», 10-11 de febrero de 2002.

[60] Véase Lambert Dolphin, «From There's a War on, Folks — The Coming Tribulation», en *Extreme Islam, op. cit.;* en la misma obra, véase *Holy War Zero,* las producciones de una página web de prosionistas apocalípticos y cristianos.

[61] Los partidarios del «Gran Israel» como los miembros del partido de Unidad Nacional, e incluso algunos miembros del Likud, defienden la transferencia masiva de la población palestina fuera de los territorios ocupados. Véanse las palabras de Ben Yamin Elon, que habla de «transferir a los palestinos», en *Le Monde,* 10-11 de febrero de 2002. El grupo Gush Emunim intentó hacer saltar la mezquita Al Aqsa y su plan consiste en realizar el Eretz Israel empleando métodos de eliminación física con los palestinos. Véase Yosef Hermoni, «Gush Emunim's view of zionism», en Adam Parfrey, *Extreme Islam*, Feral House, Los Ángeles, California, 2001.

[62] Véase René Girard, *La Violence et le Sacré,* Grasset, 1972.

[63] Según las fuentes de seguridad israelí, en 1993, el número de bombas vivientes fue de 13; en 1994, 7; en 1995, 8; en 1996, 4; luego, en 1998, 2; en 1999, cero; en 2000, 4; en 2001, 36 y en 2002, 28. El momento de tregua en el ciclo de la violencia fue pues el año 1999, en el que no se produjo ningún atentado kamikaze. Véase *Time,* 15 de abril de 2002, que atribuye estas cifras a las fuentes de la seguridad israelí.

[64] Véase Agnès Pavlowsky, *Hamas ou le miroir des frustrations palestiniennes, op. cit.*

[65] En septiembre de 1995, se produjo el enfrentamiento entre una sección de la Fuerza 17 y la Policía civil. Véase Graham Usher, «What kind of Nation? The Rise of Hamas *in* the Occupied Territories», en *Race and Class, Palestine,* Diplomacies of Deceat, 37 (2), octubre-diciembre de 1995. Otros choques se produjeron en junio de 1996 en la ciudad de Gaza.

[66] Véase Jaled Hrub, *Hamas, Political Thought and Practice*, Institute for Palestine Studies, Washington DC, 2000.

[67] Véase Émile Habibi, *Les Aventures extraordinaires de Saïd le «peptimiste»*, París, Gallimard, 1997.

[68] Su número puede ser sin embargo relativamente elevado. Unos cuarenta mil jóvenes palestinos habrían abandonado los territorios ocupados tras la segunda Intifada.

[69] Véase Avishai Margalit, *La Société décente,* Éditions Climats, 1999 (1996 para la edición inglesa). Avishai Margalit propone el ideal de una sociedad decente en la que las instituciones respetaran al individuo. Inspirándose en el caso palestino, piensa que el ideal de la decencia es más importante que el de la justicia.

[70] Véase *Time,* 15 de abril de 2002.

[71] Véase Läetitia Bucaille, *op. cit.*

[72] Véase *Terrorism: questions & Answers, Council on Foreign Relations,* que da la cifra de un 90% de las actividades de Hamas como de origen cultural y social, atribuyéndola al especialista israelí Reuven Paz, en *www.terrorismanswers.com/groups/hams3.html.*

[73] Véase Agnès Pavlowsky, *Hamas ou le miroir des frustrations palestiniennes, op. cit.*

[74] Véase Stéphanie Nolen, «Portrait of a Suicide Bomber», *Palestine Report,* Jerusalén, 15 de marzo de 1996.

[75] A. Pavlowsky, *op. cit.*

[76] Véase *Time,* 15 de abril de 2002, que atribuye estas cifras a fuentes de la seguridad israelí.

[77] En un sondeo efectuado en la franja de Gaza, el 78% de la población aprobaba las «bombas vivientes» mientras que el 60% estaban a favor de que prosiguieran las negociaciones de paz. Véase *Time,* 15 de abril de 2002.

[78] Véase Nasra Hasán, «An Arenal of Believers, talking to the "human bombs"», *The New Yorker,* 19 de septiembre de 2001.

[79] Véase *Terrorism: Questions & Answers, Council on Foreing affairs, op. cit.*

[80] Véase Gilles Paris, «Un kamikaze très ordinaire», *Le Monde,* 18 de enero de 2002.

[81] Véase A. Pavlowsky, *op. cit.,* pág. 184.

[82] Véase Bernard Lempert, *Critique de la pensée sacrificielle,* París, Seuil, 2000.

[83] Véase Dr. Eyad Sarraj, *Understanding Palestinian Terror,* artículo de Mid-East Realities (MER), vía *www.middleeast.org.* El doctor Sarraj, miembro de la Comisión de Derechos Humanos, fue encarcelado tres veces por la Autoridad Autónoma Palestina en 1996.

[84] Para las peripecias de una religiosidad mortífera reelaborada a partir de una situación de angustia interiorizada, véase la trilogía de Farhad Josrojavar, *L'Utopie sacrifiée, sociologie de la révolution iranienne, op. cit.; L'Islamisme et la Mort, le martyre révolutionnaire en Iran, op. cit.; L'Anthropologie de la révolution iranienne: le rêve impossible, op. cit.*

[85] En Irán, la expresión «mártir viviente» *(shahid e zendeh)* se aplica a quienes habían buscado la muerte sagrada en las operaciones de guerra contra Iraq pero no perecieron, aun sufriendo graves heridas que acarrearon mutilaciones.

[86] Véase Nasra Hasán, *The New Yorker,* 19 de noviembre de 2001, *op. cit.*

[87] De ese modo las «bombas vivientes» impulsan a la sociedad israelí a votar a las derechas, a la derecha radical incluso, como en las últimas elecciones legislativas, en las que Sharon fue elegido frente al candidato laborista Ehud Barak. Por otro lado, cuando los gobiernos israelíes quieren lograr que se aplacen las conversaciones de paz con los emisarios americanos, liquidan a un dirigente de Hamas o de la Yihad, sabiendo perfectamente que la respuesta no tardará en producirse y que habrá una «bomba viviente» con todos sus muertos, la emoción colectiva y, por consiguiente, el carácter legítimo del aplazamiento *sine die* de las negociaciones.

[88] En la página web *www.templemountfaithful.org* pueden encontrarse textos de cristianos y judíos sionistas que intentan construir el tercer templo de Salomón en las ruinas de la mezquita Al Aqsa en Jerusalén.

[89] Ése es, en especial, el caso de Ahmad Thomson, autor de *Dayyal the Antichrist,* que mezcla ideas neonazis con una visión apocalíptica. Véase la sección sobre la Comunidad ausente.

[90] Véase Safar Ibn'Abd Al-Rahman Al-Hawali, *The Day of Wrath, is the Intifada of Rajab only the beginning? (El Día de la Ira: ¿es la Intifada del (mes de) Rajab sólo el comienzo),* texto de 77 páginas en la página web *www.azzam.com.*

[91] Véase Isa Majluf, *Beyrouth ou la fascination de la mort,* Les Éditions de la Passion, 1988. Georges Corm, *Le Proche-Orient éclaté,* París, La Découverte, 1983.

[92] Véase Isa Majluf, *op. cit.*

[93] Véase Patrick Meney, *Même les tueurs ont une mère,* París, La Table Ronde, 1986.

[94] Es lo contrario de la dialéctica del amo y el esclavo desarrollada por Hegel en *La fenomenología del espíritu.* Para él, dar muerte al esclavo significaría el final de la hegemonía del amo. Por eso, éste debe evitar a toda costa

su supresión. El amo sólo es amo frente al esclavo, lo que convierte a éste en indispensable para la permanencia de ese sentimiento de dominio y servidumbre. Pero a Hegel se le escapa una configuración: la muerte del otro produce un sentimiento de omnipotencia que se revitaliza por el propio espectáculo de la omnipotencia del amo. Es la manifestación de una omnipotencia que aproxima el amo a Dios y convierte la repetición de estos actos en el ingrediente necesario del dominio como tal. Lo que significa que el «dominio» sólo puede perpetuarse si hay una provisión de «esclavos», renovable a voluntad, que permitan al dominador sentirse como tal por la supresión del dominado.

95 Véase Kaufman, *op. cit.*

96 Véase Saudi Fathia, *L'Oubli rebelle,* Beirut, 1982, París, L'Harmattan, 1986; Isa Majluf, *op. cit.*

III. LA «NEO-UMMA» TRANSNACIONAL: EL MÁRTIR AL QAEDA

1 Véase Musa Jedimelah, *De l'obscurité à la lumière. Da'wa, subjetivation et resocialisation: le cas des jeunes hommes engagés dans la Tablighi Jama'a en Lorraine,* DEA, EHESS, París, septiembre de 1999.

2 Véase John R. Hall, Philip D. Schuyler y Sylvaine Trinh, *Apocalypse Observed*, Routledge, Nueva York y Londres, 2000.

3 Algunos de estos detenidos estaban en prisión preventiva, es decir, que no habían sido juzgados aún; otros habían recibido condenas debido a su participación en actividades terroristas vinculadas a Argelia y el sumario transmitido al juez por sus relaciones con Al Qaeda. Por razones evidentes, mantenemos el anonimato de los detenidos.

4 Véase Zygmunt Bauman, *Life in Fragments,* Blackwell Publishers, Oxford, Reino Unido, 1995.

5 Véase Alain Ehrenberg, *La Fatigue d'être soi,* París, Odile Jacob, 1998, que tiene una aguda visión de la depresión en la que insiste especialmente, pero no percibe la dimensión maníaca que se encuentra también en el individuo moderno, con sus subidas y sus bajones psíquicos.

6 Véase Alain Touraine, Farhad Josrojavar, *La Recherche de soi, op. cit.*

7 Es la alusión a la azora *Al-Alaq (El coágulo)* que comienza por: «¡Predica en el nombre de tu Señor, el que te ha creado! Ha creado al hombre de un coágulo...». (Azora XCVI, según la versión de Vernet.) Vernet traduce «Predica», pero literalmente el árabe dice «Lee».

[8] Véase Saskia Sassen, «Whose City is it? Globalization and the Formation of New Claims», *Public Culture,* 19, 1996; *Cities in a World Economy,* Thousand Oaks, California, Pine Forge/Sage Press, 1994.

[9] Véase Dale Eickelman y James Piscatori, *Muslim Travellers,* University of California Press, 1990; Susanne Hoeber, Rudolph y James Piscatori, *Transnational Religion and Fading States,* Westview Press, 1997; las contribuciones de Valérie Amiraux, Michel Peraldi y Rémi Leveau en «Les Anonymes de la Mondialisation», Jocelyne Cesari (dir.), *Cultures & Conflits,* n.º 33-34, primavera-verano de 1999.

[10] Así ocurre con Hizb ul-Tahrir, instalado en Londres, que pretende reconstruir el califato a escala del mundo.

[11] En 1987 comienzan, entre los tamules, las tácticas de la «bomba humana» que llevan al asesinato del primer ministro indio Rayiv Gandhi en 1991 y de un presidente de Sri Lanka, en 1993. Adviértase que casi la tercera parte de los autores de los atentados son mujeres que a menudo se hacen pasar por embarazadas.

[12] Se emplea la expresión en un sentido neutro, aunque no se puedan evitar sus connotaciones negativas.

[13] Véase François Heisbourg, *Hyperterrorisme: la nouvelle guerre,* París, Odile Jacob, 2001.

[14] Véase Yossef Bodansky, *Bin Laden, The Man who declared War on America,* Forum, 2001, EE UU; Florent Blanc, *Ben Laden et l'Amérique*, París, Bayard, 2001.

[15] Véase Brett McCrea, *US Counter-Terrorist Policy: a Proposed Strategy for a Non-Traditional Threat, Low Intensity Conflict and Law Enforcement,* invierno de 1994.

[16] Véase Michel Wieviorka, *Sociétés et Terrorisme,* París, Fayard, 1988, que insiste con razón en la disociación entre el actor terrorista y la causa que pretende encarnar (por ejemplo, se considera representante de la clase obrera cuando no lo es en absoluto).

[17] Véase «Le Harkat, l'islamisme pur et dur» en *Courrier international,* n.º 604, del 3 de mayo al 5 de junio de 2002, que reproduce parcialmente el artículo de Jaled Ahmed, *The Friday Times,* Lahore.

[18] Véase Manuel Castells, *Le pouvoir de l'identité, l'ère de l'information,* París, Fayard, 1997.

[19] Véase F. Heisebourg, *ídem.*, Florent Blanc, *Ibídem.*

[20] Véase Roland Jacquard, *Au nom d'Ousama Ben Laden,* Éditions Jean Picollec, 2001.

[21] Véase Yossef Bodansky, *loc. cit.;* Roland Jacquard, *op. cit.* Para una visión de conjunto de estos fenómenos, véase Gilles Kepel, *Jihad, expansion et déclin d'islamisme,* París, Gallimard, 2000.

[22] Véase R. Jacquard, *op. cit.*

[23] Véase Gérard Chaliand, «Ce n'est pas une guerre, c'est le stade ultime du terrorisme classique», *Le Monde,* 18 de septiembre de 2001, pág. 13.

[24] *Islam and the Death of Democracy* es el título de una obra de Ian Dallas, que puede encontrarse en su red electrónica.

[25] Véase Adam Parfrey, *Extreme Islam,* Feral House, 2001, EE UU, para fragmentos escogidos del *Islam and the Death of Democracy.*

[26] Véase Ahmad Thomson, *Dajal the Antichrist*, Novus Ordum Seclorum, EE UU, 1997.

[27] Entre los shiíes, la institución del califato estaba viciada por la ilegitimidad, puesto que tras la muerte del Profeta no fue Alí, su yerno y primo, el designado como primer califa, sino Abu Bakr, y Alí sólo fue califa después de Omar y de Osmán. A continuación, los califas y sus representantes, como los sultanes otomanos, reprimieron con frecuencia a los shiíes que veían en ellos a unos usurpadores. Aunque los shiíes radicales prediquen la unidad del islam y, al final, su unificación política, no formulan esta idea como referencia al califato sino al Profeta y a su reino medinense.

[28] Para el Hizb al Tahrir, véase Suah Tayi Faruki, *A Fundamentalist Quest: Hizb al Tahrir and the Search for the Islamic Caliphate,* Londres, Grey Seal, 1996.

[29] Véase Werner Schiffauer, *Die gottesmänner, Türkische Islamisten in Deutschland,* Suhrkamp taschenbuch, Frankfurt del Maine, 2000.

[30] Sobre la génesis del movimiento de los talibán en Afganistán, véase Michael Grifin, *Reaping the Whirlwind, The Taliban Movement in Afghanistan,* Londres, Pluto Press, 2001.

[31] Véase Michael Elliott, «Al Qaeda Now», *Time,* 3 de junio de 2002.

[32] Véase Peter L. Bergen, *Bin Laden, running a «Holy War Inc.»*, Weinfeld and Nicolson, 2001; Gilles Kepel, *Jihad, op. cit.;* Roland Jacquard, *op. cit.*

[33] Véase Florent Blanc, *op. cit.*

[34] Véase Gilles Kepel, *Jihad, op. cit.*

[35] Véase R. Jacquard, *op. cit.*

[36] Véase *Time,* 3 de junio de 2002, Michael Elliott, «Al Qaeda Now».

[37] El consiliario judío de una de las cárceles visitadas nos reveló que fue

tratado de «sucio judío» por algunos presos de origen magrebí a partir de marzo de 2002, cuando las maquinaciones del ejército israelí en los territorios ocupados fueron cubiertas más intensamente por la televisión, fuente casi exclusiva de información entre los presos.

[38] Véase Anthony Giddens, *Modernity and Self-identity,* Cambridge Polity Press, 1991.

[39] Véase Yalal Al Ahmad, *L'Occidentalité,* París, L'Harmattan, 1988.

[40] Véase Johanes J.-G. Jansen, *The Neglected Duty: the Creed of Sadat's Assassins and Islamic Resurgence in the Middle East,* Nueva York, MacMillan, 1986.

[41] Entrevistas con islamistas en la cárcel, en marzo y abril de 2002, en la región parisina.

[42] Véase Philippe Bataille, *Le Racisme au travail,* La Découverte, 1997.

[43] Véase *Le Monde,* 7 de octubre de 1995, «Moi, Jaled Kelkal», entrevista realizada con Dietmar Loch el 3 de octubre de 1992.

[44] Olivier Roy habla, en este caso, del neofundamentalismo. Véase Olivier Roy, «Le Post-islamisme», *Revue des Mondes musulmans et de la Méditerranée,* n.º 85/86, Edisud, Aix-en-Provence, 1999.

[45] Véase Denis Duclos, *Société-monde, le temps des ruptures,* París, La Découverte & Syros, 2002.

[46] Para las identidades arrabaleras en Francia, comparadas con las de Alemania, véase Nikola Tietze, *Islamische Identitäten, Formen Muslimischer Religiosität jünger Männer in Deutschland und Frankreich,* Hamburger Edition, Alemania, 2001.

[47] Véase, por ejemplo, Paul Kelso, «Terror recuits warning: young Muslims "fall prey to extremist"», en *The Observer,* 27 de diciembre de 2001.

[48] Véase Steven Morris, «Volunteers, shock for neighbours at Britons' fate», *The Guardian,* 27 de octubre de 2001.

[49] En las cárceles que se encuentran cerca de ciudades «con arrabales» como Lyon, Marsella, Metz o Lille, hasta el 70% de los presos son directamente (nacidos en el Magreb) o indirectamente (padres magrebíes) de origen magrebí.

[50] Véase Danièle Hervieu-Léger, *Le Pèlerin et le Converti,* París, Flammarion, 1999.

[51] Véase «Killing Infidels in Chechniya, A Foreign Mujahid's Diary», Adam Parfrey (dir.), *Extreme Islam, Anti-American Propaganda of Muslim Fundamentalism,* Feral House, 2001, EE UU.

[52] Véase Dominique de Courcelles, «Un lugar para la razón de las "Luces":

la conversión al islam de Adam Neuser en el siglo XVI», Mercedes García-Arenal (dir.) en *Conversions islamiques,* París, Maisonneuve et Larose, 2001.

[53] Véase Farhad Josrojavar, *L'Islam des jeunes, op. cit.;* Nikola Tietze, Farhad Josrojavar, «Violences, médias et intégration» en *Violence en France,* bajo la dirección de Michel Wieviorka, París, Seuil, 1999.

[54] Véase François Dubet y Danilo Martucelli, *Dans quelle société vivons-nous?,* París, Seuil, 1998.

[55] Pese a sus excesos verbales y a su opción por lo raro, Baudrillard es el que mejor expresa ese estado de cosas en el que el individuo oscila entre la irrealidad televisiva y una realidad desprovista de aspereza. Véase Jean Baudrillard, *Simulacre,* Gallimard.

[56] Véase Frank Kermode, *The Sense of an Ending,* Oxford, 1967.

[57] Véase Jean Baudrillard, *Simulacre, op. cit.* Éste no ve que la multiplicación de los simulacros y el efecto de la realidad inducida pueden convertirse, por una inversión de la continuidad en la ruptura, en una temible realidad mortífera.

[58] Véase Rudolph Otto, *Le Sacré,* París, Payot, Petite Bibliothèque.

CONCLUSIÓN

[1] Puede concebirse como una de las caras de una modernidad, de naturaleza múltiple. Pero entonces, se trataría de saber si es un modo de modernizarse o es la cara oculta de algunos tipos de modernidad. Véanse las contribuciones de S.N. Eisenstadt y de Nilufer Göle en «Multiple Modernities», *Daedalus,* vol. 129, n.º 1, invierno de 2000.

[2] Véase José Casanova, «Civil Society and Religion: Retrospective Reflections on Catholicism and Prospective Reflectins on Islam», *Social Research,* vol. 68, n.º 4, invierno de 2001.

ANEXOS

[1] Véase Bruno Tessarech, Amaury Guibert y Maëlle Joulin, *Terrorismes, vers un nouveau desordre mondial?,* París, Mango Document, 2001.

[2] Para estadísticas detalladas, véase James A. Beckford y Sophie Gilliat, *Religion in Prison,* Cambridge University Press, 1998, donde se señala que

entre 1991 y 1997 el número de presos musulmanes pasó de 1.959 a 3.693, registrando un aumento del 89%. Para la situación global de los musulmanes ingleses, véase Danièle Joly, *Britannia's Crescent: Making a place for Muslims in British Society*, Avebury, Inglaterra, 1995.

[3] Véase Roland Jacquard, Yossef Bodansky, *op. cit.*

[4] Véase *Le Monde*, 27 de diciembre de 2001; *Times*, 27 de diciembre de 2001.

[5] Véase *The Guardian*, 27 de diciembre de 2001, pág. 14.

[6] Véase Frédéric Chambon, Jean-Pierre Langellier y Éric Leser, «Itinéraire d'un apprenti terroriste», *Le Monde*, 29 de noviembre de 2001.

[7] Véase *Le Monde*, 2 de octubre de 2001; *Time*, 12 de noviembre de 2001.

ESTE LIBRO SE HA IMPRESO
EN BROSMAC, S. L.